KB242916

한국 도시정비론

Korean Urban Renewal Theory

한국 도시정비론

도시정비의 기본 개념부터 미래적 관점까지

이용각 지음

좋은땅

들어가며

도시계획을 전공하고 도시정비를 접한 것은 1995년이었다. 당시는 도시정비가 아닌 재개발, 재건축 사업이라고 불리며 도시정비사업이 진행되고 있었다. 학교에서 배웠던 재개발, 재건축과는 너무 많이 다른 점에 선배님들에게 밤을 새워 가며 어린 신입사원의 힘듦과 고민을 털어놓았던 기억이 생생하다.

어느덧 30여 년이 흘러갔다. 그사이 재개발, 재건축 대상 지역에 대한 용적률 등 설계를 디자인하며 이곳저곳 인ㆍ허가 청과 설계사무소 그리고 대학교 이곳저곳을 뛰어다니기도 하였고 시공사 선정 시에는 낮에는 홍보하고 밤에는 조그만 골방에서 재개발, 재건축 매뉴얼을 쓰기도 하였다. 사업시행계획과 관리처분인가를 위하여 조합과 밤늦게까지 일할 때 옆에서 따뜻한 차 한잔을 타 주시던 나이 지긋한 조합원 어머님도 이 시간의 기억 속에 있다. 또한, 도시정비 업무를 하며 이것저것 관련된 문헌을 찾아 국회도서관, 대학교 도서관을 찾아 책, 논문 등을 빌리곤 하기도 하였다. 아마도 이때부터 관련된 참고도서들이 많지 않음에 도시정비에 관한 이론적인 공부를 시작하며 도시정비에 대한 책을 쓰는 생각을 하였던 것 같다. 그때가 30대 초반이었으니 20여 년간 관련된 자료를 이곳저곳에 모아둔 것이 이 책을 쓰는 데 많은 도움이 되었다.

2023년 기준으로 전국에 30년 이상이 되는 아파트, 연립주택, 다세대주택, 단독주택 수는 5,044,681호이며 이를 재개발, 재건축 금액으로 추정하면 3,160조에 달한다. 그리고 도시정비는 불량한 도시를 정비하는 주요 목적 이외에도 도심지 내 주택을 공급하는 주요한 기능을 담당하고 있다. 이러한 막대한 규모와 더불어 시간이 지날수록 도심지 내 택지 부족으로 인하여 도시정비를 통한 주택공급의 기능이 커지고 있으며 이를 계획하고 시행하기 위한 수단이나 절차 등에 대한 새로운 필요들이 생겨나면서 도시정비는 과거와는 다르게 더욱 어렵고 복잡해지고 있는 것이 현실이다.

기본계획과 정비계획의 관계, 정비계획의 기준설정, 추진위원회와 조합의 동의율 설정, 사업시행계획인가와 관리처분의 통합과 비례율, 시공사와 조합의 공사비 갈등 등 이러한 복잡한 구조는 도시정비를 진행하는 정부, 조합, 시공사들에게 시행착오 등의 많은 어려움을 겪게 할 수 있다. 또한, 이러한 어려움으로 인하여 도시정비에 관심이 있던 학생들의 도시정비에 대한 입문을 주저하게 할 수도 있다. 어쩌면 이러한 도시정비의 복잡하고 어려운 상황을 모두 해결할 수 있게 가이드 할 수 있는 책을 쓴다는 것은 불가능할지도 모른다.

이러한 생각의 끝에 그래도 도시정비 분야에서 오랫동안 다른 사람들보다 조금 더 경험하고 이론적인 체계의 확립을 위해 노력했던 한사람으로서 이러한 어려움을 해결하기 위해 힘들어하며 열심히 노력하고 계시는 공무원, 조합원, 시공사 직원, 입문을 고민하는 학생 그리고 도시정비와 관련된 일을 하시는 분들에게 조금이나마 도움을 드려야겠다고 이 책 쓰는 것을 시작하였다.

생각으로만 보면 이 책을 쓰기 위해 20여 년 이상을 준비해 왔으나 막상 그 생각을 글로 쓰려니 글 쓰는 것에 대한 나의 부족함을 한 줄 한 줄을 써 내려가며 느끼고, 힘들어했던 것 같다. 도시정비에 대한 방대한 양을 모두 담아내기보다는 도시정비를 이해하고 진행하는 데 꼭 필요한 내용을 담아내려고 하였다. 그럼에도 독자에 따라 부족한 부분이 있을 수 있을 거라 생각된다. 혹시나 그러한 내용이 있다면 같이 고민할 수 있도록 질책도 부탁드린다.

책의 내용은 모두 8장으로 구성되어 있으며 1장에서 3장까지는 도시정비를 이해하기 위한 기본적인 개념으로 1장은 도시의 계획과 관리, 2장은 도시정비의 개요, 3장은 도시정비의 작동원리로 구성하였다. 4장에서 6장까지는 도시정비를 시행하기 위한 핵심적인 요소로서 4장은 비례율과 사업성, 5장은 관리처분과 입체

환지, 6장은 도시정비와 동의율로 구성하였다. 7장은 현재 진행되고 있는 도시정
비사업의 종류와 절차에 관하여 설명하였으며, 8장은 현재 발생하고 있는 도시정
비의 현상과 이의 해결에 관한 생각으로서 미래적 관점을 이야기하였고 향후 한국
의 도시정비의 방향성을 제시하였다.

이 책을 쓰면서 생각보다 많은 부족함을 느끼고 많은 사람의 도움을 받았다. 우
리나라의 비례율에 대한 새로운 산식을 만들어 내는 데 많은 도움을 준 명지대학
교 김준형 교수, 동의율 설문 조사에 많은 도움을 준 도정훈, 오영석, 이범식, 김
도형, 이기열, 박종관, 방연수 후배와 여러 가지 조언을 아끼지 않으셨던 김명숙
선배님에게도 감사를 드린다.

책 출판에 친절하게 안내해 주시고 원고에 대하여 섬세하게 교정해 주신 좋은땅
출판사에게도 감사를 드린다. 이러한 분들의 도움이 없었다면 이 책은 출간되지
않았을 것이다.

어느 저녁 재개발 대상지를 돌아보면서 풀이 가득 자라서 들어갈 수도 없는 조그
만 판잣집 방에 아버지와 조그만 딸이 둘이 앉아 밥을 먹고 있던 장면을 나는 평생
잊지 못할 것이다. 도시정비가 무엇인지, 무엇을 위한 것인지를 고민하며 살아온
30여 년을 뒤돌아보면, 도시정비를 위해 나는 그렇게 좋은 사업가도, 좋은 학자도
그리고 협상가도 아니었던 것 같다. 그래도 우리나라에서 다시는 그런 장면이 보이
지 않게 하겠다고 나름대로 열심히 살았지만, 머리를 채우는 아쉬움은 어쩔 수가
없다. 책을 쓰겠다고 다짐한 지 20여 년이 흘러 그간의 자료들과 생각으로 이 책을
만들었다. 이 책을 통해 도시정비와 관련한 분들이 아버지와 딸의 삶에 조금이나마
도움이 될 수 있을 거라 소망하며 졸저「한국 도시정비론」을 펴낸다.

광명(光明)의 조그만 방에서

2026년 2월

이 용 각

목차

제3장　도시정비의 작동원리

제4장 비례율과 사업성

제7장 도시정비의 종류와 절차

제1장

도시의 계획과 관리

도시는 여러 가지 요인들에 의하여 형성되고 발전하고 또한 쇠퇴를 거듭한다. 도시의 형성 원류가 무엇이든 간에 그 속에 사는 시민들은 그 역할에 따라 도시를 발전시키고 유지하기 위하여 노력한다. 그 역할을 시민을 이끄는 지도자와 시민으로 나눈다면, 지도자는 도시를 발전시키고 정비할 수 있는 제도를 만들며 시민들은 그 제도에 따라 직접 도시를 정비하고 발전시키는 역할을 하게 된다.

도시를 정비하고 발전시키기 위해서는 도시에 대한 근본적인 정의와 다양한 구성요소, 그리고 도시의 계획과 형성, 발전, 쇠퇴에 대한 도시의 Life Cycle에 대한 구체적인 이해가 필요하다. 도시의 정비와 발전은 이러한 도시에 대한 이해와 도시의 문제점을 파악하고 이를 해결하는 과정을 통하여 이루어질 수 있다.

가. 도시의 개념과 정의

도시란 무엇인가에 대한 질문은 수십 세기를 거쳐 현재까지 이루어지고 있는 질문이다. 18세기 영국 시인 윌리엄 카우퍼(William Cowper)는 "신은 자연을 만들었고 인간은 도시를 만들었다"라고 하였으며, 미국의 루이스 멈포드(Lewis Mumford)는 "도시는 시민이 평등한 입장에서 대화하며 상호 변증법적으로 향상되어 가도록 마련되어 있는 장소", "도시는 자체의 언어를 가진 인간의 위대한 예술품", "도시는 사회행위의 예술이며 극장", "도시는 가능성의 상징이며 이념의 투영(ideal projection)", "도시는 개인조직이나 모든 기관의 활동을 유지·확장하도록 에너지를 투입·배분·규제하기 위해 고안된 정교한 용기"라고 하였다, 또한 독일의 오스발트 슈펭글러(Oswald Spengler)는 "모든 위대한 문화는 도시를 탄생시켰고, 세계 역사는 도시인의 역사", "도시는 그 자체의 문화를 갖고 있으며, 문화인에게는 집과 같다"라고 하였다.[1]

---

1)　한국도시계획가협회, 도시계획 이론과 실제, 기문당, 2022, p22-23

이러한 말들은 대체로 형이상학적인 말들이며 구체적인 도시에 대한 정의라고 보기는 어렵다.

도시의 개념을 파악하기 위해서는 먼저 도시라는 용어부터 파악해 볼 필요가 있다. 우리가 사용하는 도시라는 한자어는 "한 나라의 으뜸이 되는 고을"을 의미하는 도읍(都邑) 또는 "천자(天子)가 거주하는 궁성"을 의미하는 도성(都城)의 도(都)라는 글자와 "물건을 사고파는 저자"의 의미를 담고 있는 시장(市場)의 시(市)가 합쳐진 단어이다. 여기서 도(都)의 어원이 되는 도읍 또는 도성은 "왕이나 황제가 거주하는 고을 또는 궁성"으로 읍(邑)은 "고을, 성(城)은 공간의 경계가 되는 성벽"을 의미하고 있다. 즉, 도(都)라는 글자에는 왕이나 황제와 함께 문무 양반의 거주지로 정치·행정의 중심지라는 의미를 담고 있다. 그리고 시(市)라는 글자는 "상거래가 일어나는 시전(市廛)이 있는 시장, 기능의 중심지" 즉 경제활동의 중심지를 의미한다. 그러므로 글자의 뜻 그대로 풀이해 보면 도시는 정치·행정 등 공공 행정기능과 3차 산업 중심의 상업 및 경제활동의 중심지라는 것을 의미한다. 여기에 산업혁명 이후 공업이 도시의 주요 기능으로 등장하면서 도시는 2, 3차 산업의 중심지 의미를 담게 되었다. 그리고 영어로 도시를 의미하는 "city"라는 단어는 고어 "civic"에서 파생되었다. 문명을 의미하는 "civilization"도 "city"의 고어인 "civic"에서 파생되었다는 점에서 도시와 문명은 같은 의미로 사용되고 도시의 발생은 곧 문명의 발생을 의미하고 있다. 이러한 어원으로 볼 때 도시란 비교적 한정된 공간 내에 많은 인구가 집중하여 거주하면서 생산활동, 위락활동, 문화·예술 활동 등 창조적인 행위와 정치, 경제 문화의 중심지로서의 역할을 수행하는 곳으로 파악할 수 있다.[2] 국립국어원 표준어대사전에서는 도시를 "일정한 지역의 정치·경제·문화의 중심이 되는, 사람이 많이 사는 지역"이라고 정의하고 있다.

그러나 이러한 형이상학적 개념이나 사전적 정의와는 별개로 대부분 국가에서는 행정적이고 제도적인 측면에서 도시를 규정하고 있으며 이 기준에 의하여 여러

---

2)　대한국토·도시계획학회, 도시계획론, 보성각, 2016, p.36

가지 계획과 관리 그리고 정비를 진행하고 있다.

우리나라의 경우 지방자치법에 따른 시·읍의 설치기준 등에 의하면 시(市)는 "그 대부분이 도시의 형태를 갖추고 인구 5만 이상이 되어야 한다." 도농(都農) 복합형태의 시의 경우 "인구 5만 이상의 시와 군을 통합한 지역이거나, 인구 5만 이상의 도시 형태를 갖춘 지역이 있는 군, 또는 인구 2만 이상의 도시 형태를 갖춘 2개 이상의 지역, 인구가 5만 이상인 군이며 이 경우 군의 인구는 15만 이상이어야 한다. 또한, 도의 출장소가 설치된 지역으로서 그 지역의 인구가 3만 이상이며, 인구 15만 이상의 도농 복합형태의 시의 일부인 지역"으로 규정하고 있다. 읍(邑)의 경우는 "그 대부분이 도시의 형태를 갖추고 인구 2만 이상이 되어야 한다."고 규정하고 있다.[3] 다른 국가도 대부분 인구 2만 명 이상인 지역을 도시의 경계로 설정하고 있다. 〈표1-1〉

도시정비는 도시가 형성 발전되어 가는 과정에서 발생한다. 도시의 기능을 유지하고 쇠퇴를 막으려고 하는 일련의 노력이다. 도시의 문제는 현상적으로 나타난다. 그러나 문제 발생의 근본적인 원인은 현상적이지 않고 보이지 않는 근원적인 원인으로부터 출발하는 경우가 많다. 도시의 개념이나 정의 등을 살펴보는 것은 이러한 도시문제의 근원적인 원인을 파악하는 기본적인 과정일 것이다.

[표1-1] 각 나라 도시 정의 기준

국가	도시설정 기준[4]
네덜란드	• 주민 2만명 이상인 행정구역
노르웨이	• 주민 200명 이상인 행정구역
아르헨티나	• 주민 2, 000명 이상인 인구 중심지
아이슬란드	• 주민 200명 이상인 행정구역
미국	• 주민 2, 500명 이상의 도시지역과 5, 000명 이상의 도시 주변 교외 지역

---

3)   지방자치법 제10조(시·읍의 설치기준 등)

4)   노춘희·강현철, 새로 쓴 도시학, 형설출판사, 2012, p.15

이스라엘	• 주민 2, 000명 이상이며, 농업종사가구비율이 2/3 이하 지역
인도	• 주민 5, 000명 이상, 인구밀도 390/㎢ 이상, 비농업직 종사 성인 남성 인구비율이 3/4 이상인 지역
일본	• 주민 50, 000명 이상이고, 시가지화 지역에 60% 이상이 거주, 비농업직 종사자 비율이 60% 이상 지역
캐나다	• 주민 1, 000명 이상이며, 인구밀도 400명/㎢ 이상인 지역
포르투갈	• 주민 10, 000명 이상인 집중화 지역
프랑스	• 연속된 주거지에 사는 주민이 2, 000명 이상인 지자체
호수	• 주민 1, 000명 이상인 인구 밀집지
멕시코	• 주민 2, 500명 이상인 지역

나. 도시의 구성요소

도시를 구성하는 요소는 인구, 토지, 건물, 도로, 제도, Community 등 다양한 요소들이 존재한다. 일반적으로 이러한 많은 구성요소를 인문적 · 사회적 요소와 물리적 요소로 구분하기도 한다. 인문적 · 사회적 요소에는 인구, 제도, Community 등, 그리고 물리적 요소에는 토지와 건물, 도로 등이 있다. 도시는 이러한 다양한 요소들의 복합적인 상호 작용 속에서 형성되고 유지되며 발전한다. 또한, 이러한 과정에서 새로운 도시가 계획되며 또한 쇠퇴하기도 한다. 이 과정에서 도시를 계속 유지하기 위한 도시관리와 정비의 과정이 지속된다.

이러한 도시의 구성요소들을 도시정비의 관점에서 인구, 토지 및 건축물 그리고 행정적 제도로 나누어 파악해 볼 필요가 있다. 인구는 도시정비의 주체로서, 토지 및 건축물은 정비의 대상으로, 제도는 이를 실행하기 위한 틀로서 각각 그 의미가 있을 것이며 이러한 구성요소들의 파악은 도시정비를 진행하는 데 기본적인 과정이라 할 수 있다.

1) 인구

도시는 인간이 살아가는 공간이다. 따라서 도시에 대한 계획과 정책은 인구를 중심에 두고 진행한다. 도시의 크기, 밀도, 기능, 문화, 정체성(Identity) 등은 그 안에 거주하고 활동하는 인구에 의해 결정된다. 더불어 도시의 크기를 결정하는 첫 번째 기준은 인구라고 할 수 있다. 수천만 명의 거대 도시부터 수만 명 규모의 중·소도시까지, 인구의 규모는 도시의 복잡성, 서비스 요구 수준, 기반시설의 용량 등을 결정짓는 핵심 요소다. 인구가 많을수록 도시는 복합적인 기능을 갖게 되며, 주거, 교통, 상업, 교육, 문화 등의 도시공간을 더욱 다 기능적이고 고도화된 형태로 발전시킨다. 또한, 인구의 구성에 따라 도시가 제공해야 할 서비스의 방향도 결정되게 된다.

도시의 성장과 쇠퇴는 자연증가보다 인구의 이동 때문에 더 빠르게 일어난다. 도시가 경제적 기회, 교육, 문화, 자본을 제공할 수 있다면 인구는 그 도시로 집중하게 되며 그 기능을 잃은 도시는 빠르게 쇠퇴한다. 이렇듯 인구는 도시의 성장과 쇠퇴를 가장 직접적으로 나타내는 지표이자 도시정비 개입의 시기를 결정짓는 지표이기도 하다.

2) 토지와 건축물

토지와 건축물은 도시 속에서 인간이 살아가는 물리적인 공간이다. 토지와 건축물은 물리적 차원에서 도시를 공간적으로 가시화하며, 기능적으로는 인간 활동의 도구이기도 하다.

토지는 도시의 가장 기본적인 물리적 요소이다. 도시는 토지의 용도 배치에 따라 그 효율성과 기능성이 달라진다. 주거지역, 상업지역, 공업지역, 고도지구 등 다양한 용도로 구획된 토지의 배치는 도시의 개발과 정비를 근본적으로 법률로써 규정한다. 이러한 토지이용계획은 단순한 구획의 문제를 넘어, 교통흐름, 환경에 영향을 미치게 되며, 특히 자산가치 형성과도 연결된다. 즉 계획과 개발 후 이러한 토지 관련 요인들은 도시정비 과정에서 큰 영향을 미치게 된다.

건축물은 도시 모습을 결정짓는 중요한 공간적인 요소이다. 고층빌딩이 늘어선 금융지구, 저층 주택이 펼쳐진 주거지역, 고풍스러운 역사건축물이 남아 있는 구도심 등 건축물은 도시의 정체성(Identity)을 형성한다. 건축물은 단지 기능적인 공간일 뿐만 아니라 지역의 역사, 문화적 경향에 많은 영향을 미치게 된다. 또한, 도로, 공원, 광장, 하천변산책로 등은 공공공간으로서 공동체 형성과 문화 생성의 기반이다. 그러므로 도시정비를 진행하는 과정에서 건축물은 도시 공간구조를 결정하는 중요한 요소로서 작용하며 이에 영향을 미치는 요인으로서 용적률이나 건폐율 등이 있다.

3) 행정적 제도

도시는 제도적 체계와 규범 즉, 법, 행정, 재정, 계획, 시민참여 등에 의하여 작동된다고 할 수 있다. 제도는 도시가 질서를 가지고 작동하게 하며, 장기적인 비전을 실현하는 수단이 된다.

대표적 제도의 수단은 계획이다. 도시기본계획, 도시환경정비기본계획, 토지이용계획, 개발제한구역, 용도지역제도, 건축규제 등은 도시의 방향성을 제시한다. 이러한 법적인 틀은 공공성과 사익의 균형을 조정하며, 도시의 미래상을 구체화하는 데 중요한 수단이 된다. 현대에 들어 도시정비에 있어 각각 개인의 사유재산에 대한 인식이 강화됨에 따라 시민은 도시정비의 주체로서 공청회, 도시재생주민협의체 등을 통하여 정책의 결정과 제도 제정에 주체적으로 참여한다.

[그림1-1] 도시의 구성요소

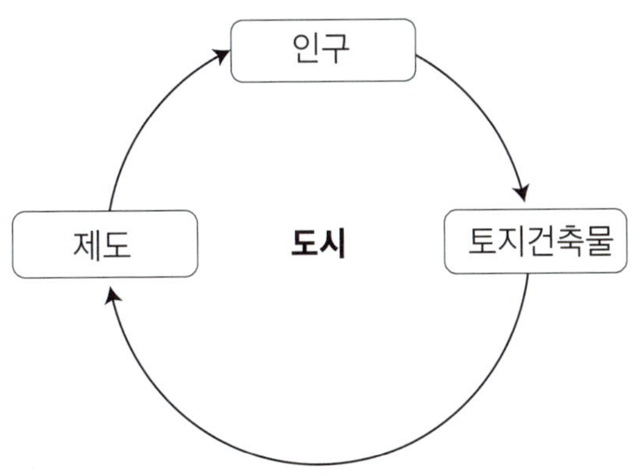

다. 도시의 Life Cycle

도시의 개념과 의미를 어떻게 규정하던 도시는 과거에도 현재에도 그리고 미래에도 존재할 것이다. 도시는 인간처럼 태어나며 발전과 성장을 이루고 역사 속으로 사라질 수 있다. 이처럼 도시는 스스로 Life Cycle 갖고 있다. 현재에도 과거에 번성했던 도시들이 그 기능을 다 하여 다른 기능으로 대체되거나 사라지기도 한다.

[그림1-2] 도시 Life Cycle

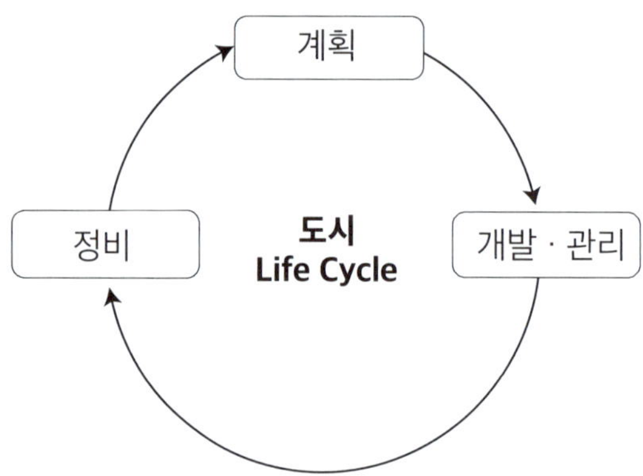

자연발생적인 도시를 제외하면 일반적으로 도시는 계획, 건설, 성장과 발전, 그리고 쇠퇴 과정의 생애주기를 갖는다. 이를 크게 구분하면 계획, 개발과 관리 및 정비로 나눌 수 있다. 계획을 통하여 개발하며 관리하고 정비를 계속하면서 성장 발전을 유지하려고 한다. 그러므로 그 문제의 근원을 파악하기 위해서는 계획의 과정과 개발 및 관리 그리고 정비의 과정을 살펴야 한다.

1) 도시계획

도시계획에 대한 용어는 미국에서는 city planning, 영국에서는 town planning, 독일은 städtebau며, 프랑스에서는 urbanisme라고 한다. 이처럼 도시계획이란 도시라는 공간을 대상으로 하여 장래에 일어날 변화를 예측하고 목표를 설정하여 그 목표에 따라 경제적·사회적 활동을 안전하고 쾌적하고 능률적으로 수행시키기 위하여 개별적으로 요구되는 공간을 평면적, 입체적으로 조정하여 토지이용과 시설배치 및 규모를 상정하여 이들을 독자적인 논리에 따라 조성하는 것을 의미한다. 이러한 도시계획의 목적은 기본적으로 순수하게 공공의 필요를 충족시키는 것이다. 예를 들면 도로, 상하수도 등 기본적인 공공시설의 공급과 사람들이 서로 방해되지 않게 하도록 개별 필지 위에서 건축 등 행위에 관하여 모종의 세부적인 제어를 하는 것이다.

도시계획은 공공활동(공동체 전원을 위한 활동)이나 공공규제(구성원 상호 간에 해치는 것을 막기 위한 강제적인 규정)가 필요한 모든 부문에 걸쳐 도시의 성장과 변화를 다스리는 테두리를 마련하고 이에 따라 실천하는 것이다.[5]

이러한 도시계획은 근대의 도시계획으로부터 많은 영향을 받았다고 할 수 있는데 두 가지의 큰 축으로 설명할 수 있다. 첫 번째는 에베네저 하워드(Ebenezer Howard)의 전원도시론이며 다음은 르코르뷔지에(LE CORBUSIER)의 빛나는 도시로 대표되는 근대 기능주의 도시계획이다. 두 가지의 이론 모두 근대 도시의 과밀과 주거환경의 문제를 해결하기 위한 이론이었다. 그러나 이러한 문제에 접근하는 방법에 있어 서로 다른 많은 차이점이 있었다.

에베네저 하워드의 전원도시론은 도시와 전원의 장점을 결합한 "제3의 공간"을 만들고자 함으로써 자연과 도시의 융합을, 그리고 주거, 일자리, 상업, 문화기능을 갖춘 독립된 도시 단위에 의한 자족적인 도시와 도시 중심에 공원을 배치하고, 방사형 도로망을 통해 각 구역을 연결하는 녹지 중심의 도시구조를 제안하였다. 또한, 한 도시의 인구가 3만 명을 넘지 않도록 하고, 넘으면 위성 전원도시를 건설하여 도시 간 네트워크화를 제시하였다.

---

5)　　한국도시계획가협회, 도시계획 이론과 실제, 기문당, 2022, p.40-41

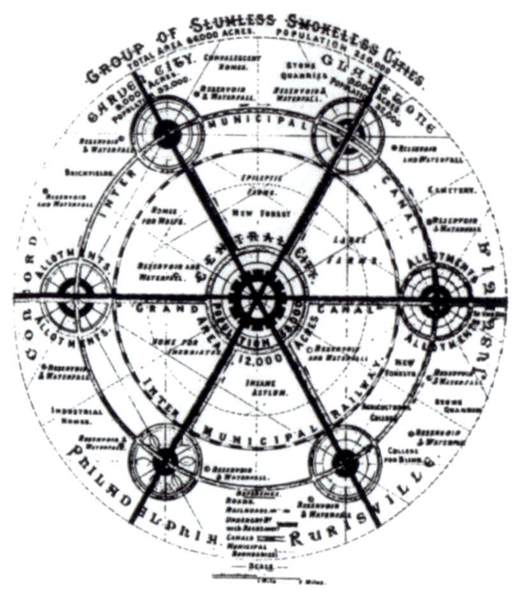

르꼬르뷔지에는 기존 도시를 철거하고, 고층 건물과 대로를 가진 새로운 도시 설계를 제안하며, 새로운 도시는 주거, 업무, 교통, 여가를 철저히 분리하는 기능 분리의 도시구조와 빛과 공기, 녹지를 확보하기 위해 고층 아파트 배치하고, 도시 전체가 차량 흐름 중심으로 구성되는 자동차 중심 도시설계 이론을 주장하였다.

이 두 가지 이론은 근대도시계획이론의 두 가지 축으로서 현대의 도시계획에 많은 영향을 미쳤다. 에베네저 하워드의 전원도시론은 오늘날 그린벨트, 위성도시, 신도시 개념의 원형이 되었으며, 토지 공공소유 개념을 강조하여 공공 복지적 도시계획 모델과 인간 중심, 공동체 중심, 친환경 중심의 근원 이론이라고 할 수 있다.

르꼬르뷔지에의 기능주의 도시계획이론은 세계 각국의 근대적 신도시 건설, 스마트시티, 고밀도 도시, 복합개발의 형태에 많은 영향을 주었다.

이 두 가지 이론 모두 기존 도시의 문제점 해결방안을 찾기 위한 노력에서 출발한다. 에베네저 하워드는 19세기 말 영국 산업도시의 심각한 주거환경과 과밀문제를 해결하기 위한 노력으로, 르꼬르뷔지에는 20세기 초 유럽 도시의 과밀, 비위생적 주거, 자동차의 등장 등으로 인한 도시문제를 해결하기 위한 방안으로 등장한 것이다. 도시의 Life Cycle에 있어 도시정비가 계획으로 연결된다고 하는 하나의 예이다.

우리나라의 경우 근대적인 도시계획의 도입은 1934년 식민지 시기의 「조선시가지계획령」의 제정이다. 이 계획령은 전반적이고 종합적인 도시계획에 대한 목적보다는 함경북도 나진에 계획적 신시가지를 조성하여 우리나라를 만주 진출의 병참기지로 삼기 위해서였다.[6] 이후 1962년 「도시계획법」이 제정되었으며 주로 서양 중

---

6)　한국도시계획가협회, 도시계획 이론과 실제, 기문당, 2022, p.60

심의 다양한 도시계획이론 등이 도입되었다. 분당, 일산, 산본, 평촌, 중동 등 5개 신도시 건설에는 에베네저 하워드의 전원도시론이 그리고 도심지 내 도시정비사업에는 르꼬르뷔지에의 기능주의 이론 등이 부분적으로 영향을 미쳤다고 볼 수 있다.

현재의 도시정비는 에베네저하워드 전원도시론 보다는 기존건물의 철거와 고층건물 등의 건립을 주장했던 르코르뷔지에의 기능주의 도시계획론의 영향이 더 크다고 할 수 있다.

2) 도시개발

개발의 여러 가지 사전적 의미 중 하나는 "토지나 천연자원 따위를 유용하게 만듦"[7]이라고 정의하고 있다. 도시의 구성요소를 인구, 토지와 건축물 그리고 행정적 제도 등으로 정의할 수 있는데, 그중 토지는 도시 구성에 있어 중요한 역할을 한다고 할 수 있다. 이런 사전적 의미를 기준으로 본다면 개발은 도시개발을 의미한다고도 볼 수 있다. 이런 의미에서 도시개발은 토지를 유용하게 만드는 행위라고 해석할 수 있으며, 토지를 유용하게 한다는 것은 단순히 물리적인 유용성뿐만 아니라 이를 통하여 사회적, 경제적, 문화적 활동을 활발하게 만드는 행위라고도 할 수 있다. 이와 같은 도시개발은 도시계획을 기반으로 이루어지며 계획과 개발, 관리 그리고 정비로 이어지는 도시의 Life Cycle 하나의 축을 형성한다.

도시개발은 일반적으로 계획, 사업시행, 입주 및 유지관리의 과정을 통해 추진된다. 도시의 발전 방향을 설정하는 도시기본계획이나 광역계획 등에 기반하여, 특정 지역에 대한 개발의 필요성을 검토한다. 인구, 산업, 교통, 환경, 사회적 요인 등의 종합적인 분석이 이루어지며, 개발 대상지는 물리적 조건뿐만 아니라 인문사회적 조건, 그리고 주변 지역과의 연계성 등 다양한 요소를 고려하여 결정된다.

계획이 수립되면, 구체적인 사업 방식과 시행주체가 결정된다. 개발방식은 공공주도형, 민간주도형, 혹은 이 둘이 협력하는 혼합형으로 나뉘며, 토지 수용 방

---

7)　　국립국어원 표준어대사전

식, 환지 방식, 협의 방식 등이 상황에 따라 선택된다. 사업시행자는 지방자치단체, 공공기관, 개발조합, 민간사업자 등이 될 수 있으며, 그에 따라 재원 조달방식이나 수익 배분 구조도 달라진다. 이후 본격적인 사업이 진행되면서, 토지확보, 기반시설설치, 건축물건설이 이루어진다. 이 단계에서 주민과의 갈등, 보상 문제, 인·허가 지연 등이 발생할 수 있다,

도시개발이 완료되면, 주택이나 상업시설, 공공시설 등이 조성되어 입주가 이루어진다.

한편, 도시개발은 단순히 하나의 사업이 아니라, 시간이 지남에 따라 유지되고 관리되어야 할 대상이다. 아무리 계획적으로 개발된 도시라 하더라도 시간이 지나면 기반시설의 노후화, 인구 구조의 변화, 경제활동의 쇠퇴 등이 발생한다. 따라서 도시개발은 완성이 아닌 순환의 개념에서 이해되어야 하고 기존 도시공간의 재생과 정비를 함께 고려하면서 개발이 이루어져야 한다.

3) 도시관리

도시계획이 도시의 방향성을 설정하고, 도시개발이 그 계획을 실현하는 구체적 행위라면, 도시관리는 완성된 도시공간을 유지하는 지속적 과정이다. 도시계획과 개발이 아무리 정교하고 훌륭하더라도, 도시관리가 뒷받침되지 않으면 그 도시공간은 빠르게 쇠퇴하거나, 사회적 불균형과 같은 문제를 초래할 수 있다.

도시관리의 출발점은 도시계획이다. 관리는 계획을 전제로 하며, 도시계획은 도시관리에 관한 내용을 담고 있다. 용도지역은 토지사용에 대한 관리 도구이며, 지구단위계획은 특정 지역의 관리지침을 담은 공간관리계획이다. 도시기본계획은 인구, 산업, 교통, 환경, 주택 등 도시를 구성하는 각각의 요소를 어떻게 조화롭게 운용할 것인지에 대한 종합적 전략이기도 하다.

도시관리는 도시개발과 긴밀히 연결되어 있다. 개발된 공간은 시간이 흐르면서 점차 기능이 저하되거나, 새로운 수요와 충돌하게 된다. 이 경우 도시관리는 도시

가 그 기능을 유지할 수 있도록 공간을 조정하고, 기능을 재배치하며, 제도를 보완하는 역할을 한다.

도시를 계획하고 개발하고 유지하는 모든 과정은 행정적 제도를 기준으로 진행되며, 도시관리 역시 이러한 제도적 틀 속에서 진행된다.

도시관리 제도의 기본 구조는 「국토의계획및이용에관한법률」과 건축 및 개발 관련 법령 등으로 이루어진다.

우리나라의 경우 「국토계획및이용에관한법률」이 도시계획 및 토지이용의 바탕을 이루고 있으며, 이 법을 중심으로 「건축법」, 「도시개발법」, 「도시및주거환경정비법」, 「주택법」 등 다양한 법령이 유기적으로 연결되어 있다. 도시관리란 결국, 이 법 제도적 시스템 안에서 지속해서 도시를 관리하고 유지하는 것이다.

이러한 법적 제도상의 도시관리계획은 도로, 공원, 하수도, 녹지, 주차장 등 도시기반시설의 설치, 변경, 폐지를 결정하며, 지구단위계획이나 재정비촉진계획 등 세부계획을 통해 미시적 도시 공간을 통제한다. 이러한 법정계획은 도시공간의 질서와 형평성을 관리하는 핵심 수단이 된다.

도시관리는 한편으로 도시정비와 밀접하게 연결되어 있다. 도시관리의 궁극적인 목적은 도시의 쇠퇴를 막고 도시가 계속 발전하며 그 기능을 다 하게 하는 것이다. 이를 위한 도시관리 법률로서 「도시및주거환경정비법」, 「도시재생활성화및지원에관한특별법」, 「빈집및소규모주택정비에관한특례법」 등이 있다. 이러한 법률들은 노후화된 도시공간을 체계적으로 정비하기 위한 제도적 틀이다. 도시관리와 도시정비의 경계가 모호할 수 있지만, 도시의 Life Cycle 측면에서 본다면 이러한 관리 제도들은 도시정비를 위한 하나의 축으로 볼 수 있다.

4) 도시정비

도시정비는 도시의 Life Cycle에서 마지막 단계이자 시작의 단계로 볼 수 있다. 도시계획에 대한 많은 이론은 다양한 도시문제를 해결하기 위해서 만들어진다고 볼 수 있다. 이런 의미에서 도시정비는 도시계획의 모태라고도 할 수 있다. 이외에도 도시정비는 도심지로 집중되는 인구의 주택문제 해결을 위한 하나의 중요한 기능을 하고 있다. 우리나라의 경우는 2025년 수도권 아파트 분양예정 가구 중 52.7%(48,264가구)가 도시정비사업이다.

[표1-2] 2025 수도권 아파트 분양예정 가구

구분	자체사업(도급포함)	정비사업(리모델링 포함)	계
분양예정 가구	43,318 (47.3%)	48,264 (52.7%)	91,582 (100%)

(출처:부동산 R114, 2024.12.31)

이러한 정비사업 중 도시정비사업의 경우 주요 시기별 변화와 재개발, 재건축의 차이는 있지만, 현재는 30년을 그 시작점의 기준으로 정하고 있다. 우리나라 30년을 기준으로 하는 단독주택, 아파트 연립주택, 다세대 주택의 총수는 5,044,681호이다.

[표1-3] 광역시, 경기도 30년 이상 단독주택, 아파트, 연립주택, 다세대 주택 현황 (단위 : 호)

구분	단독주택	아파트	연립주택	다세대 주택	계
전국	2,161,672	2,138,605	223,913	426,696	5,044,681
서울특별시	204,533	423,038	49,501	127,077	820,267
부산광역시	158,093	190,935	20,871	21,353	399,604
대구광역시	93,138	121,400	5,208	6,824	232,377
인천광역시	53,288	175,417	9,385	67,391	310,175
광주광역시	51,730	83,888	2,947	968	142,277
대전광역시	45,031	94,241	5,255	15,320	162,217
울산광역시	31,761	61,555	3,230	7,004	105,758
경기도	201,407	375,096	46,337	125,070	760,589

(출처:통계청, 2023)

이 중 주요 정비사업 대상지인 광역시와 경기도를 중심으로 30년 이상의 단독주택, 아파트, 연립주택, 다세대 주택을 기준으로 도시정비 사업금액을 추정하면 〈표1-4〉와 같다. 세부적인 구역지정의 차이가 있기는 하지만 단독주택, 연립주택, 다세대 주택을 재개발사업으로, 아파트를 재건축사업으로 가정하고 추정하였다. 추정값 산정은 실제 진행된 28개 PJ를 기준으로 하여 재건축 호수 증가율 165.23%, 재개발 261.31%, 지하면적 비율 35.43%, 신축 평형은 25평을 전제로 하였으며 공사비는 평당 7,500천원으로 가정하였다.

추정금액을 살펴보면 전국이 3,160조원이며 재개발은 2,134조원, 재건축은 1,026조원으로 나타났다. 서울특별시와 경기도는 전체적으로 492조원, 463조원으로 전국의 31%로 가장 큰 규모를 차지하고 있는 것으로 나타났다.

여기서 유의하여야 할 점은 시간이 지나면서 30년 이상 주택들은 계속 편입되지만 편입된 주택들은 정책, 동의율 등 여러 가지 이유로 재개발, 재건축에 대한 지연 가능성이 크다고 할 수 있다. 결국, 30년 이상 재고 주택은 증가하게 되므로 사업추정금액은 감소하지 않고 계속 증가하는 현상이 발생하게 된다는 것이다.

[표1-4] 재개발, 재건축사업추정금액(2023년 호수 기준, 단위:조원)

구분	재개발		재건축		계	
전국	2,134	(100%)	1,026	(100%)	3,160	(100%)
서울특별시	289	(14%)	203	(20%)	492	(16%)
부산광역시	152	(7%)	92	(9%)	244	(8%)
대구광역시	80	(4%)	58	(6%)	138	(4%)
인천광역시	99	(5%)	84	(8%)	183	(6%)
광주광역시	42	(2%)	40	(4%)	82	(3%)
대전광역시	50	(2%)	45	(4%)	95	(3%)
울산광역시	32	(1%)	30	(3%)	61	(2%)
경기도	283	(13%)	180	(18%)	463	(15%)

도시의 Life Cycle은 도시계획, 도시개발과 관리 그리고 정비로 순환된다. 이러한 Cycle은 어느 한 곳에 편중될 경우 도시의 성장과 기능의 유지에 많은 문제점을 발생시킬 수 있다. 그러나 현상을 살펴보면 도시계획이나 도시개발의 경우 많은 분야에서 연구되거나 개발이 진행되고 있지만, 상대적으로 도시정비의 경우 그렇지 못하고 있은 것이 현실이다. 대학에 도시와 관련하여 도시계획과나 부동산개발학과가 있지만 도시정비학과나 도시정비대학원을 가지고 있는 대학은 없다.

이는 도시의 Life Cycle 측면에서 본다면 계획과 개발에 편중되고 있는 것을 나타내는 것이라고 볼 수 있다.

우리나라 도시정비와 관련하여 수치상으로 보면 5,044,681세대에 3,160조원의 금액을 대상으로 한다. 이러한 상황을 고려할 때 도시계획이나 도시개발 및 관리와 같은 비중으로 도시정비학과나 도시정비대학원의 설립도 도시의 Life Cycle 측면에서 중요한 부분일 것이다.

제2장

도시정비의 개요

정비의 개념을 살펴보면, 정(整)과 비(備)라는 두 한자의 결합으로 이루어진다. 정은 "정돈하다, 바로잡다, 질서를 회복하다"라는 뜻을 지니며, 비는 "준비하다, 갖추다, 마련하다"를 뜻한다. 즉, 정비란 "흐트러진 체계를 정리하여 제대로 갖춤, 기계나 설비가 제대로 작동하도록 보살피고 손질함, 도로나 시설 따위가 제 기능을 하도록 정리함"[8]으로 정의할 수 있다. 이는 단순히 물리적인 사물에 국한되지 않고, 조직, 제도, 관념, 인간관계까지도 포괄한다는 것을 알 수 있다.

도시정비의 경우에 있어서도 이러한 다양한 의미의 개념으로 해석할 수 있지만, 현재는 기능 회복의 측면에서 그 의미가 확장되고 있다고 할 수 있다. 기존의 노후·불량하고 쇠퇴하여 가는 도시를 정비하여 도시의 기능을 다시 찾을 수 있도록 하는 데 초점이 맞추어져 있다고 볼 수 있는 것이다.

가. 도시정비의 개념

1) 일반적 개념

도시정비는 단순히 도시와 정비를 결합한 합성이다. 단어적 의미로 해석한다면 도시를 정비한다는 뜻이다. 즉, 도시의 흐트러진 체계를 정리하여 제대로 갖추고 도시가 제 기능을 갖도록 정리한다는 의미이다.

도시는 인간, 토지와 건축물 그리고 제도 등의 요소들을 결합하여 계획되며 형성되는 순간부터 많은 변화가 일어난다. 사람들이 모여드는 도시 공간은 언제나 많은 도시문제가 발생한다. 이러한 문제에 대응하여 도시의 기능을 유지하고, 쇠퇴와 노후에 대응하며 도시의 본래 기능을 유지하려는 노력이 도시 정비다.

도시정비는 물리적으로 낡은 건물의 철거와 건축, 기반시설의 개선, 공간의 재배치 같은 작업이기도 하지만, 노후화의 원인을 분석하고, 지역 공동체

---

8)　국립국어원 표준어대사전

(Community)의 요구를 반영하여 새로운 지역 공동체를 구성하게 하는 사회적 행위이기도 하다. 도시공간은 시간이 지나면서 노후화되고, 기능을 상실하며, 주민의 생활환경도 악화된다. 이는 건물의 노후화와 물리적 문제를 넘어, 지역의 경제적 침체, 환경 악화로 이어진다. 이러한 상황을 정비한다는 것은 본질적으로 도시의 구조적 변화를 의미한다. 그리고 그 변화는 물리적 공간의 변화만을 뜻하지 않으며 누구를 위한 것인지 사회에 어떤 영향을 미치며 어떻게 변화하게 할 것인가에 대한 의미이기도 하다.

도시정비는 또한 미래 지향적인 개념이다. 단순히 현재의 문제만을 해결하기 위한 것이 아니라 미래에도 계속적으로 도시가 지속 가능하도록 만드는 일련의 과정이다. 도시정비는 도시가 가진 과거와 현재의 문제를 바탕으로 미래를 계획하는 작업이라고 할 수 있다. 19세기와 20세기의 도시의 문제가 에베네저 하워드의 전원도시론과 르꼬르뷔지에의 기능주의 도시론의 모태가 되어 현재에 이르러듯이 도시정비는 현재의 도시문제를 기반으로 미래를 준비해야 하는 과정이기도 하다.

2) 법률적 개념

도시를 정비하기 위해서는 행정적, 제도적 체계를 갖추어야 한다. 이러한 행정적 제도적 체계를 갖추는 것은 법률의 제정이라고 할 수 있다. 우리나라의 도시정비와 관련한 법률은 여러 가지가 있으며 그 용어 있어서도 도시정비, 도시재생, 도시재정비, 노후계획도시정비, 주택정비 등으로 사용되고 있다.

2002년도에 제정해서 시행된 「도시및주거환경정비법」은 법률명에서 알 수 있듯이 도시정비라는 용어를 사용하고 있으며 2005년에 제정 시행된 「도시재정비촉진을위한특별법」에는 도시재정비로 2013년에 제정 시행된 「도시재생 활성화및지원에 관한특별법」에는 도시재생이라는 용어를 사용하고 있다. 이외에도 2017년 제정 시행된 「빈집및 소규모주택정비에관한특례법」에서는 주택정비라는 용어를 사용하고 있으며 2023년 제정 시행된 「노후계획도시정비및지원에관한특별법」에는 노후계획도시정비로 특정하여 사용하고 있다.

그러나 도시재생이나 도시재정비 그리고 노후계획도시정비나 주택정비 등은 노후화되고 쇠퇴해 가는 도시를 정비한다는 의미에서 도시정비라는 용어로 통합하여 설명할 수 있다. 그러나 최근에는 주요하게 재개발, 재건축에 대한 사항을 규정한 「도시및주거환경정비법」의 약칭이 도시정비법으로 규정됨으로써 도시정비를 재개발과 재건축으로만 한정하고 도시재생이나 도시재정비, 노후계획도시정비나 주택정비를 구분하여 설명하는 현상도 나타나고 있지만 본질적으로는 도시를 정비한다는 의미에서 같다고 할 수 있다.

[표2-1] 도시정비 관련 법률

구분	대상	제정시기
도시및주거환경정비법	• 도시기능 회복 필요 주거환경 불량지역	2003.12.30
도시재정비촉진을 위한 특별법	• 도시의 낙후된 지역	2005.12.30
도시재생 활성화 및 지원에 관한 특별법	• 쇠퇴하는 도시	2013.6.4
빈집 및 소규모주택 정비에 관한 특례법	• 빈집과 소규모 주택	2017.2.8
노후계획도시정비 및 지원에 관한 특별법	• 노후계획도시	2023.12.26

각 법률과 관련하여 구체적으로 도시정비에 관련한 목적으로 개념을 파악해 볼 수 있다.

우선 「도시및주거환경정비법」은 "도시기능의 회복이 필요하거나 주거환경이 불량한 지역을 계획적으로 정비하고 노후·불량건축물을 효율적으로 개량하기 위하여 필요한 사항을 규정함으로써 도시환경을 개선하고 주거생활의 질을 높이는 데 이바지함"을 목적으로 하고 있다고 규정함으로써 도시정비는 도시의 기능 회복, 불량한 주거환경의 정비 그리고 노후·불량건축물을 효율적으로 개량하는 것으로 하고 있다.

「도시재정비촉진을위한특별법」은 "도시의 낙후된 지역에 대한 주거환경의 개선,

기반시설의 확충 및 도시기능의 회복을 위한 사업을 광역적으로 계획하고 체계적ㆍ효율적으로 추진하기 위하여 필요한 사항을 정함으로써 도시의 균형 있는 발전을 도모하고 국민의 삶의 질 향상에 기여함을 목적"으로 한다고 규정하고 있어 도시정비가 주거환경의 개선, 기반시설의 확충과 도시기능의 회복이라고 정의한다고 할 수 있다.

「도시재생활성화및지원에관한특별법」은 "도시의 경제적ㆍ사회적ㆍ문화적 활력 회복을 위하여 공공의 역할과 지원을 강화함으로써 도시의 자생적 성장기반을 확충하고 도시의 경쟁력을 제고하며 지역 공동체를 회복하는 등 국민의 삶의 질 향상에 이바지함"을 목적으로 하고 있어 도시정비를 도시의 자생적 성장기반의 확충과 경쟁력 제고 그리고 지역 공동체를 회복하는 것으로 정의하고 있다. 이는 앞의 두 법률과는 다르게 물리적인 개선보다는 사회ㆍ경제적인 개선에 초점을 맞추고 있다고 할 수 있다.

「빈집및소규모주택정비에관한특례법」은 "방치된 빈집을 효율적으로 정비하고 소규모주택 정비를 활성화하기 위하여 필요한 사항 및 특례를 규정함으로써 주거생활의 질을 높이는 데 이바지함"을 목적으로 하고 있으며, 「노후계획도시정비및지원에관한특별법」에서는 "노후계획도시를 광역적ㆍ체계적으로 정비하기 위하여 필요한 사항을 지원함으로써 도시기능을 향상하고 정주여건을 개선하며, 미래도시로의 전환을 도모하여 국민생활의 질적 향상에 이바지함"을 목적으로 하고 있다. 이 두 법은 도시정비를 규모 적인 차원에서, 빈집과 소규모 주택정비와 대규모 노후계획도시의 정비로 정의하고 있다고 할 수 있다.

구분	도시재생법	도시재정비법	도시정비법	노후계획도시 정비법	소규모 주택정비법

목적	• 경제적, 사회적
	• 물리적, 환경적
	  활성화
		• 광역적, 계획적
		• 체계적, 효율적
		  추진
			• 계획적 정비
			• 노후불량건축
			  물 효율적 개량
				• 광역적, 체계
				  적 정비
					• 빈집효율적 정비
					• 소규모주택정비
					  활성화

Key word	쇠퇴	낙후	불량	노후	노후·불량

3) 경제적 개념

도시정비는 일반적으로 각각의 개인[9] 소유의 자산 위에서 시행된다. 그러므로 도시정비를 시행하는 주체인 각각의 개인들은 공공성을 강조하는 정부와는 다르게 경제적으로 타당한가에 대한 재무적 검토를 진행하며 이에 따라 도시정비의 계속적 진행 여부에 관하여 찬·반의 의견을 나타낸다. 이 과정에서 공공성을 강조하는 정부와 재무적 경제성을 강조하는 각각의 개인 간의 갈등이 발생하기도 한다.

경제적으로 합리적인 개인은 일반적으로 자산과 관련한 어떠한 행위를 결정할 때 각각 개인의 자산이 증감을 기준으로 그 행위의 찬·반을 결정하게 된다.

도시정비의 경우에도 정부가 주도하는 계획의 과정이 완료되면 각각의 개인이 주도하는 시행의 과정으로 진행되게 된다. 이 과정은 사업이라는 용어를 사용하는데, 사업은 정부 정책의 측면에서는 어떤 특정한 정책을 추진하는 행위로서 의미기도 하지만 각각 개인의 측면에서는 자산증감 의미의 사업이기도 하다. 그래서 도시정비사업이라고 명명된 각각 개인이 주체가 되는 시행의 과정은 경제적으로 타당한가에 대한 기본적인 검토 과정이 필수적이며 이에 대한 경제적 개념의 정의는 중요하다고 할 수 있다.

경제적 관점에서 보면 도시정비사업은 계획을 바탕으로 하여 각각의 개인이 소

---

9)　　각각의 개인은 시행단계에서 조합설립을 하지 않고 정부나 지정개발자 등에 의하여 시행하는 경우 토지등소유자로 그리고 조합에 의하여 시행하는 경우는 조합원으로 명명한다

유하고 있는 자산을 제공하여 시행하게 된다. 그러므로 이러한 개인은 경제주체로서 자산을 제공하여 시행되는 도시정비사업에서도 자산의 증가를 기대하게 된다.

사업을 시행하면서 경제적으로 타당한 것의 의미는 필수적으로 사업에 소요되는 비용을 충당하고 자산의 증가가 이루어져야 하는 것이다. 즉, 사업에 소요되는 비용의 충당이 우선시되어야 한다.

도시정비사업에서도 이러한 개념은 같이 적용된다. 즉 도시정비에 있어 경제적 개념은 도시정비사업이 완료된 후 증가한 자산의 가치가 종전자산가치를 유지하면서 사업에 소요되는 비용을 충당할 수 있는지 없는지에 대한 판단인 것이다.

이를 수식으로 나타내면, 도시정비사업 전 종전가치를 V_0이라고 하며, 도시정비사업이 완료된 종후가치를 V_1 그리고 투입된 사업비를 C라고 하면 도시정비사업 완료 후 종후가치는 종전가치를 제외하고도 사업비를 충당할 수 있어야 한다. 만약 종후가치가 종전가치를 제외하고 사업비를 충당할 수 없는 경우에는 종전가치의 감소가 발생하게 된다. 이를 수식으로 나타낼 경우, $V_1 - V_0 = \Delta V$라고 하면, $\Delta V = C$인 경우는 종전가치 V_0을 유지하면서 사업비를 충당하게 되며, $\Delta V > C$인 경우는 사업비를 충당하고 종전가치는 $(\Delta V - C)$만큼 가치가 상승하게 된다.

반대로 $\Delta V < C$이면 사업비를 충당하기 위하여 종전가치는 $(\Delta V - C)$만큼 감소하게 된다.

[표2-3] 도시정비사업의 경제적 개념 $(V_1 - V_0 = \Delta V)$

구분	사업비 충당	의사결정
$\Delta V = C$	• 종전가치를 유지하면서 사업비 충당	찬성 or 반대
$\Delta V > C$	• 사업비를 충당하고 종전가치 (ΔV-C)만큼 상승	찬성
$\Delta V < C$	• 사업비를 충당하기 위해 종전가치(ΔV-C)만큼 감소	반대

나. 도시정비의 연혁

도시가 형성되면서부터 제도적 체계를 가지고 진행되었던, 각각의 개별적 필요 때문에 실행되었던 도시정비는 필연적으로 수반되었다. 시간이 흐르면서 근대 자본주의 발달과 19세기 산업혁명이 일어나면서 도시에서 발생하는 도시문제를 해결하기 위한 이론적, 제도적인 시도가 이루어졌으며 이는 도시계획이 곧 도시정비를 의미하는 것으로 해석할 수 있을 것이다. 결국, 도시정비의 연혁은 근대 도시계획의 이론적 발달 그리고 체계적인 제도의 발달 과정과 함께한다고 할 수 있다.

1830년부터 1832년까지 영국에서 대규모 전염병이 발생하여 많은 사람이 죽는 사태가 발생하였고 이를 계기로 세계최초의 도시계획과 관련된 법률인「공중보건법(Public Health Act)」이 1848년 제정되었다.

이후 샤프베리(Lord Shaftesbery)경에 의해 노동자의 사회적 조건을 개선하기 위한 주택건설 또는 주택구매자금을 빌려주는「노동자계급기숙사법(Labouring Classes Lodging Houses Act)」이 1851년 제정되었다. 이 법은 위생법에서 주거법으로의 전환이었으며 이후 주거법의 개정으로 주택의 관리는 소유자의 의무로 하고 의무를 다하지 않는 경우는 공공에 강제적 개선책임을 부과하기도 하였다. 그리고 개별주택뿐만 아니라 지구 전체를 대상으로 불량지구 개량이 가능하도록 하였다. 이후 다양한 도시계획 이론 및 제안에 따라 주거법에서 도시계획을 포함하는 법정 도시계획으로 전환되는「주거및도시계획법(Housing Town Planning Act)」이 1909년 제정되었다.

독일에서도 19세기 중반 이후 산업혁명으로 도시인구 집중에 따른 도시의 외연 확장과 난개발 방지를 위하여 1891년「지역제건축법(Zonenbauordnung)」을 최초로 제정하여 용도 지역계획(Bauzonenplan)을 수립하였다. 1902년에는 세계최초로 토지구획정리사업이라고 하는 환지 방식의 도시개발사업을 가능하게 하는「아딕케스(Lex Adickes)법」이 제정되었다.

　미국에서는 1937년 「연방주택법(Housing Act)」을 통하여, 1930년 대공황으로 인한 대규모 실업과 저소득층의 주거난이 심각해지면서 연방정부가 지방정부를 통해 저소득층용 공공임대주택 건설을 지원하면서 공공주택 건설의 전제로 슬럼지역을 철거(slum clearance)할 수 있도록 하였으며, 1949년 「도시재개발법(Urban Renewal Act)」을 통하여는 제2차 세계대전 이후 귀환군인 및 인구 증가로 인한 주택 수요 폭증과 전시 산업 중심 도시들의 물리적 낙후 및 슬럼화 심화를 해결하기 위하여 도시재개발(urban renewal) 개념을 도입하여 기존의 슬럼 철거(slum clearance)를 넘어서, 낙후 지역의 철거 → 토지 재편 → 재개발이라는 전면적 도시정비사업을 제도화하였다. 이후 이와 같은 제도를 근간으로 하여 각국에서 다양한 도시정비 제도가 발달되어 오고 있다.

[표2-4] 각국 도시정비 관련 법률

구분	목적	국가	제정시기
공중보건법 (Public Health Act)	• 유해물 제거와 질병예방	영국	1848
노동자계급기숙사법 (Labouring Classes Lodging Houses Act)	• 주택개량 지구전체 개량	영국	1851
지역제 건축법 (Zonenbauordnung)	• 도시외연확산과 난개발 방지	독일	1891
주거및도시계획법 (Housing Town Planning Act)	• 지구및도시전체개량/계획	영국	1901
아딕케스법 (Lex Adickes)	• 토지구획정리	독일	1902
연방주택법 (Housing Act)	• 공공주택건설과 슬럼지역 철거	미국	1937
도시재개발법 (Urban Renewal Act)	• 물리적 낙후 및 슬럼화 심화 해결	미국	1949

다. 우리나라의 도시정비 연혁

우리나라의 도시계획이나 도시정비에 대해서는 일반적으로 식민지 시대에 제정된 「조선시가지계획령」을 출발점으로 하여 논의된다. 이는 「조선시가지계획령」이 현재 가지고 있는 형식적 법률 체계를 가지고 있었으며, 독일이나 영국의 도시계획제도 체계를 수용하고 받아들인 일본의 「도시계획법」 체계를 따랐기 때문이라고 할 수 있다. 그러나 조선 시대에도 근대적 「도시계획법」 체계는 존재하지 않았지만, 전통 사회의 제도적 틀 속에서 도시를 관리하고 운영해 왔다. 조선 시대 「경국대전」[10]에 의한 도시정비와 관련된 내용에는 대표적으로 공전(工典) 교로(橋路)편에서 "만약 도로를 침범하거나 파헤치거나, 오물 같은 더러운 물건을 버리는 자가 있으면, 이를 관리하지 않은 해당 관청의 관리와 책임자도 함께 처벌한다. (若侵占掘取, 或置汚穢之物者, 幷罪本部官吏及管領.), 내(川), 못(池), 성곽(城墻)은 인근 주민들에게 분담시켜 장부에 기록하게 하고, 이를 지키도록 한다. (川·池·城墻, 分授旁近人, 置簿看守.)"라고 명시되어 있으며 또한 영선(營繕)편에서는 "파손되거나 누수된 곳이 있으면 본조(공조)에 보고하여 수리하고, 매년 봄·가을마다 공조가 순찰하여 살펴보고 임금께 아뢰어야 한다.(有漏毀處, 報本曹修理, 每年春·秋, 本曹巡審啓聞.), 각 도의 향교(鄕校, 지방 학교) 전각은, 수령이 파손이 생기면 즉시 수리하고, 장부를 작성하여 인수·인계한다.(諸道鄕校間閣, 守令隨毀隨補, 解由竝錄授受.)"라고 명시되어 있다. 이는 조선시대에도 근대적 체계는 아니지만, 실질적인 도시관리와 정비제도가 형성되어 있었다고 할 수 있을 것이다.

대한제국 시대의 도시계획은 "치도사업(治道事業)"으로 대표되는 도로의 개량을 통한 도시의 정비로서 나타나게 된다. 치도에 관한 논의는 1882년 말 박영효 등의 일본수신사 일행이 동경에서 김옥균으로부터 「치도약칙(治道略則)」이란 글을 받아와 이를 「치도규칙(治道規則)」이라는 소책자로 내면서 전개되었으며 이는 갑오개

---

10)　　이전(吏典), 호전(戶典), 예전(禮典), 병전(兵典), 형전(刑典), 공전(工典)으로 구성

혁 이후 대한제국 시대의 한성부 도시개조사업에 큰 영향을 미쳤다. 치도사업에서 우선적 주요 과제는 정도 초기부터 넓게 확보되었던 오늘의 종로나 남대문로 등이 그동안의 무분별한 가가(假家)의 침범으로 인하여 좁혀졌던 것을 회복하며 가로 변의 경관 및 청결을 개선하는 것이었다.[11]

1910년 한일병합조약 이후 우리나라의 도시정비는 1962년 「도시계획법」 제정 이전과 이후로 나누어 설명할 수 있다. 이는 1962년 「도시계획법」이 제정되기 이전까지는 1934년에 제정된 「조선시가지계획령」에 따라 도시가 관리 정비되었으나 1962년 이후부터는 독자적인 우리나라 최초의 「도시계획법」이 제정 시행되면서 이 법에 따라 도시계획 및 관리 그리고 도시정비가 진행되었기 때문이다.

1) 1910~1962(도시계획법제정이전)

이 시기는 1945년까지의 식민지 시대와 이후 6·25 한국전쟁을 겪으면서 도시로의 집중화로 여러 가지 도시문제가 발생하였다. 특히 서울은 1946년 9월 28일 미 군정의 「서울특별시헌장」 발표와 함께 공식적으로 서울로 명명되기 전까지 경성으로 불리며 많은 인구의 집중과 정치·행정의 중심지로서 우리나라의 중심이자 도시문제의 중심이었다고 할 수 있다. 이에 이 시기의 도시문제와 이에 대한 도시정비는 주로 서울을 중심으로 나타난다.

1912년 11월 총독부는 경성의 전통적 도심부의 간선 도로망을 정비하여 공간구조를 개편하려고 하는 시가지정리사업을 위한 「경성시구예정계획노선29개노선」을 발표했다.[12]. 경성시구예정계획노선은 경성을 격자형도시로 정비함으로써 대한제국까지 형성된 서울의 상징적인 공간구조의 해체를 가져올 수 있는 것이었다. 이러한 29구개노선을 기본으로 하는 경성의 시구 개수가 계속되는 가운데 1920년대 경성에서는 지역개발과 관련하여 도시계획이라는 새로운 의제가 등장했다. 이

---

11)　　행정안전부 국가기록원

12)　　조선총독부 고시 제87호, 조선총독부관보, 1912. 11. 6.

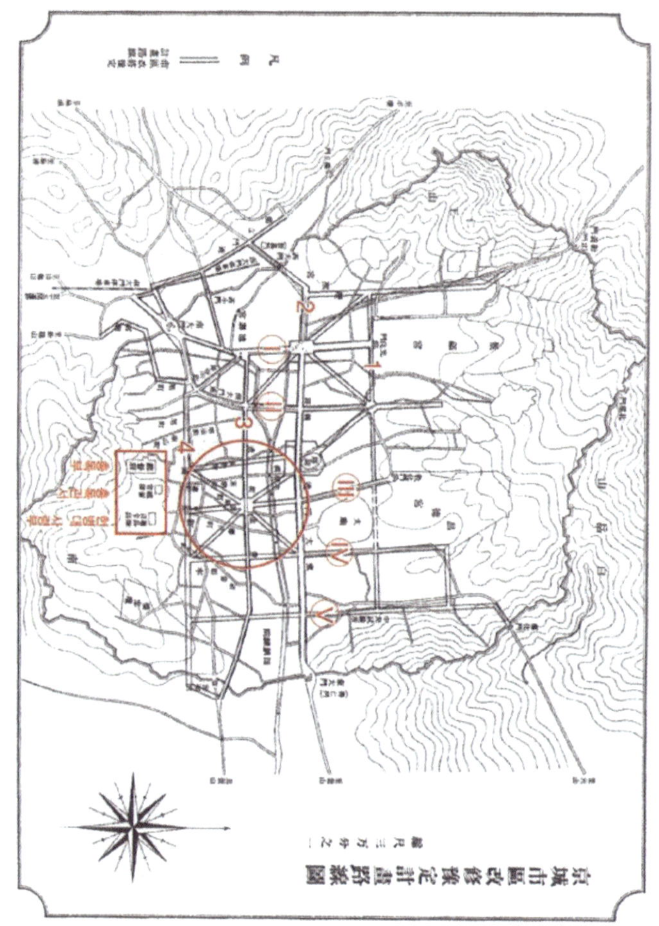

(출처:서울의 기원 경성의 탄생, p.21)

것은 내용상으로는 도로망 정비 이상의 도시개발과 공간적으로는 기존 행정구역의 확장과 재편을 의미하는 것이었다. 이러한 과정에서 1925년까지 경성부가 교통, 인구 등의 조사를 완료하였으며, 이를 기초로 도시계획안을 거의 완성하였다. 이것이 바로「경성도시계획결정서」이다.

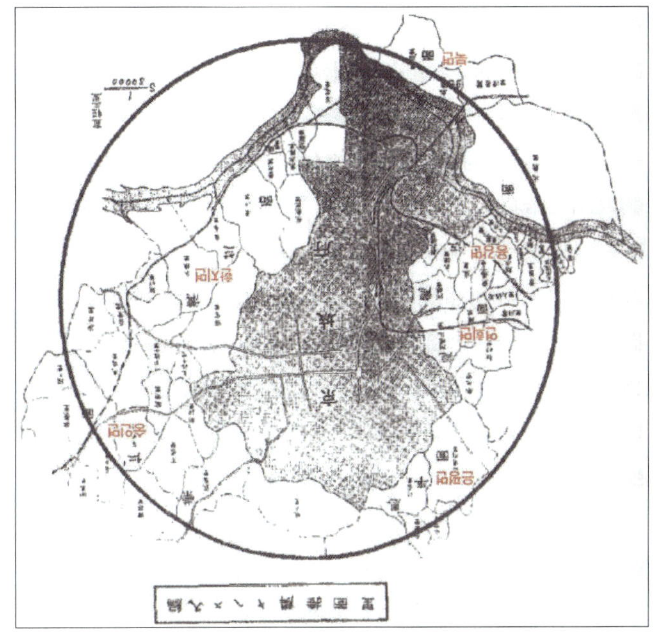

(출처:서울의 기원 경성의 탄생, p.125)

이러한 도시계획의 궁극적인 목적은 행정구역확장과 경계를 정하는 것이었으며 이후 1934년 「조선시가지계획령」이 정식으로 제정되면서 법정 도시계획의 실현이 가능해졌으며 1920년대 이후 계속 진행되어 오던 행정구역의 확장 계획이 구체화 되었다[13].

합병 이후 1912년 「경성시구예정계획노선29개노선계획」으로 시작으로 「경성도 시계획결정서」 그리고 「조선시가지계획령」에 의한 경성시가지계획 기본구상 등은 기본적으로 계획적인 개념으로서 접근하였다기보다는 기존 경성의 도시정비를 위 한 일련의 과정이었다고 할 수 있다. 기존 시가지에 새로운 도로망을 건설한다는 것은 기존에 산재하고 있던 건축물(주택 등) 등을 철거하고 새로운 건축물(주택

---

13)   염복규, 서울의기원 경성의 탄생, 이데아, 2023, p.119, 124

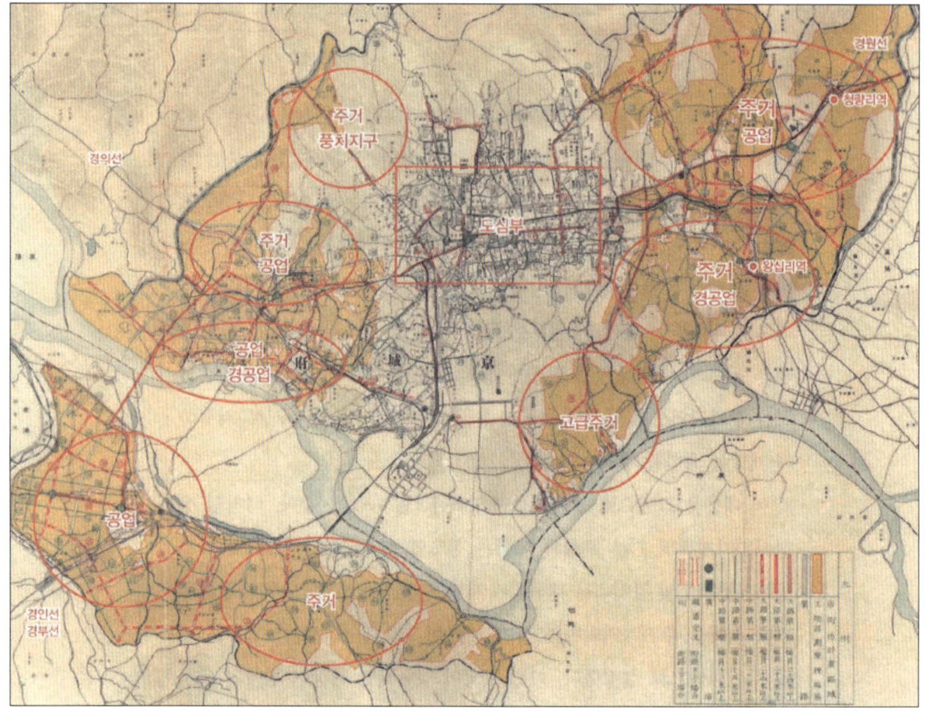

(출처:서울의기원 경성의 탄생, p135)

등)을 건설해야 하는 과정을 필수적으로 수반하기 때문이다.

이는 「조선시가지계획령」의 주요한 내용인 제3장의 토지구획정리를 규정한 것에서도 이러한 것을 알 수 있다. 토지구획정리사업은 기존 시가지 지주들의 건축물(주택 등)을 철거하고 새로운 주택과 도로를 건설하기 위한 수단이다.

계속되는 시가화 확장을 위한 토지구획정리사업이 진행되는 가운데 경성부는 1937년 1월 영등포, 돈암, 대현, 신당, 용두, 청량, 한남 등 7개 구의 토지구획정리사업인가를 신청하기도 하였다.[14]. 결국, 이러한 토지구획정리사업은 현재의 재개발과 같은 도심지 내 시가지를 정비하는 하나의 수단으로 볼 수 있다.

---

14)   염복규, 서울의기원 경성의 탄생, 이데아, 2023, p.151

이러한 경성의 시가지계획은 토지구획정리 대상지에 거주하고 있는 땅을 소유하지 못하는 사람들에 대한 문제 발생의 원인이 되기도 하였다. 지주라고 불리는 사람들은 시가지계획(경성시구예정계획노선계획, 토지구획정리사업)의 경우에도 자가의 주택을 소유할 수 있었으나 땅을 소유하지 못하는 사람들은 이러한 사업으로 인하여 시 외곽으로 계속 밀려나게 되었다.

식민지 시대 경성 지역의 도시빈민층을 대표하는 명칭은 토막민이다. 토막민은 일반적으로 토막이나 불량주택에 사는 사람이라는 의미이며 토막은 지면을 파서 그 단면으로 벽을 삼거나 혹은 땅 위에 기둥을 세우고 거적 등으로 벽을 삼고 양철이나 판자로 지붕을 만든 원시 주택이며, 이를 개조하여 어느 정도 주택의 형태를 갖춘 것을 불량주택으로 구분했다.[15]

「조선시가지계획령」에 의한 시가지확장정책으로 인하여 토지구획정리사업이 계속되면서 이러한 토막민은 계속하여 증가하였다. 이에 대한 대책으로 1940년도에 세민[16]지구 조성을 시작하였으며 위치는 중랑천 변의 이문정, 회기정, 휘경정, 전농정, 청량리정, 답십리정 일대의 14만 평이었다. 세부내용을 보면 3만 평은 어느 정도 경제력이 있는 자에게 분양, 3만 평은 사회사업단체에 위탁 운영, 6만 평은 분양받을 능력이 없는 자에게 임대, 나머지 2만 평에는 공원, 시장, 학교 등 각종 시설의 설치이다.[17]

해방 이후 서울은 급격한 인구 증가를 경험하게 되었다. 일본, 만주, 중국 등지에 가서 살던 약 120만 명의 동포가 귀국하여 주로 서울, 부산, 대구, 인천 등 주요 도시지역에 정착했으며, 약 48만 명의 북한 주민들이 공산체제를 피해 남하하여 주로 서울, 인천을 비롯한 도시지역에 정착하였다.

---

15)　　염복규, 서울의기원 경성의 탄생, 이데아, 2023, p.303-304

16)　　세민의 사전적 의미는 수입이 적어 몹시 가난한 사람을 의미함

17)　　염복규, 서울의기원 경성의 탄생, 이데아, 2023, p.324-325

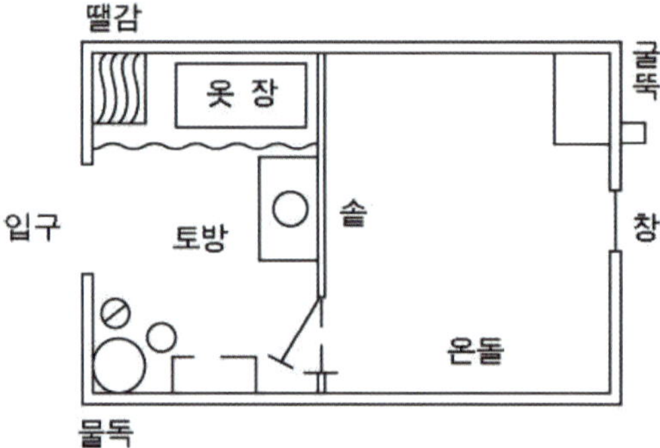

(출처:우리역사넷)

[그림2-5] 불량주택

뒷문
그릇선반
선반
높은창
굴뚝
물독
부엌
솥
옷장
문
온돌
땔감
입구
창

THE HOMES OF THE SQUATTERS

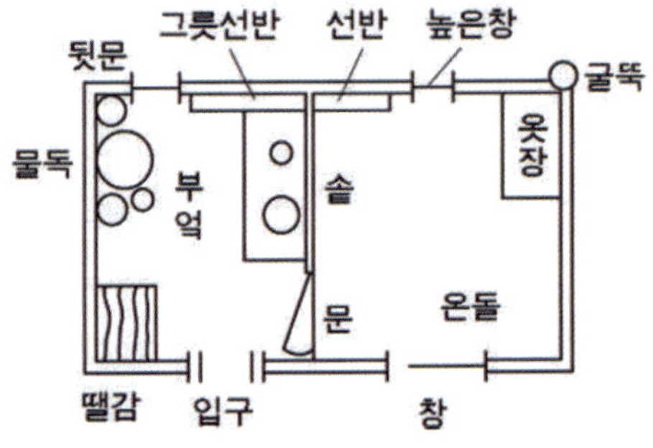

(출처:우리역사넷)

1953년 3월 말의 주택통계는 서울의 9,932호의 불량주택이 11,037가구이고, 여기에 51,309명이 거주하였던 것으로 집계하고 있다.

1950년 6월 전쟁 발발 후, 서울은 수차례 전투와 점령·수복을 반복하면서 거의 전면적으로 파괴되며, 주택, 도로, 상하수도, 공공시설 등 도시 인프라 전반이 심각하게 훼손됨으로써 파괴된 서울을 복구하기 위하여 1952년부터 「서울도시재건계획」이 수립되게 된다. 도시정비와 관련된 내용으로는 기존의 좁고 불규칙한 도로를 격자형 또는 방사형 도로망으로 개조하는 도로체계 정비와 도심과 외곽을 연결하는 간선도로 체계 구축을 시도하였으며, 불량주택 정비 및 주거단지 계획으로는 전쟁으로 파괴되거나 비정상적으로 밀집한 주택지 정비 및 공영주택 건설계획, 신도시형 주거단지 조성 방안 등이 포함되어 있었다.

[그림2-6] Plan for "Post-war Reconstruction Programme" (1952-1957)

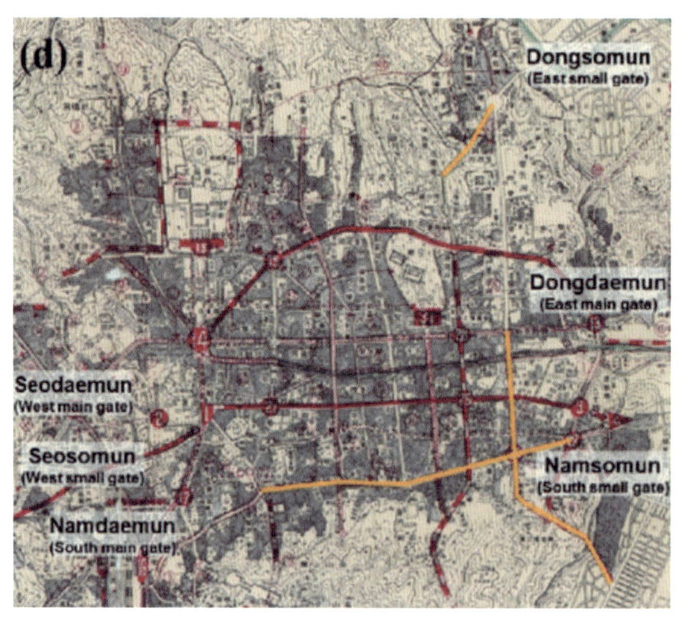

(출처:서울 역사박물관)

전쟁 이후에도 「조선시가지계획령」을 근간으로 하여 토지구획정리를 통한 도시정비는 계속되었으며 토막민으로 대표되는 도시주거빈민들도 계속 양산되었다. 그러므로 도시정비는 이러한 토지구획정리사업으로 인해 수반되었던 도시빈민 문제해결에 대한 의미도 내포하고 있다고 할 수 있다. 이는 현재 재개발사업의 임대주택 의무화 등과 같은 제도에 영향을 주었다고 할 수 있다. 이렇듯 식민지 이후 경성시구개선사업과 「조선시가지계획령」이 우리나라의 도시정비의 연원이라고 할 수 있다. 그러나 용어적인 측면에서만 보면 「조선시가지계획령」에서도 도시정비라는 용어나 재개발, 재건축이라는 용어는 찾아볼 수 없으나 제1조 ①항에서 "시가지계획이라 함은 시가지의 창설 또는 개량을 위하여 필요한 교통·위생·보안·경제 등에 관한 중요시설의 계획으로서 시가지계획구역에서 시행하여야 하는 것을 말한다."라고 규정함으로써 도시정비는 그 연원이 개량임을 알 수 있다.

또한, 제3장 "토지구획정리"에서 제43조 ①항 "시가지계획구역 안의 토지는 토지구획정리를 시행할 수 있다."와 제42조에서 "토지구획정리라 함은 토지를 집터로서의 이용증진을 목적으로 이 장의 규정에 의하여 교환·분합·지목변환 기타 구획형질의 변경 또는 도로·광장·하천·공원 등을 설치·변경 또는 폐지하는 것을 말한다."라고 규정함으로써 토지구획정리가 개량의 수단으로서 규정되어 있음을 알 수 있다. 특히 제43조 ②항에서 "전항의 토지구획정리에 관하여는 이 장에 별도의 정함이 있는 경우를 제외하고 「조선토지개량령」을 준용한다."라고 규정함으로써 시가지 내 개량 즉 도시정비의 수단으로서 토지구획정리는 「조선토지개량령」으로부터 연원된다고도 할 수 있을 것이다.

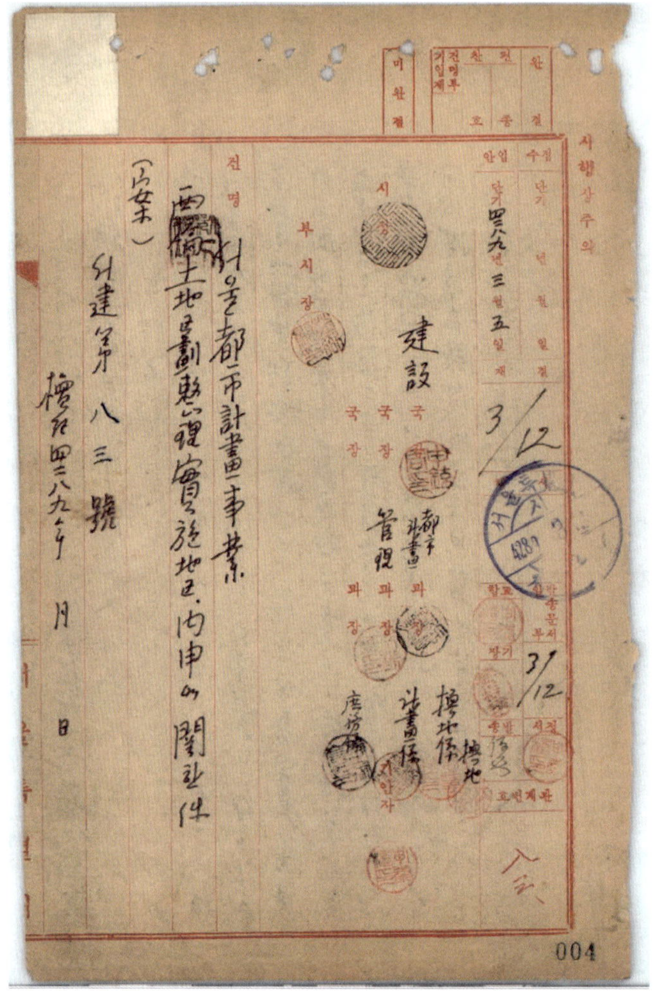

(출처:서울역사박물관)

2) 1962(도시계획법제정)~현재

1945년 광복과 1948년 정부가 수립된 이후에도 「조선시가지계획령」이 계속 적용되다가 1961년 「구법령정비에관한특별조치법」 시행에 따라 1962 「도시계획법」이 제정되었다. 이 법에서는 「조선시가지계획령」에 포함된 내용 중 건축 사항은 건축법(1962년 제정)으로 분리하고 도시계획과 토지구획정리와 관련해서는 이 법률로 규정(제3장, 제4장)하였다. 그리고 도시계획구역 안에 주거, 상업, 공업, 녹지지역으로의 용도지역과 풍치, 미관, 방화, 교육, 위생 및 공지지구의 용도지구를 지정할 수 있도록 하였다(제2장). 그리고 계획 일부를 지방 장관에게 위임(제3장)하며, 중앙도시계획위원회 설치조항을 신설하였다(제4장).

도시정비에 관해서는 도시계획을 "도로, 광장, 공항, 주차장, 철도, 궤도, 하천, 운하, 항만, 공원, 수도, 하수도, 운동장, 시장, 학교, 도서관, 유원지, 녹지, 도살장, 묘지, 화장장, 진애 및 오물처리장, 저수지, 방풍시설, 방화시설, 방수시설, 사방시설, 방조시설, 토지구획정리, 일단의 주택지경영, 일단의 공업용지조성 또는 일단의 불량지구개량에 관한 시설"로 규정함으로써 토지구획정리와 더불어 일단의 주택지경영, 불량지구개량에 관한 시설로 조금 더 구체화하였다. 그러나 여전히 도시정비는 토지구획정리를 기반으로 하여 진행되었다.

이후 1970년대 초 정부의 강력한 공업화정책과 산업구조의 고도화로 도시 주변에 계속하여 인구가 집중하게 되었으며 이러한 과정에서 여러 가지 도시문제가 발생하는 가운데 1971년 「도시계획법」이 개정되었다. 1971년의 개정은 그동안 토지구획정리를 기반으로 하여 진행되었던 도심지 개량, 도시개발을 전면적으로 개정한 것으로 도심지 내와 도시교외로 구분하여 관리할 수 있도록 규정한 것이었다. 구체적으로는 도시계획을 토지구획정리사업, 일단의 주택지조성사업, 일단의 공업용지조성사업 또는 재개발사업에 관한 계획으로 규정하였고 도시개발예정구역에 관한 내용도 포함하였다. 이 개정법률에서 최초로 재개발에 대한 용어가 등장하게 되며 재개발사업에 대한 절차가 규정되게 된다. 이는 그동안의 토지구획정리에 의한 절차로 진행되던 도심지 내의 개량을 구체화시킨 것이라고 할 수 있다. 이는 이후 관리처분이나 비례율과 같은 개념이 토지구획정리사업의 개념으로부터 연원 되었다는 것을 알 수 있다. 또한, 당시의 재개발사업은 단순히 도시정비사업의 하나의 종류가 아니라 불량지구 개량을 의미하는 포괄적인 개념이라고 이해할 수 있다.

이후 공업화 산업화로 인하여 계속된 이촌 향도(Rural Exodus) 현상이 계속되면서 계속 도심지 내 관리 문제가 심화되고 도시개량에 대한 문제가 지속해서 대두되게 된다.

이러한 과정에서 1973년 「건축법」, 기타 관계 법령의 규정을 위반하거나 그 기준에 미달한 건축물을 정비·개량하기 위하여 「도시계획법」상의 재개발사업에 관한 일부 특례를 규정하는 「주택개량촉진에 관한 임시조치법」 제정된다. 이는 그동안의 「도시계획법」 체계 안에 있던 재개발을 독립적으로 분리하여 진행하기 위한 출발이었다고 볼 수 있다. 즉 이 시기부터 도시정비는 재개발이라는 이름으로 독립인 법률적 지위를 가지며 진행된다. 그러나 이 특례법과 「도시계획법」에 의한 재개발구역지정요건의 불충분, 영세권리자 보호 규정의 미흡 등으로 재개발사업의 원활한 추진에 많은 문제가 발생하였으며 이에 1976년보다 효율적인 사업 수행을 위하여 당시 「도시계획법」 중에 규정되어 있는 재개발사업 관계조항을 보완하여 「도시재개발법」을 제정하였다. 1971년에 법률명이 「주택개량촉진에관한임시조치법」이었다면 1976년은 「도시재개발법」으로 제정됨으로써 도심지 내 구체적이고 본격적인 도시정비가 이루어지게 된다.

결국은 식민시대부터 이루어져 왔던 개량이란 용어가 1976년에 이르러서야 재개발이라는 용어로 바뀌게 되며 이에 대한 절차를 규정하게 된다. 제1장에서는 재개발 기본계획작성 및 구역의 지정, 제2장에서는 재개발사업의 시행자(조합설립 등) 및 사업시행인가, 제3장에서는 관리처분계획 및 공사 완료에 따른 조치 등으로 현재의 「도시및주거환경정비법」의 근간이 된다.

이후 이 「도시재개발법」을 근간으로 하여 자력재개발방식, 차관재개발방식, 위탁재개발방식, 합동재개발방식이 진행되었으며 현재는 1983년에 도입된 합동재개발방식으로 도시정비가 진행되고 있다.

이러한 과정에서 도시 저소득주민이 거주하는 노후·불량주택의 밀집 지역을 재개발사업 일변도로 개발함에 따라 집단으로 민원이 발생하였으며 이에 주민 의사에 따른 주택건설 및 개량사업을 할 수 있도록 하고, 전국적으로 획일화되어 있는 「건축법」, 「도시계획법」 등의 복잡한 기준을 완화하여 지역 실정에 맞는 특례를 인정하여 줌으로써 저소득주민의 자조적인 주거환경 개선 노력을 지원하고자 1989년 「도시저소득주민의주거환경개선을위한임시조치법」을 제정하였다. 이는 1984년 이후 도시정비가 「도시재개발법」에 근거한 조합중심의 민간주도로 진행되는 것에 대한 대책으로 주로 공공 중심으로 진행할 수 있도록 규정을 제정한 것이었다.

이렇듯 도시정비가 「도시재개발법」에 의한 재개발 중심으로 진행되는 동안 1987년 「주택건설촉진법」이 개정[18] 되면서 노후·불량한 주택을 중심으로 재건축도 가능하게 되었다. 이에 도시정비를 위한 도시정비사업은 재개발사업 재건축사업 그리고 주거환경개선사업 등으로 진행되게 된다. 이러한 과정에서 도심지 내의 같은 도시정비사업임에도 불구하고 재개발사업, 재건축사업 및 주거환경개선사업이 각각 개별법으로 규정되어 이에 관한 제도적인 해석이나 진행이 서로 다르게 되어 혼란이 발생하므로, 체계적이고 효율적으로 정비할 필요성에 따라 일관성 있고 체계적인 단일·통합법 제정의 필요성이 대두되었고 2003년 현재의 「도시및주거환경정비법」이 제정되었다. 이후 이 법을 기준으로 하고 도시정비와 관련한 다양한 법령들이 제정된다.

2005년 낙후된 기존 구시가지의 재개발 등 각종 정비사업을 좀 더 광역적으로 계획하여 효율적으로 개발할 수 있는 체계를 확립하고 도시기반 시설을 획기적으로 개선함으로써 기존 도시에서의 주택공급 확대와 함께 도시의 균형발전을 도모하고 국민의 삶의 질 향상에 기여하려는 것을 목적으로 하는 일명 뉴타운 사업을 법률적으로 진행하기 위한 「도시재정비촉진을위한특별법」이 제정되었다. 재정비

---

18) 주택건설촉진법 제3조(용어의 정의) 9……. 노후·불량한 주택을 철거하고 그 철거한 대지 위에 주택을 건설하기 위하여 기존주택의 소유자가 설립한 조합(이하 "再建築組合"이라 한다)을 말한다

촉진사업의 정의를 「도시및주거환경정비법」에 의한 주거환경개선사업, 주택재개발사업, 주택재건축사업, 도시환경정비사업, 「도시개발법」에 의한 도시개발사업, 「재래시장육성을위한특별법」에 의한 시장정비사업, 「국토의계획및이용에관한법률」에 의한 도시계획시설사업 등으로 규정함으로써 기존의 「도시및주거환경정비법」보다는 그 대상을 확대하였다.

2013년 새로운 정부가 들어서면서 당시 제도로는 도시재생에 필요한 각종 물리적·비물리적 사업을 시민의 관심과 의견을 반영하여 체계적·효과적으로 추진하기 어려운바, 계획적이고 종합적인 도시재생 추진체제를 구축하고, 물리적·비물리적 지원을 통해 민간과 정부의 관련 사업들이 실질적인 도시재생으로 이어지도록 함으로써 궁극적으로 지속적 경제성장 및 사회적 통합을 유도하고 도시문화의 품격을 제고하는 등 국민 삶의 질을 향상시키는 데 기여하려는 것을 목적으로 2013년 「도시재생활성화및지원에관한특별법」이 제정되었다. 그 대상 사업은 국가 차원에서 지역발전 및 도시재생을 위하여 추진하는 일련의 사업, 지방자치단체가 지역발전 및 도시재생을 위하여 추진하는 일련의 사업, 주민 제안에 따라 해당 지역의 물리적·사회적·인적 자원을 활용함으로써 공동체를 활성화하는 사업, 「도시및주거환경정비법」에 따른 정비사업 및 「도시재정비촉진을위한특별법」에 따른 재정비촉진사업, 「도시개발법」에 따른 도시개발사업 및 「역세권의개발및이용에관한법률」에 따른 역세권개발사업, 「산업입지및개발에관한법률」에 따른 산업단지개발사업 및 산업단지 재생사업, 「항만법」에 따른 항만재개발사업, 「전통시장및상점가육성을위한특별법」에 따른 상권활성화사업 및 시장정비사업, 「국토의계획및이용에관한법률」에 따른 도시·군계획시설사업 및 시범도시(시범지구 및 시범단지를 포함한다) 지정에 따른 사업, 「경관법」에 따른 경관사업 등으로 규정함으로써 도시에서 일어나는 모든 정비를 포괄한다고 할 수 있다.

이후 2017년 「도시및주거환경정비법」에서 「빈집및소규모주택정비에관한특례법」이 분화되며 제정되었다. 「도시및주거환경정비법」은 대규모 정비사업 위주로 주요 내용이 구성되어 있고, 가로주택정비사업 등 소규모 정비사업과 관련된 사항이 있으나 사업 활성화를 위한 지원규정에 충분하지 않다는 이유였다.

2023년에는 노후계획도시를 대상으로 하는 「노후계획도시정비및지원에관한특별법」이 제정되었다. 이 법률에서 노후계획도시란 대규모 주택공급 등을 목적으로 「택지개발촉진법」에 따른 택지개발사업 등 대통령령으로 정하는 사업에 따라 조성 후 20년 이상 경과하고 면적이 대통령령으로 정하는 바에 따라 100만 제곱미터 이상인 지역을 대상으로 하고 있다. 이는 1기 신도시를 중심으로 지구단위계획 등으로 인하여 건립된 계획도시를 다시 지구단위계획으로 광역적이고 체계적으로 정비하겠다는 목적이다.

[표2-5] 도시정비 관련 주요 연혁

구분	년도	도시정비관련내용
경국대전 호전(戶典), 형전(刑典)	조선시대	• 성읍 관리, 운영
경성시구 29개노선계획	1912	• 경성시가지격자형계획
경성도시계획결정서	1925	• 행정구역 확장과 경계 설정
조선시가지계획령	1934	• 시가지 확장
전농세민지구 조성계획	1940	• 토막민등 빈민층 대책
서울도시재건계획	1952	• 전후 서울 재건계획
도시계획법	1962	• 일단의 불량지구 정비
도시계획법 개정	1971	• 재개발사업 계획 도입
주택개량촉진에 관한 임시조치법	1973	• 재개발사업 일부 특례 규정
도시재개발법	1976	• 재개발사업원활한추진
주택건설촉진법	1987	• 재건축조합설립
도시저소득주민의 주거환경개선을 위한 임시조치법	1989	• 주민의사에 따른 주택건설, 개량사업 시행
도시및주거환경정비법	2003	• 도시정비 체계적 단일통합법 제정필요

도시재정비촉진을 위한 특별법	2005	• 각종 정비사업, 광역적, 효율적 개발
도시재생활성화 및 지원에관한특별법	2013	• 계획적, 종합적, 도시재생추진체제 구축
빈집및소규모주택정비에 관한 특례법	2017	• 소규모 정비사업 활성화 지원
노후계획도시정비 및 지원에 관한특별법	2023	• 노후계획도시, 광역적, 체계적 정비

도시정비는 과거 오래전부터 여러 가지 다양한 기법과 제도 등으로 시행되었다. 그중 대표적인 법제와 정책 등을 기술하였다. 조선 시대의 경국대전에서부터 현재의 「노후계획도시정비및지원에 관한특별법」까지 오랫동안 도시정비의 시행과 변화 그리고 분화를 거치면서 용어나 범위 내용에 대한 개념도 변화하여 왔다.

조선 시대 경국대전의 공전(工典), 식민지하에서 시가지활성화를 목적으로 진행된 토지구획정리 그리고 해방 후 도시계획에 의한 도시재개발 그리고 독자적인 「도시재개발법」, 이후 「도시및주거환경정비법」과 「노후계획도시정비및지원에관한특별법」등은 기본적으로 도시정비를 목적으로 하고 있다. 그러므로 그 용어가 도시재생, 도시재정비나 소규모, 그리고 노후계획도시 등이던 이는 모두 도시정비의 의미를 갖는다고 할 수 있다.

[표2-6] 도시정비 관련 용어의 구분

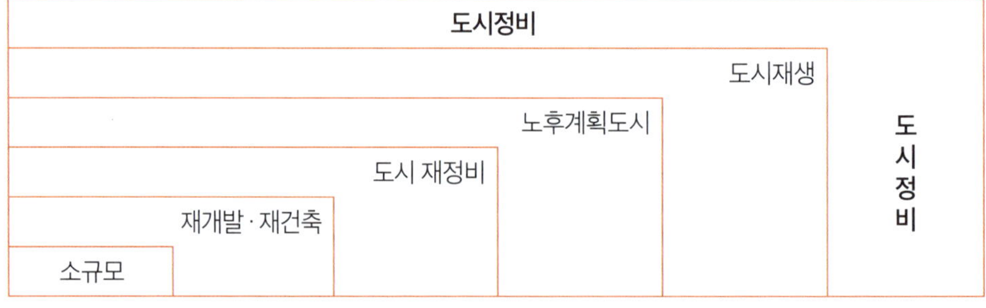

제3장

도시정비의 작동원리

도시는 형성되어 발전하는 과정에서 시간이 갈수록 노후화되거나 도시 내 환경 문제 등 다양한 문제를 발생시키면서 쇠퇴하기도 한다. 이러한 결과로 도시를 구성하는 각각의 개인은 많은 불편을 겪게 되며 도시는 슬럼화되고 도시 내 사회 안전망에 많은 문제가 발생하게 된다. 이에 이러한 쇠퇴를 방지하고 도시를 지속해서 발전시키기 위하여 도시의 구성원인 각각의 개별적인 정비에서부터 기본계획을 통한 정부의 도시정비까지 정비하는 과정을 지속해서 시행하게 된다.

이러한 다양한 도시정비의 과정에서 각각 개인이나 국가의 도시정비 목적이나 의도는 서로 다를 것이다. 각각 개인은 생활의 불편함을 해소하기 위해서나 개인이 소유하고 있는 자산가치를 높이거나 매매를 손쉽게 하기 위해서 등 다양한 목적이나 의도가 존재할 것이며, 정부의 경우는 광역적이고 체계적으로 정비하여 도시가 쇠퇴하지 않고 지속 가능하도록 만드는 것일 것이다. 이러한 도시정비는 도시를 정비해야 하는 상황이 도래했을 경우 당연히 계획하고 시행되어야 하는 것이나 여러 가지의 이유로 도시정비가 제대로 작동되지 않을 수도 있다.

정부의 재정이 충분하다면 도시정비의 원인이 발생하면 도시정비는 정부의 재정투입 등을 중심으로 작동하게 된다. 그러나 정부의 재원이 충분하지 않을 때 도시정비의 시행은 원활하게 작동하지 않게 되며, 이 경우 민간에게 도시정비에 참여할 수 있는 유인을 제공함으로써 도시정비는 작동하게 된다. 물론 이는 민간이 정비기반시설 설치 등을 할 수 있는 정부의 제도적인 틀이 제공됨을 전제로 한다.

도시정비는 민간의 재원이 존재하더라도 제도적인 지원이 존재하지 않으면 작동하기 어려우며 정부 또한 재원이 부족할 경우 독자적으로 시행하기 어려워 도시정비가 작동하기 어렵게 된다. 이에 정부 재원의 효율적 배분과 민간의 경제적 이익 관점 이 두 주체를 만족시킬 수 있는 혼합적인 방법에 따라 도시정비는 작동하게 된다. 이를 〈표3-1〉에서 설명하면, 도시정비의 충격이 발생하면 정부가 제도와 재원을 투입함으로써 도시정비는 작동하게 된다. 만약 정부가 재원이 부족할 경우 민간에게 제도적 지원을 통하여 재원을 투입하게 함으로써 도시정비는 작동한다.

$$\boxed{\begin{array}{c}\text{도시정비충격}\\(\text{Force})\end{array}} \rightleftharpoons \boxed{\begin{array}{c}\text{정부}\\(\text{Gov.t})\end{array}} \left(\begin{array}{c}\text{제도, 재원}\\ \text{Policy ,Resource}\end{array}\right) \quad \begin{array}{c}\text{작동}\\ =\end{array} \quad \begin{array}{c}\text{도시정비}\\(\text{Renewal})\end{array}$$

$$\uparrow$$

$$\boxed{\begin{array}{c}\text{민간}\\(\text{p-resource})\end{array}} \left(\begin{array}{cc}\text{제도지원} & \text{재원}\\ \text{p-policy,} & \text{p-resource}\end{array}\right)$$

이 〈표3-1〉를 함수로 나타내면

- $Renewal = G(정부)\{Policy, (Resource + p - resurce)\}$

가 되며, 정부가 재원이 부족할 경우 민간재원이 필요하므로 민간재원의 함수는

- $p - resource = p(민간)(p - policy, p - resource)$

이므로 도시정비의 작동함수는

- $Renewal = G(정부)\{Policy, Resource + p(민간)(p - policy, p - resource)\}$

가 된다.

가. 작동원리

1) 정부중심형

사회가 발전하고 변화하면서 국가적 측면에서는 도시 내 사회기반시설의 확충

등이 필요하고 개인은 스마트화나 물리적 환경의 변화에 따른 자산의 정비 요구가 지속되면서 도시정비의 필요가 발생하게 되며, 이 필요에 따라 기본적으로 정부에 의한 도시정비가 작동하게 된다. 이에 따라 정부는 도시정비에 필요한 제도를 수립하고 정책을 지원하며, 기반시설인 도로와 상하수도 등 공공시설을 정비하고 개인 소유의 주택 등 자산을 정비하게 된다. 도심지 내 사회기반시설의 확충은 국·공유지가 아닌 경우 필연적으로 개인 자산과의 충돌을 수반하게 된다. 만약 사회기반시설확충 등 도시정비를 위하여 필요한 각각 개인이 자산 매각에 반대하고, 개인에 대한 정비를 시행하지 않는다면 도시정비는 이루어지지 않으며 도시는 노후화되고 환경의 질은 떨어지게 되어 쇠퇴하게 될 것이다. 이러한 상황을 방지하기 위하여 헌법에서는 공공복리를 위해서는 각각 개인의 재산권을 수용·사용 또는 제한[19] 하도록 하고 있다. 그러나 이러한 조항을 기본으로 하여 각각 개인의 재산을 수용·사용하여 사회기반시설 등을 확충한다고 할지라도 각각 개인의 자산에 대한 정비는 각각 개인의 의사이므로 이러한 것을 강제할 수는 없다고 할 수 있다. 즉 각각 개인의 자산을 수용·사용하여 사회기반시설을 확충한다고 할지라도 각각 개인들이 개인의 자산 정비에 대해 시행을 하지 않는 경우는 실질적으로 도시정비는 작동되지 않을 것이다. 이 경우 정부는 각각 개인에게 자산 정비에 대한 지원을 통하여 정비를 작동하게 할 수 있을 것이다. 사회기반시설을 위한 정부의 자산 매입 그리고 각각 개인의 정비를 위한 정부의 지원 등이 도시정비 작동을 위한 기본적인 원리일 것이다. 이것을 수식으로 나타내면 아래와 같다.

---

[19]　헌법 제23조 ①모든 국민의 재산권은 보장된다. 그 내용과 한계는 법률로 정한다
　　②재산권의 행사는 공공복리에 적합하도록 하여야 한다
　　③공공필요에 의한 재산권의 수용·사용 또는 제한 및 그에 대한 보상은 법률로써 하되, 정당한 보상을 지급하여야 한다

- 도시정비비용(R_c) = 국·공유지(국공유지(P_L))

  $\qquad$ + 정비기반시설위한토지비용(S_c)

  $\qquad$ + 사업비(C)

  $\qquad$ + 개인정비를위한비용($n \times P_c$)

- 정부중심의 도시정비비용($R_c = P_L + S_c + C + n \times P_c$)

도시정비비용			$R_c = P_L + S_c + C + n \times P_c$		정부중심형
국·공유지			P_L		정부지출
정비기반시설을 위한 토지비용		→	S_c	←	정부지출
사업비	공사비				
	제세금	→	C	←	정부지출
	경비				
개인의 정비를 위한 비용		→	$n \times P_c$	←	정부지출

이 수식을 기반으로 하면 정부중심의 도시정비를 작동하게 하기 위해서는 도시정비를 위한 비용 R_c 가 모두 정부로부터 지출되어야 한다는 것을 알 수 있다. 이러한 정부중심형의 도시정비는 순전히 공공에 의한 과정임을 알 수 있으며, 기본계획과 실행계획 그리고 시행과정에 이르기까지 모든 과정이 정부가 주체가 됨을 알 수 있다.

- $Renewal = G(정부)(Policy, Resource)$

- $Renewal = G(정부)\{Policy, (P_L, S_c, C, n \times P_c)\}$

· *Policy* : 정부 제도 • 정책

· *Resource* : 재원

그러나 정부가 도시정비를 위한 비용 P_L, S_c, C, $n \times P_c$ 중 일부를 지원하거나 조달하지 못할 경우를 가정한다면 정부 중심의 도시정비 함수 G(정부)는 작동하지 않게 된다. 일반적으로 개인이 도시정비기반시설 설치비용 부담이 어려우므로 도시정비는 일부 개인 $(n-n \times y) \times Pc$[20]의 비용지출에 의해서만 이루어질 수 있을 것이며, 이는 단순히 각각 개인의 개보수, 수선 등이라고 할 수 있으며 광역적이고 체계적인 도시정비는 작동하지 않을 것이다.

2) 민간중심형

도시정비에 관하여 정부의 지원이 어려운 상황에서 사회 안전망이나 환경의 질을 개선하는 데 필요한 경우는 제도를 통하여 민간이 자체적으로 도시정비를 시행하게 할 수도 있다. 즉, 각각 개인이 모여서 정비기반시설을 확충하고 개인의 정비도 이루어질 수 있도록 하는 방법[21]이다. 이는 각각 개인들의 자산가치가 정비사업의 시행을 통하여 정비기반시설이나, 개인 정비에 소요되는 비용을 충당하고도 기존보다 같거나 높게 된다면 도시정비는 작동하게 될 것이다.

[표3-3] 도시정비 개념도

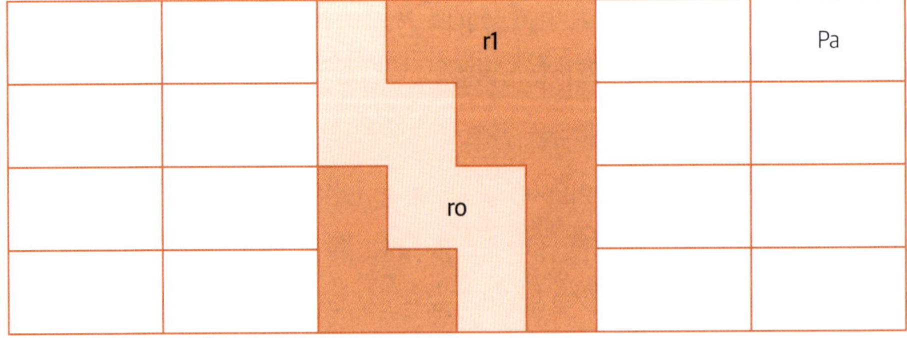

---

20)   n×y=정비를 위하여 비용지출을 하지 않는 개인

21)   비슷한 형태로 과거 토지구획정리사업을 위한 토지구획정리사업조합이 있다

만약 상기와 같은 기존 토지가 존재한다고 하고

- 전체 면적 = T_a
- 기존도로 면적 = r_o
- 신규 도로면적 = r_1
- 각 개인 소유의 면적 = P_a 라고 가정하면

일반적으로 신규로 개설된 r_1의 면적은 기존면적 r_o보다 크게 된다. ($r_1 > r_o$) 이에 면적만을 기준으로 설명하면 신규로 개설된 도로를 위한 부족한 면적 ($r_1 - r_o$)을 각각의 개인 면적에서 부담하게 된다. 이를 수식으로 나타내면 아래와 같다.

- $r_1 - r_o = \alpha \times n \times P_a$
- α : 도로부족분 분배율

그리고 분배 후 각각 개인이 소유하게 되는 면적은

- $P_a - \alpha \times P_a$
- $(1 - \alpha) \times P_a$가 된다.

가 된다.

만약 정부의 지원이 없이 순수하게 민간에 의해서 도시정비가 시행된다면 $(1 - \alpha) \times n \times P_a$의 가치는 사업비를 충당하고 기존의 가치보다 같거나 높아야 한다.

도시정비시행 후 가치가 공사비를 충당하고 기존가치보다 같거나 높은 것을 수

식으로 표현하면

도시정비사업 전 종전가치를 V_o이라고 하며, 도시정비사업이 완료된 후 종후가
치를 V_1 그리고 투입된 사업비를 C라고 할 경우

- $V_1 \geq V_o + C$

가 된다. 면적을 가치로 변환하면, 면적×가격이 되므로

- $V_1 = (1 - \alpha) \times n \times P_a \times P_1$
  - $P_1 =$ 도시정비 완료후 P_a의 가격

- $V_o = n \times P_a \times P_o$
  - $P_o =$ 도시정비 전 P_a의 가격

이를 $V_1 \geq V_o + C$에 적용하면

$(1 - \alpha) \times n \times P_a \times P_1 \geq n \times P_a \times P_o + C$가 된다.

즉, 도시정비완료 후 도로분배비율을 제외한 대지면적의 가치가 기존 대지면적
의 가치와 사업비의 합보다 커야 하는 것이다. 여기서

- $n \times P_a \times ((1 - \alpha) \times P_1 - P_o) \geq C$에서

$n \times P_a > 0,\ C > 0,\ ((1 - \alpha) \times P_1 - P_o) \geq 0$ 이므로

- $(1-\alpha) \times P_1 \geq P_o$이어야 한다.

즉, 정부가 관여하지 않고 순수하게 민간에 의하여 도시정비가 작동하기 위해서는 도시정비완료 후의 $(1-\alpha) \times P_1$값은 도시정비전 가격 P_o보다 높아야 한다. 여기서

$$(1-\alpha) \geq \frac{P_o}{P_1}\text{이므로, } \frac{P_o}{P_1}+\alpha \leq 1\text{이다.}$$

$$0 \leq \alpha\text{이고, } 0 < \frac{P_o}{P_1}\text{이므로, } \frac{P_o}{P_1}+\alpha > 0\text{가 되며, 그러므로 } 0 < \frac{P_o}{P_1}+\alpha \leq 1$$

가 된다.

즉, 도시정비전 가격 P_o가 고정되어 있다고 가정하면 도시정비후 가격 P_1과 도로부족분 분배비율 α는 비례관계라고 할 수 있다. 즉, 도로부족분 분배 면적이 높을수록 도시정비완료후 대지 가격이

- $n \times P_a \times ((1-\alpha) \times P_1 - P_o) \geq C$

을 만족시킬 수 있을 만큼 높아져야 민간중심의 도시정비는 작동하는 것이다.

- $Renewal = G(정부)\{Policy, Resource\}$
- $Resource = p(민간)(p-policy, p-resource)$
- $Resource = p(민간)\{p-policy, (\alpha \times n \times p_a, C)\}$

· $p-policy$: 민간지원제도 • 정책

· $p-resource$: 민간재원

• $Renewal = G(정부)\{Policy, p(민간)(p-policy, \alpha \times n \times p_a, C)\}$

즉, 민간지원제도·정책 $p-policy$와 민간재원 $p-resource$에 의한 도시정비의 작동은 궁극적으로 도시정비 함수 정부(G)를 작동하게 한다.

[표3-4] 민간중심형 도시정비 비용

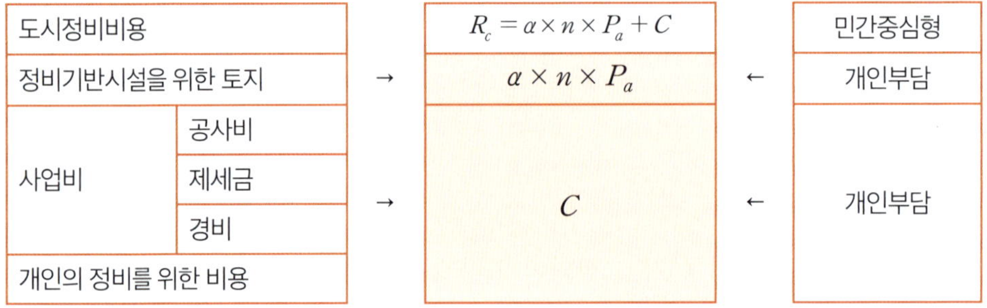

도시정비비용			$R_c = \alpha \times n \times P_a + C$	민간중심형
정비기반시설을 위한 토지		→	$\alpha \times n \times P_a$	← 개인부담
사업비	공사비			
	제세금	→	C	← 개인부담
	경비			
개인의 정비를 위한 비용				

3) 혼합형(정부+민간)

민간중심형의 도시정비일 경우 도로부족분 분배 면적을 제외한 대지면적의 가치가 기존 대지면적의 가치와 사업비를 충당하지 못한다면 도시정비는 작동하기 어려울 것이다. 정부 재정 등의 이유로 정부중심형 도시정비가 작동되지 못하는 상황에서 민간중심형 도시정비까지 이루어지지 못한다면 도시정비는 계속하여 어려워질 것이며 궁극적으로 도시는 쇠퇴하게 될 것이다.

이에 정부는 정부의 여러 가지 제한된 상황에서 민간중심형 도시정비가 이루어질 수 있도록 제도적인 지원을 하고 있다. 민간중심형 도시정비에서 도시정비가 작동하기 위해서는

- $n \times P_a \times ((1-\alpha) \times P_1 - P_o) \geq C$ 〈식1〉

의 조건을 만족해야만 한다. 그러나 도시정비완료후 가격 P_1 경우는 정부나 민간에 의하여 결정될 수 없는 시장가격이므로 시장 상황에 따라 유동적일 수 있으며 〈식1〉의 조건을 만족하는 상황과 반대되는 상황도 발생할 수 있다.

예를 들어 도시정비 전 가격 P_o가 고정되어 있다고 가정할 경우 가격 P_1이 기존 자산가치와 사업비 C를 충당할 수 있을 만큼 상승하지 못한다면 도시정비는 작동하지 않을 것이며, 이를 수식으로 나타내면

- $n \times P_a \times ((1-\alpha) \times P_1 - P_o) < C$ 〈식2〉

이다. 〈식1〉에서 $n \times P_a$는 면적으로, 가격 P_o는 고정변수로 가정하였으므로 변수는 도로부족분 분배율 α와 가격 P_1 그리고 C가 된다. 〈식1〉에서 P_1의 가격에 의하여 〈식2〉가 되었으므로 〈식2〉에서는 P_1 또한 고정변수가 되며 〈식2〉에서 변화 가능한 변수는 α와 C가 된다. 즉 도시정비가 작동하기 위해서는 α와 C의 변화를 통하여 〈식2〉를 〈식1〉의 형태로 변화시켜야 한다. α와 C 변수의 변화를 통한 식의 변화 경우 수는 3가지가 있다. C가 고정될 경우 α의 변화에 의한 것과 α가 고정되었을 경우의 C의 변화, 그리고 α와 C의 변화에 의한 것이다.

〈식2〉에서 C가 고정될 경우(case 1) 〈식2〉가 〈식1〉이 될 때까지 α 값을 내려야 하며, α 값의 고정 경우(case 2) C 값을 내려야 한다. α와 C가 서로 변할 경우(case 3)는 각각의 변화량에 따라 그 변화량이 달라진다.

case1의 경우 α 값을 내리게 되면 $(1-\alpha)$값은 커지게 되어 $(1-\alpha) \times P_1$ 값은 커지게 된다. α 값을 내리는 것은 도로분배 비율을 내린다는 것이다. 그러나 도시정비를 위한 필요도로의 양은 정해진다고 가정할 경우 α 값을 내리는 것은 제한적이라고 할 수 있다. $(1-\alpha)$ 값의 의미는 도로를 분배하고 남는 각각 개인의 토지

의 보유율이다. 만약 α 값이 고정된 후 $(1-\alpha)$ 값을 높일 수 있다면 〈식2〉는 〈식1〉로 변화할 수 있을 것이다. $(1-\alpha)$ 값은 토지면적을 의미하며 α 값이 고정된다면 $(1-\alpha)$ 값 또한 고정된다. 그러나 토지면적에 건물을 지을 수 있다고 가정하면 α 값이 고정될 때도 $(1-\alpha)$ 값은 변화할 수 있다. 이것이 용적률[22]의 개념이다. 즉, C가 고정될 때도 α 값의 변화 없이 $(1-\alpha)$를 기준으로 하는 용적을 변화시킴으로써 〈식2〉를 〈식1〉로 변화시킬 수 있는 것이다.

용적률은 도시의 계획적이고 체계적인 발전을 위하여 정부에 의해서 수립되고 결정된다. 개인 등은 공람 등의 절차로 간접적으로 참여할 수 있으나 직접 참여할 수는 없다. 즉, 용적률은 결정 주체가 정부이므로 정부는 용적률 정책을 통하여 실질적인 $(1-\alpha) \times P_1$을 상승하게 할 수 있으며 〈식2〉를 〈식1〉로 변화시킬 수 있다.

case 2의 경우 C를 제외한 모든 변수가 고정(용적률 확정)되므로 〈식2〉가 〈식1〉로 변화할 때까지 C를 감소시키면 된다. 그러나 도시정비에 소요되는 사업비의 감소는 그 한계가 있다고 할 수 있으며 도시정비에 소요되는 최소비용의 한계를 초과하여 감소시킬 수는 없는 것이다. 즉, 수식적으로 〈식2〉가 〈식1〉로 변화할 수 있지만, 실질적으로 도시정비가 작동하기 어렵게 된다.

도시정비에 소요되는 사업비는 정비기반시설공사비, 공사비를 포함하여 사업경비, 분담금과 각종 세금 등 다양한 항목이 존재한다. 도로나 공공시설 등 공공의 성격이 높은 시설의 건설에 소요되는 정비기반시설공사비의 경우는 정부가 그 비용을 부담하거나 지원할 수 있다. 또한, 분담금이나 제 세금 등은 정부의 규제에 따라 확정되는 것으로 정부의 정책이나 목표에 따라 그 증감이 가능하다고 할 수 있다. 즉, 도시정비에 소요되는 사업비 중 정부에 의해서 증감이 가능한 항목에 정부가 개입하여 조절함으로써 사업비를 감소시킬 수 있는 것이다. 이러한 지원으로 인하여 사업비 C를 감소시킬 수 있으며 〈식2〉를 〈식1〉로 변화시킬 수 있다.

---

22)　대지면적에 대한 연면적의 비율

도시정비비용		$R_c = \alpha \times n \times P_a + P_L + C$		혼합형
정비기반시설을 위한 토지		$\alpha \times n \times P_a$	←	각개인부담 용적률지원
		P_L		
사업비	공사비			개인부담 정부지원
	제세금	C	←	개인부담 정부지원
	경비			개인부담
개인의 정비를 위한 비용				개인부담

case 3의 경우는 도시정비후 가격 P_1에 따라 α와 C 값을 조정하게 된다. 즉, α에 따른 용적률과 정부의 지원을 통한 C를 P_1에 따라 적절하게 배분하여 규제와 지원을 함으로써 〈식2〉를 〈식1〉로 변화하게 할 수 있다.

- $Renewal = G(정부)\{Policy, Resource + p(민간)(p - policy, \alpha \times n \times p_a + P_L + C)\}$

도시정비를 시행하면서 순순하게 정부중심형이나 민간중심형은 존재하기 어렵다고 할 수 있다.

개인이 각각 개인의 정비를 위한 비용을 부담할 때도 정비기반시설 등의 시설 설치를 위한 대규모의 재원을 부담하는 것은 어려우며, 정부 또한 도시정비를 위한 정비기반시설 등을 설치하기 위한 토지매입 등 사유재산권과의 충돌이 발생하기 때문이다.

이에 사회의 상황과 그 시기에 따라 도시정비는 정부중심형에 가깝거나 민간중심형에 가까운 형태의 혼합형으로 작동됐다고 할 수 있다.

나. 시기별 작동원리

1) 합동재개발방식 이전 도시정비

가) 1912년 경성시구개수예정계획노선

경성 도심부의 격자형 정비를 위하여 조선총독부는 1912년 경성시구개수예정계획 노선 29개 안을 발표하였다. 조선총독부가 도심지 내 기존 도로망을 무시하고 새로운 도로를 계획하고 개설한다고 하는 것은 기존 도시의 공간구조나 전통적인 Community의 해체가 수반되는 것으로서 도시를 개량하기보다는 오히려 전통적 도시 공간구조와 Community의 해체를 통하여 도시를 변화시킴으로써 식민통치를 공고히 하고자 했던 의도라고 할 수 있다.

이러한 도시를 변화시키는 과정에서도 이를 시행시키기 위한 작동원리가 존재했을 것이다. 즉, 새로운 도로의 개설은 기존에 존재하고 있던 도로와 가옥 등의 변경과 철거를 필연적으로 수반하는 것으로서 개인 소유의 토지와 건물 등에 대한 침해가 발생하게 되며 이를 어떻게 처리할 것인가에 문제가 발생하게 된다. 이에 대하여 총독부는 계획노선 대상지의 소유자들과 협상으로 관련 토지와 건축물 등을 매입하려고 하였다. 그러나 그때 당시에도 매입은 토지 소유자들과 가격 절충이 원활하지 않아 총독부의 의지대로 진행되지 못했으며 1913년 4월 제정한 「토지수용령」에 적용되면서 속도를 내기 시작했다.[23]

이 내용을 통해서 알 수 있는 것은 해당 토지는 총독부에서 매입하였으며, 도로 개설비용 또한 총독부에서 부담한 것을 알 수 있다. 1912년에 시행되었던 기존 조선의 공간구조 개편을 목적으로 하여 도시정비를 위한 명분으로 작동되었던 도시변화의 형태는 정부중심형에 가깝다고 할 수 있다.

---

23)　염복규, 서울의기원 경성의 탄생, 이데아, 2023, p.21-24

- $Renewal = G(정부)\{Policy, (S_c, C) + (p - resource(n \times P_c))\}$

[표3-6] 시구개선 도시정비 비용

도시정비비용			$R_c = S_c + C + n \times P_c$	부담주체
정비기반시설을 위한 토지비용		→	S_c ←	총독부
사업비	공사비	→		총독부
	제세금		C ←	
	경비			
개인의 정비를 위한 비용		→	$n \times P_c$ ←	개인부담

[표3-7] 1912년 11월 경성시구개수예정계획노선 (1간=1.818m)

노선번호[24]	구간	너비(間)
제1	광화문~황토현광장	30
제2	남대문~남대문정거장	19
제3	황토현광장~대한문앞광장~남대문	15
제4	동대문~종묘~경희궁앞	15
제5	남대문~조선은행앞~종로	15
제6	광화문앞~대안동광장~돈화문통횡단~총독부의원의 남부관통~중앙시험소 부근	12
제7	종로~대안동 광장	12
제8	대한문앞 광장~황금정직통~광화문 밖	12
제9	돈화문앞~황금정광장~본정6정목횡단~대화정	12
제10	중앙시험소부근~(남을 향해)~황금정통횡단~본정	12
제11	식물원앞~총독부의원통을 직통~본정9정목횡단~대화정	10
제12	혜화문~중앙시험소 부근	10
제13	조선은행앞 광장~본정직통~광화문밖	10
제14	대한문앞 광장~조선은행앞 광장	10
제15	경희궁앞~서대문~독립문통	10

---

24)   염복규, 서울의기원 경성의 탄생, 이데아, 2023, p.20

제16	광화문앞~서부 은부동(銀否洞)	8
제17	북문부근 청풍계동~경희궁앞	8
제18	대한문앞 광장~서소문통~독립문통	8
제19	독립문통4정목~마포가도	8
제20	남대문~(마포를 향해)~철도건널목	8
제21	마포가도~남대문정거장	8
제22	조선은행앞 광장~욱정1정목~남묘앞~길야정	8
제23	경복궁 서부은부동~황토현광장(비스듬히)~남대문통과 황금정통의 교차점	8
제24	대안동 광장~북부 화개동(花開洞)	8
제25	대안동 광장~(비스듬히)~탑공원	8
제26	탑공원앞 광장~(비스듬히)~황금정광장~본정8정목	8
제27	탑공원앞 광장~황금정횡단~영락정1정목~본정5정목	8
제28	본정5정목부근~황금정광장~(비스듬히)~동대문통	8
제29	식물원부근~(동으로)~혜화문통 횡단~상백동(上栢洞) 부근	8

나) 조선시가지계획령과 토지구획정리사업

조선총독부는 1934년 6월 20일 제령 제18호로 「조선시가지계획령」을 공포하고, 그해 7월 27일에는 조선총독부령 제78호로 「조선시가지계획령시행규칙」을 제정하였다. 「조선시가지계획령」 공포에 대해 총독부 당국은 "합방 이래 문화가 급격히 진보하고, 기성 시가지의 통제되지 않는 팽창, 돌연한 신시가지의 출현 등이 있어 지금 도시시설에 관한 근본 제도를 확립하여 그 지도표준을 정하지 않으면 안 된다."[25]라는 입장을 밝혔다. 이는 총독부의 관점에서 당시의 도시 팽창과 변화에 의한 도시정비가 필요하다고 하는 목적을 밝힌 것이라고 할 수 있다. 이렇듯 도시를 정비하는 주요한 수단으로서 당시의 총독부는 「조선시가지계획령」을 통한 토지구획정리 방법을 도입하였다.

토지구획정리는 19세기 초 프로이센에서 경지정리 개념을 도시개량에 도입하여

---

25)　이송순, 조선총독부 시가지계획관련 공문서의 분류와 평가, 2004, p.58

비롯된 개발 방식으로 감보[26], 환지[27]등의 방법을 통하여 일정한 지구(구획정리지구) 내의 토지의 불규칙한 구획을 정리하고 필요한 공공시설물을 건립하여 토지의 효용성을 증진하는 것을 말한다.

「조선시가지계획령」에서는 제42조 본 장에서 토지구획정리라고 하는 것은 "토지의 대지로서의 이용을 증진하는 목적으로 본 장의 규정에 의해 토지의 교환, 분합, 지목 변환, 기타의 구획 형질의 변경 또는 도로, 광장, 하천, 공원 등의 설치, 변경 혹은 폐지를 행함을 말한다."라고 규정하고 있으며, 제43조 시가지계획 구역 내의 토지에 관해서는 토지구획정리를 시행할 수 있고, 제44조 시가지계획으로서 결정된 토지구획정리에 관해서는 "그 시행구역 내의 토지 소유자는 조선총독이 지정하는 기한 내에 그 시행 인가를 신청해야 하며, 토지 소유자가 전항의 규정에 의해 토지구획정리 시행 인가를 신청하지 않거나 또는 신청하였을지라도 그 내용이 적당하지 않다고 인정할 때에는 조선총독은 행정청으로 하여금 토지구획정리를 시행케 할 수 있다."라고 규정하고 있다. 특히, 제4조 및 제48조는 "행정청이 시행하는 토지구획정리에 필요한 비용을 부담하는 공공단체는 조선총독이 정하는 바에 의하여 행지구내의 토지의 소유자 또는 관계인으로 하여금 그 비용의 전부 또는 일부를 부담케 할 수 있다."라고 규정하고 있다.

「조선시가지계획령」의 특징은 시행령상 "시행구역 내의 토지 소유자는 조선총독이 지정하는 기한 내에 그 시행 인가를 신청해야 하며, 토지 소유자가 전항의 규정에 의해 토지구획정리 시행 인가를 신청하지 않거나 또는 신청하였을지라도 그 내용이 적당하지 않다고 인정할 때에는 토지구획정리사업의 시행을 행정청으로 한다."라고 규정함으로써 사실상 토지구획정리사업은 행정청 중심으로 이루어진다는 점이다. 또한, 제48조에서 "행정청이 시행하는 토지구획정리에 필요한 비용을 부담하는 공공단체는 조선총독이 정하는 바에 의하여 지구내의 토지의 소유자

---

26) 토지 일부를 공공용도로 제공하기 위해 원래 토지면적에서 줄어드는 부분의 비율을 의미한다

27) 종전의 토지를 대신하여 새로 조성된 토지나 이미 조성된 토지로 바꾸어 주는 것을 의미한다

또는 관계인으로 하여금 그 비용의 전부 또는 일부를 부담케 할 수 있다"라고 규정함으로써 각각 개인에게 그 비용의 부담을 전가한 것이며, 환지의 위치에 대해서도 제47조에서 "행정청은 시행하는 토지구획정리를 위하여 필요하다고 인정되는 때에는 환지예정지를 지정하여 정리시행지구 안의 건물 및 기타 공작물의 소유자에게 이전을 명하거나 점유자에게 퇴거를 명할 수 있다."라고 규정 함으로써 반드시 제자리로의 환지를 보장하고 있지는 않은 것이다. 그리고 토지구획정리를 동의하지 않는 각각 개인에게는 강제로 퇴거 즉, 이주를 명할 수 있어 각각 개인의 의사와는 관계없이 행정청의 주관으로 토지구획정리 사업을 시행할 수 있었다.

식민지 시대의 전쟁지원과 이를 위한 도시의 정비를 원인으로 작동한 토지구획정리는 「조선시가지계획령」 이전 시행되었던 여러 가지 시구 개선 과정에서 발생한 문제들을 보완하여 작성한 것으로 보이며, 이에 토지의 사용이나 처분, 비용의 분담까지 모두 민간이 부담하게 하는 민간중심형으로 보일 수 있으나, 이를 시행하는 행정청인 총독부가 대상지 개인들의 의사와 관계없이 일방적으로 시행함으로써 순수하게 민간에 의하여 작동하는 민간중심형이기보다는 비용을 민간에서 부담하는 정부중심형에 가깝다고 할 수 있다.

- $Renewal = G(정부)\{Policy, (p - resource(a \times n \times P_a, C))\}$

[표3-8] 총독부 토지구획정리 도시정비 비용

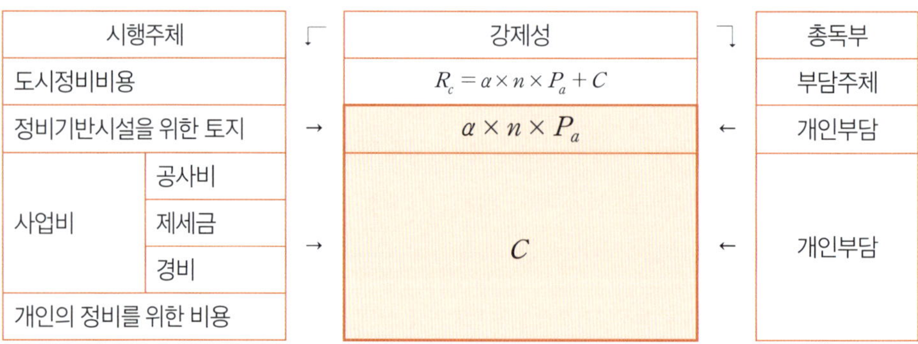

시행주체			강제성	총독부	
도시정비비용			$R_c = a \times n \times P_a + C$	부담주체	
정비기반시설을 위한 토지		→	$a \times n \times P_a$	←	개인부담
사업비	공사비				
	제세금	→	C	←	개인부담
	경비				
개인의 정비를 위한 비용					

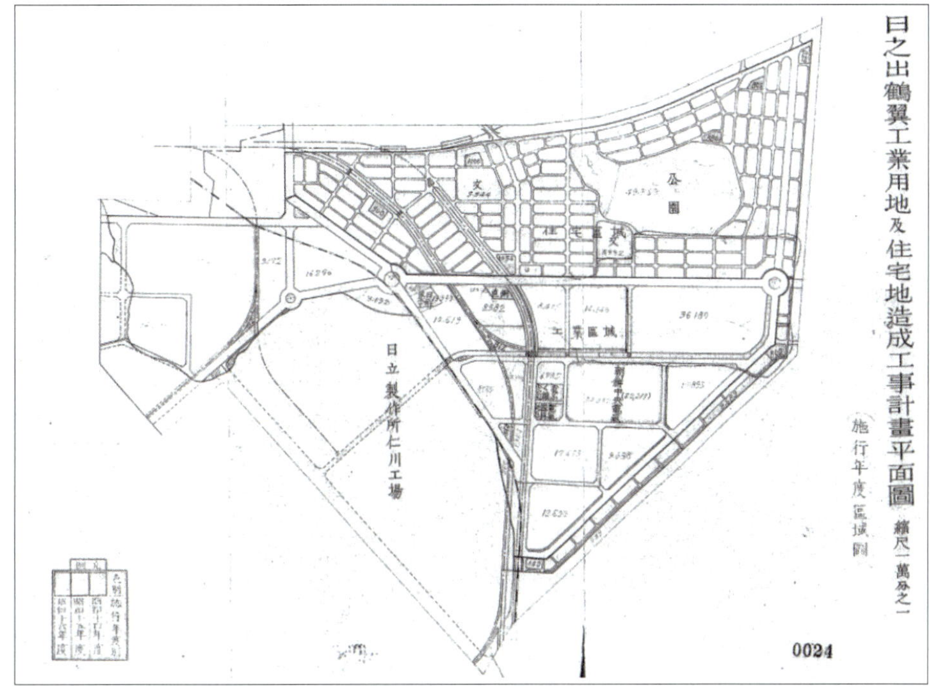

(출처: 국가기록원)

다) 난민 재정착사업(1950년대)

해방 이후에도 도심지 내외에서는 「조선시가지계획령」에 의한 기존의 토지구획 정리사업으로 도시정비가 계속되고 있었으며 해방과 6.25 전란 이후 대규모의 난민이 발생하였다. 난민은 크게 피난민, 수재민, 철거민, 이주민으로 구분하고 있다.

첫째, 피난민은 한국전쟁 당시 북한 인민군의 남침을 피해 생존을 위해 고향을 떠난 이들을 말하며, 여기에는 전쟁 이전 북한이 고향이었던 북한 피난민과 남한에서 이동한 남한 피난민을 모두 포함한다.

둘째, 수재민은 홍수나 장마로 재해를 당한 사람으로 서울에서는 주로 한강 또는 하천의 범람으로 그 인근에 거주하던 가구가 그 피해의 주요 대상자다.

셋째, 철거민은 행정상의 이유로 거주하던 건물이 철거된 사람을 말하는데 도로, 하천 등의 국·공유지 또는 사유지 등 자신이 소유하고 있지 않은 토지 위에 무단으로 점유하여 지은 무허가 건물을 정비 명목으로 행정당국이 철거하면서 발생된다.

넷째, 이주민은 앞선 구분과 같이 발생원인에 근거하는 분류가 아니라 여러 명목으로 이주된 정착사업의 대상자를 뜻하는 말로, 성격으로 보자면 앞선 세 종류의 난민이 모두 포괄되는 용어이다. [28]

서울에는 기존 서울특별시민뿐만 아니라 해방으로 인하여 일본, 만주, 중국 등지에 가서 살던 동포와 전쟁으로 남하한 피난민, 그리고 도시가 농촌보다는 기본적인 생활기반을 마련하는 데 나을 것이라는 인식이 바탕이 된, 이촌향도(離村向都, Rural Exodus)에 의한 도시로의 이주민에 의하여 인구가 집중되었다.

이러한 난민에 대한 재정착사업은 전후 1950년대 후반부터 본격화되었다. 특히, 서울은 전후 많은 주택이 전쟁으로 파괴되었음에도 인구의 집중은 여전히 계속되고 있었다. 이러한 상황에서 무허가 판자촌 등으로 인한 도심의 환경과 기능은 노후화와 불량화가 계속되고 있었다. 이에 서울특별시에서는 1957년부터 이러한 난민을 위한 재정착사업을 계획하고 시행하기 시작한다.

서울에서 실시한 난민정착사업에서는 시내에 거주하는 집 없는 난민을 서울특별시가 무상으로 일정 장소를 제공[29]하고 그들의 노동력만으로 주택을 지어 정착지를 조성하도록 하는 주택건설사업에 초점이 맞춰졌으며, 농업이 아닌 목축장, 원예장, 양어장, 채석장 등 도시에서 가능한 산업과 연계해 동화될 수 있도록 하였다. 토지와 건축자재 등은 원조기구와 서울특별시에서 제공하였으며 난민에게 어떠한 비용도 부과되지 않았다. [30]

---

28)   신나리, 1957~1973년 서울특별시 정착사업 전개과정과 정착지 도시형태, 경기대학교, 2020, p.7-8

29)   이후 토지 등을 불하는 등의 문제로 난민정착사업은 크게 성과를 내지 못한다

30)   신나리, 1957~1973년 서울특별시 정착사업 전개과정과 정착지 도시형태, 경기대학교, 2020, p.19

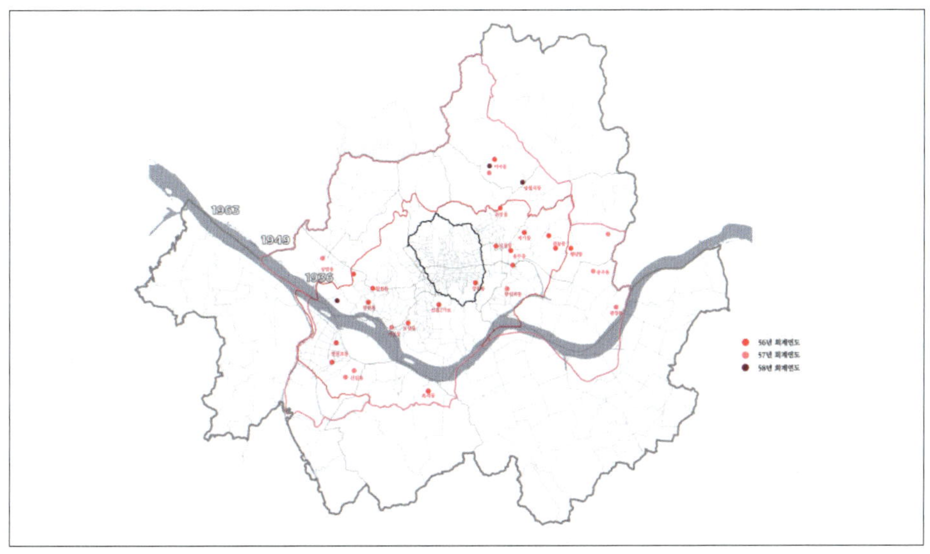

(출처. 신나리, 1957~1973년 서울특별시 정착사업 전개과정과 정착지 도시형태, 경기대학교, 2020, p.27)

정착지 조성을 통한 난민의 이주는 1973년까지 계속되었는데 1972년에는 91,600평의 정착지를 조성하여 호당 27평씩을 나눠서 2,400동의 무허가 건물을 이주시켰고 1973년에는 23,900평을 조성하여 2호 연립을 지어 2호당 30평씩 분양 이주시킬 계획으로 그해 6월 말 당시 30%가 진행되고 있었다.[31]

---

31)   서울특별시 '73 시정개요

공고 제224호　　　　단기 4291년 9월 30일(1958년)　　　　　　　　사회과

금년도 도시형 난민정착사업 실시에 관한 건

금번 본건 보건사회부장관 통첩 2106호로 금년도 도시형 난민주택이 본시에 배정됨에 따라 각처에 산재하고 있는 영세한 난민으로 하여금 도시주변에 정착게 하여 본시 지역개발에 기여할 수 있는 자활의 기초를 마련하기 위한 본사업의 운명에 만전을 기하고저 그 계획을 다음과 같이 수립하여 이를 시행코자 재결을 간청하노이라. 금번 당시에서는 난민정착사업에 의한 주택건설을 다음방법에 의하여 시행한다.

단기 4291년 9월 31일 서울특별시장 허정

항 목 조 건

1. 건설호구 900호(호당 건평 9평)
2. 제원
　　1) ICA 원조계획에 의한 당해 사업용 무상자재의 지급(목재, 양회, 못)
　　2) 대지 사용권을 보증할 수 있는 다음면적의 대지를 확보한 자
3. 대상자
　　1) 정업을 가지지 아니한 무주택 영세난민으로 구성된 50호 이상의 조합체
　　2) 대지사용권을 보증할 수 있는 다음 면적의 대지를 확보한 자
　　　　(가) 1호당 건설대지 30평 이상
　　　　(나) 생산시설을 설치할 수 있는 대지 350평 이상
　　　　(다) 주택건설 구획 상 필요한 공대지 450평 이상
　　　　(라) 공동목욕장 부지 50평 이상
(마) 공화당 및 공민학교 건설부지 250평 이상
(바) 50호 이상을 1조합체로 구성하였을 때는 그 비율에 따라 상당한 대지가 있어야 함

4. 구비서류

　　(가) 신청서(시에서 양식을 발급함)

　　(나) 사업계획서(향후 3년간의 계획)

　　(다) 입주자 명단(각각 각각 개인의 기류등본, 무주택 증명 현주지 동장의 추천서 첨부)

　　(라) 건설대지 사용권에 대한 필요한 증명

　　(마) 조합의 규약

　　(바) 지적도, 배치도, 평면도, 단면도, 시방서

　　(사) 소요자재명세와 공사비 명세

　　(아) 기타 참고될 서류

　　(자) 수지계산서

5. 접수기간 및 접수처

　　(가) 기간 : 단기 4291년 9월 30일부터 10월 6일까지 (7일간)

　　(나) 접수처 : 서울특별시 사회과

6. 신청방법 전기 조건이 구비된 자로서 관계서류 3통을 작성하여 신청할 것

7. 기타 상세한 것은 사회국 사회과에 문의할 것

※ 주의 우 접수기간 전에 제출한 서류는 일제무효로 한다.

(출처: 서울특별시 행정기록 관리시스템[32])

---

32)　서울특별시 행정기록 관리시스템, 금년도 도시형 난민정착사업 실시에 관한 건, 1958.9.30.을 재구성한 것임

[그림3-3] 도시형 난민정착사업 실시에 관한 건(1958.9.30.)

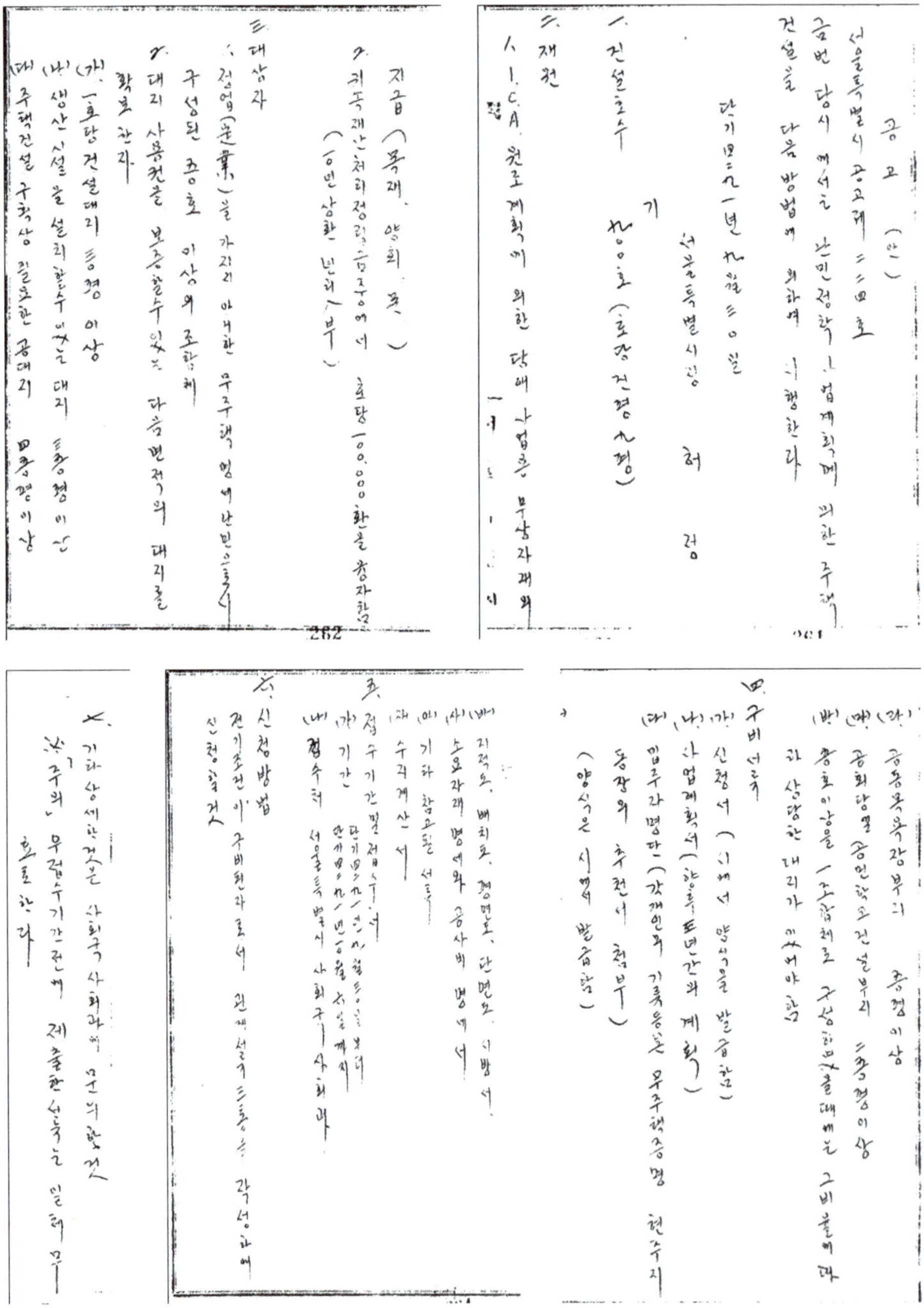

(출처: 서울특별시 행정기록 관리시스템)

　　서울특별시의 재정착사업은 난민으로 인한 사회환경과 주거 기능의 질이 하락함에 따른 외부적인 충격 때문에 작동한 것이라고 볼 수 있다. 즉, 난민의 사회적 주거환경과 질적 문제가 서울특별시에 충격을 가하므로 인하여 서울특별시가 도시정비를 할 수 있도록 작동하게 만든 것이다. 이러한 작동을 위한 요소는 제도와 재원이라고 할 수 있는데, 제도의 경우 서울특별시는 1950년 초부터 계속하여 피난민들을 포함하는 난민 정책을 수립하고 있었으나, 문제는 이를 시행할 수 있는 재원이었다. 이에 도로와 토지 건축자재는 서울특별시에서 무상으로 지원하였고 주택은 소유자가 직접 건설하였다. 이는 작동 원리 중 정부 중심적인 혼합형에 가까운 것이라고 할 수 있다.

- $Renewal = G(정부)\{Policy, Resource(P_L + C) + p(민간)(p-policy, p-resource(C))\}$

　　정부의 계획($Policy$)아래 정부의 재원($Resource$)은 토지와 건축자재의 제공이고 민간재원($p-resource$)은 노동력이었으므로 도시정비는 작동할 수 있었다.

[표3-10] 난민재정착 도시정비 비용

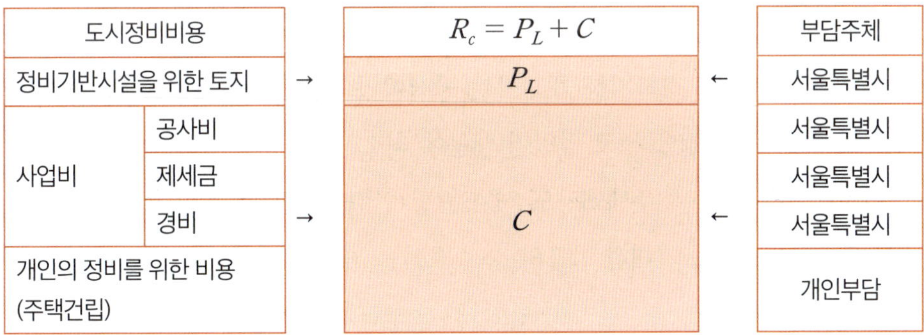

도시정비비용				$R_c = P_L + C$	부담주체
정비기반시설을 위한 토지			→	P_L	← 서울특별시
사업비	공사비				서울특별시
	제세금				서울특별시
	경비		→	C	← 서울특별시
개인의 정비를 위한 비용 (주택건립)					개인부담

라) 양성화사업(1960년대)

1967년 수립한 불량건물정리계획은 대단지 이주, 불량건물 계량화, 공동아파트 건립의 세 가지 정책으로 이루어졌다. 첫 번째 정책은 서울특별시 외곽에 대규모 이주단지를 조성하여 도심의 철거민들을 이주시키는 것이었다. 이에 따라 경기도 광주군 중부면(현 성남시)에 인구 35만 명 규모의 이주 대단지를 조성하여 청계천, 종로 등지의 철거민을 집단 이주시켰으며, 또한 시내 불량지구에 시민아파트 건립ㆍ공급하는 것으로서 낙산, 금화, 회현지구 등 고지대 판자촌에 1969년 한 해에만 수백 동의 아파트가 지어졌다.

다음으로 일부 불량지구는 상태에 따라 개량 및 양성화를 추진하고자 하였다. 그러나 1970년 4월 와우아파트의 붕괴로 시민아파트 건설은 동력을 잃었고 대단지 이주정책 또한 기반시설과 주거환경이 갖춰지지 않은 열악한 환경에 대책 없이 이주당한 철거민들의 불만이 1971년 8월 광주대단지 사건으로 폭발하면서 중단되었다. 이후의 정책은 철거 후 재배치보다 양성화에 역점을 두는 방향으로 변화하게 되었다.[33]

양성화사업은 1966년 말 실시되었던 무허가 건물 전수조사에서 확인된 기존 무허가 건물을 대상으로 주민 스스로 개량할 경우, 추인하는 절차를 거쳐 합법화시키는 사업이었다. 따라서 양성화사업은 서울특별시의 예산을 들이지 않고 주민 자력에 의하여 무허가 정착지를 개선하는 방식이었으나 양성화사업은 주민부담에 의한 주택개량에 초점을 두고 있었기 때문에 최소한의 공공시설이 수반되지 않았을 뿐 아니라 주민들의 주택개량도 허가를 받기 위한 가시적인 미화 단장에 그침으로써 서울특별시가 기대한 만큼의 정비 효과를 거두지 못하였다.

---

33)　서울특별시 기록원, #14소장기록이야기

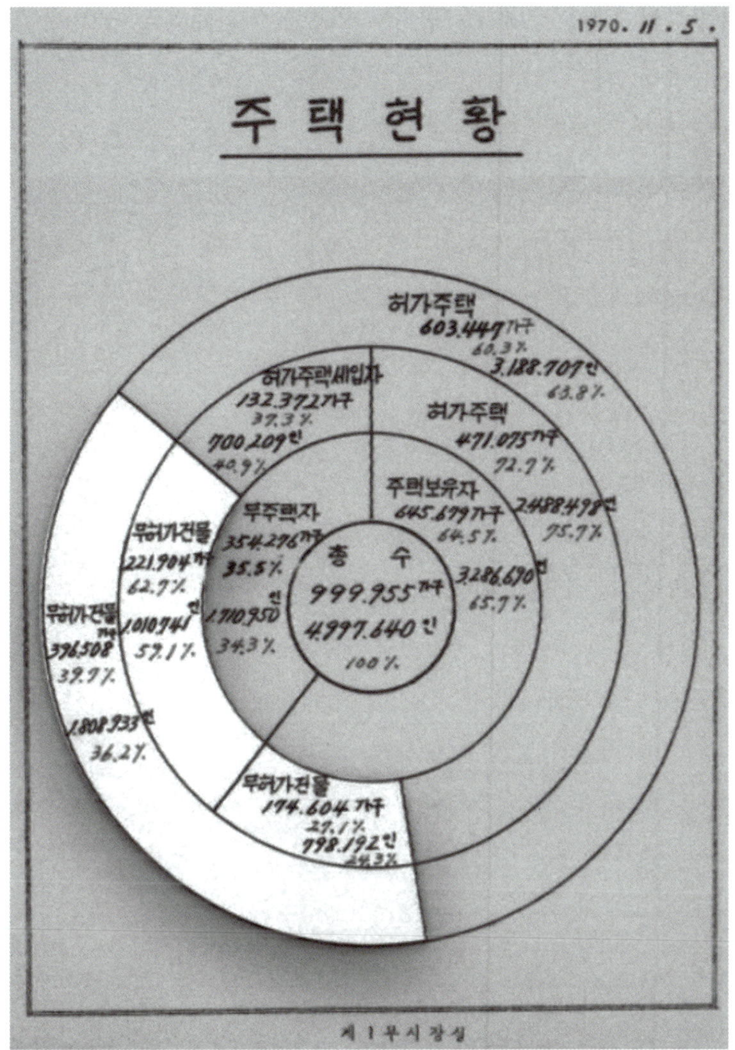

(출처:주택 현황(국정감사수감자료), 1970-10, 서울특별시 주택기획과)

또한, 국·공유지 불하문제를 해결하지 못하였고 공원 등 도시계획시설에 저촉이 되었을 경우 합법화가 불가능했기 때문에 근본적인 주거환경개선이나 주거안정을 도모할 수 없었다. 이러한 도시정비는 민간이 중심이 되는 민간중심형 도시정비의 형태로서, 정부가 재정적으로 재원이 부족한 무허가 건물주에게 토지매입과 건물개량을 하게 함으로써 도시정비는 작동할 수 없게 되는 것이다.

[그림3-5] 불량건물 정리계획 확정 문서(1967.9.26.)

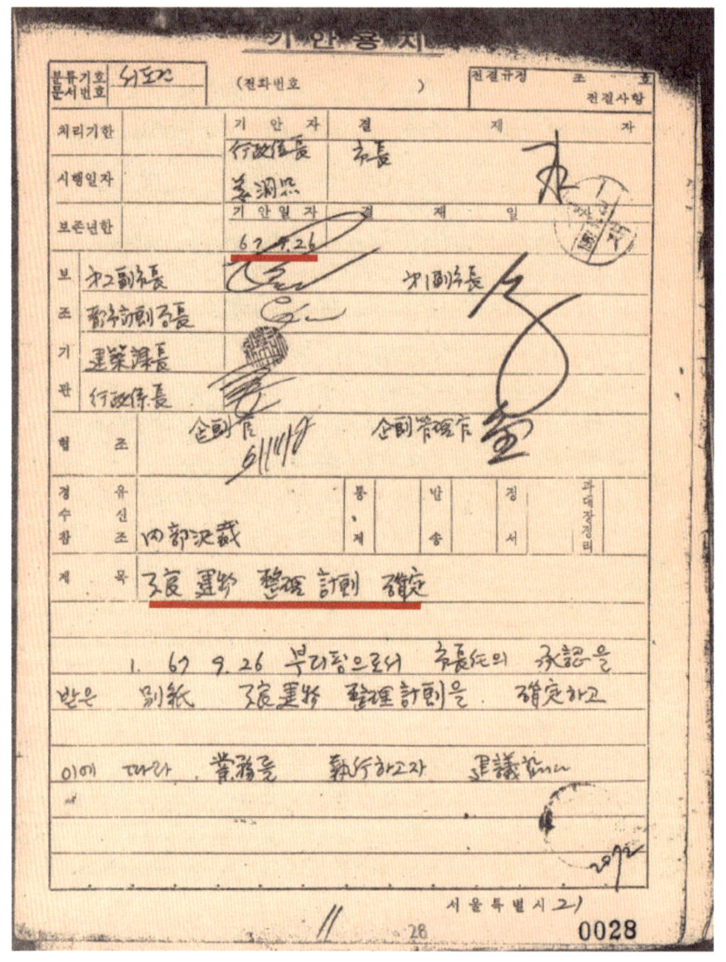

(출처:서울기록원)

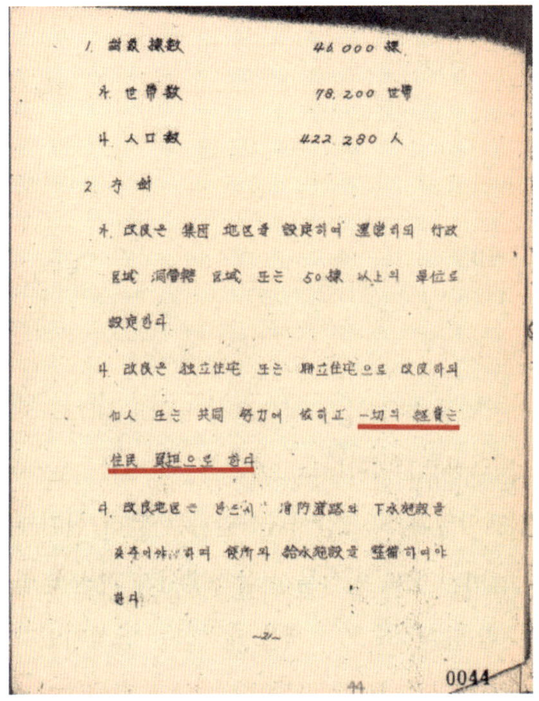

(출처:서울기록원)

- $Renewal = G(정부)\{Policy, p(민간)(p-policy, p-resource(C))\}$

즉, 위 함수에서 민간함수 $p-resource$가 부족하여 정부 함수 G(정부)가 작동하지 않으므로 $Renewal$(도시정비)는 이루어질 수 없게 된다.

또한, 국·공유지 불하문제를 해결하지 못하였고 공원 등 도시계획시설에 저촉이 되었을 경우 합법화가 불가능했기 때문에 근본적인 주거환경개선이나 주거안정을 도모할 수 없었다. 이러한 도시정비는 민간이 중심이 되는 민간중심형 도시정비의 형태로서 정부가 재정적으로 재원이 부족한 무허가 건물주에게 토지매입과 건물개량을 하게 함으로써 도시정비는 작동할 수 없게 되는 것이다.

[표3-11] 양성화사업 도시정비 비용

도시정비비용		$R_c = C$	부담주체
정비기반시설을 위한 토지		-	-
사업비	공사비		-
	제세금	C	개인부담
	경비		개인부담
개인의 정비를 위한 비용(주택건립)			개인부담

마) 현지개량사업(1970년대 초)

현지개량사업은 양성화사업을 발전시킨 것으로서 1970년대 초 정부 주도하에 전국적 운동으로 번진 새마을 사업의 하나로 1972년부터 서울특별시와 현지 주민 간의 공동노력을 통해 전개되었다. 즉, 양성화사업과는 달리 현지개량사업에 있어서는 지구별로 공공 시설비의 50% 이상을 서울특별시가 지원을 하고 지구별로 추진위원회를 구성하여 주민 자율적으로 주택을 개량하는 방식이었다.

양성화사업이 정부가 재정적으로 재원이 부족한 무허가 건물주에게 토지매입과 건물개량을 하게 함으로써 도시정비가 작동하지 않는 부분의 문제를 고려하여 서울특별시가 공공 시설비 50% 이상을 지원하는 방식이었다. 그러나 무허가 건물주에게 나머지 50%와 각각 개인의 정비 비용을 부담하게 함으로써 양성화사업보다 변화 발전했지만, 이 또한 도시정비가 작동하지 않았다. 민간중심형 도시정비형태로서 민간재원이 부족함으로써 정부의 제도적 재원이 있었으나 여전히 민간재원이 부족했던 것이다.

- $Renewal = G(정부)\{Policy, Resource(P_L + C) + p(민간)(p-policy, p-resource(C))\}$

앞서 양성화사업의 함수와 마찬가지로 민간함수 $p-resource$가 부족하게 되므로 정부 함수 $G(정부)$가 작동하지 않게 되어 $Renewal$(도시정비)은 이루어질 수 없게 된다.

[표3-12] 현지개량사업 도시정비 비용

도시정비비용		$R_c = P_L + C$	부담주체
정비기반시설을 위한 토지		P_L	서울특별시
사업비	공사비		서울특별시50%
	제세금	C	개인부담
	경비		개인부담
개인의 정비를 위한 비용(주택개량)			개인부담

[그림3-7] 현지 개량사업 진도 상황보고

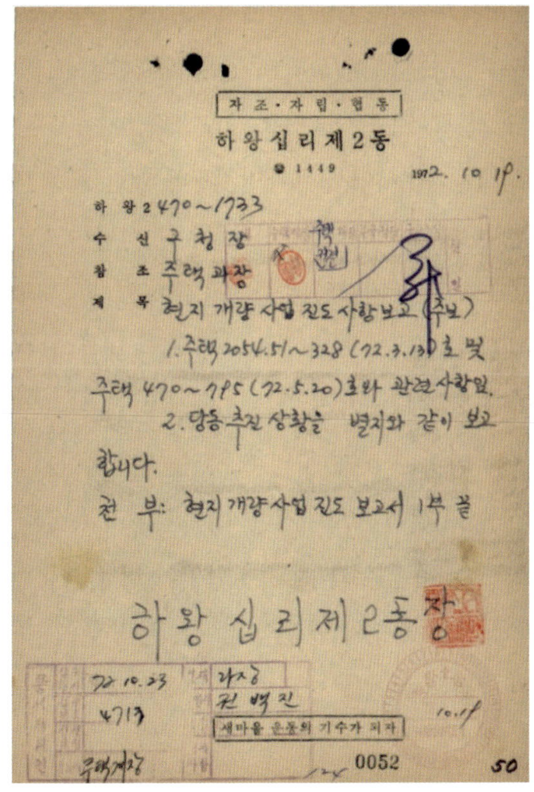

(출처:서울기록원)

바) 자력재개발방식(1973~1975)

1962년 「도시계획법」 제정 이후에도 도심지 내 도시정비는 계속하여 토지구획정리사업으로 진행되었으며, 도심지 내의 무허가 건물과 이에 따른 불량지구에 대한 대책으로 진행되고 있었다. 특히, 불량지구에 대한 난민 재정착사업, 양성화사업 그리고 현지개량사업을 진행해 오면서 이렇다 할 성과가 나타나지 않았다.

이에 1973년 국·공유지 무상양여 등을 골자로 하는 「주택개량촉진에관한임시조치법」 제정[34]으로 인한 새로운 재개발 방식으로 도시정비를 시도하게 된다. 이는 그동안 분리하여 진행되어 오던 도심지 내 불량지구 개량에 대한 토지구획정리사업과 난민거주지역과 무허가 건축물의 불량지구 등의 개량에 대한 통합 재개발의 출발이라고 할 수 있다.

이러한 과정에서 서울특별시는 1973년에서 1975년까지 주민 스스로가 주체가 되어 주택재개발을 추진하는 유형으로, 주민은 재개발 추진을 담당하고, 정부는 필요한 공공시설물을 설치하는 것을 주요 내용으로 하는 자력재개발방식을 도입하였다. 구체적으로 서울특별시에서 재개발지구에 대한 도로 및 대지를 구획하고 이에 따른 도로·공원·기타 기반시설 등의 설치를 담당하였고, 주민들이 이러한 구획 내에서 자력으로 주택을 건립하는 방식을 취하였다. 그러나 해당 방식은 재개발 대상 지역에 대한 전면적인 철거에 따른 문제와 더불어 주택 신축 및 철거·이전 비용을 주민이 직접 부담해야 했다는 점에서 사업 실적은 저조한 것으로 평가된다. 실제로 서울특별시는 20개 구역 6,731동 개량을 목표로 하였으나, 실제로는 10개 구역 1,418동의 실적을 보이게 된다.[35]

이러한 도시정비의 방식은 정부와 민간이 나누어 비용을 분담하는 혼합형의 작동 방식으로, 표면적으로는 정부와 민간의 역할이 분명해 보이나 이 방식 역시 민간의 경제적인 재원 조달의 문제를 내포하고 있어 그 작동이 원활하지 않았던 것

---

34) 제5조(국·공유지의 무상양여), 제6조(재개발사업비의 조성충당금)

35) 서울도시계획연혁, 2002, p.1153-1154

을 알 수 있다.

- $Renewal = G(정부)\{Policy, Resource(P_L + C) + p(민간)(p-policy, p-resource(C))\}$

앞서 양성화사업이나 현재개량사업의 함수와 마찬가지로 정부가 일부 *Resource* 를 지원한다고 할지라도 민간함수 $p-resource$가 부족하게 되므로 정부함수 G(정부)가 작동하지 않게 되어 *Renewal*(도시정비)은 이루어질 수 없게 된다.

[표3-13] 자력재개발방식 도시정비 비용

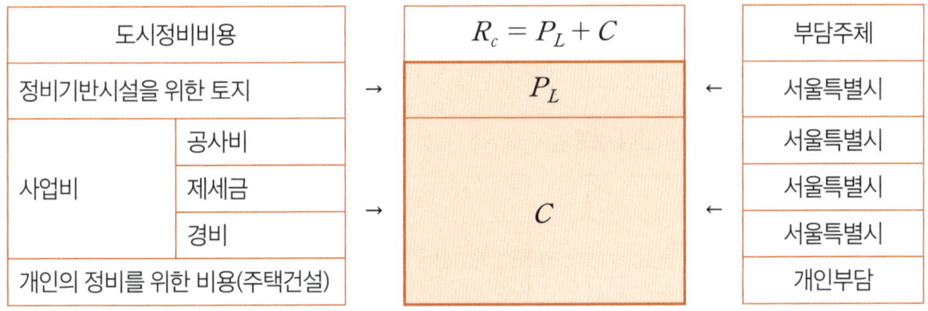

사) 차관재개발방식(1976~1981)

자력재개발방식이 주택 신축 및 철거·이전 비용을 주민이 직접 부담해야 했다는 점에서 사업 실적이 저조함에 따라, 이에 비용을 대여하여 그 재정 문제를 해결하기 위하여 1976년부터 서울특별시가 외국으로부터 돈을 빌려 주택 재개발사업을 추진했던 방식이다. 이는 정부의 보증하에 서울특별시가 미국 연방 주택은행으로부터 돈을 빌려 재개발사업을 진행한 것으로, AID 차관을 도입하여 수행된 재개발사업을 의미한다. 1976년 10월 옥수 3구역에 대한 차관재개발을 시작으로 1981년까지 총 10개 구역에 대한 차관재개발이 시행되었다. 이에 따라 주민들의 토지매입 및 건물개량·개축에 대한 재정 융자가 가능해졌으며, 서울특별시의 공공시설 투자비용에 대해서도 융자가 이루어졌다.[36] 그러나 이 역시도 대상지의 주민들이 여전히 빈곤하여 주택개량에 관심을 보이지 않았으며 자력재개발과 마찬가지로 6년 동안 10개 지구에 그치고 말았다.

차관재개발방식도 차관으로 인한 재원은 조달할 수 있지만, 건립비용을 대여하는 것으로 결국 비용을 상환해야 하는 구조로서 자력재개발방식과 큰 차이가 나지 않는 방식이다. 그러므로 근본적인 작동원리에서 자력재개발방식과 크게 다르지 않은 혼합형이라 할 수 있다.

- $Renewal = G(정부)\{Policy, Resource(P_L + C) + p(민간)(p-policy, p-resource(C))\}$

. $p-resource(C)$: 차관

[표3-14] 차관재개발방식 도시정비 비용

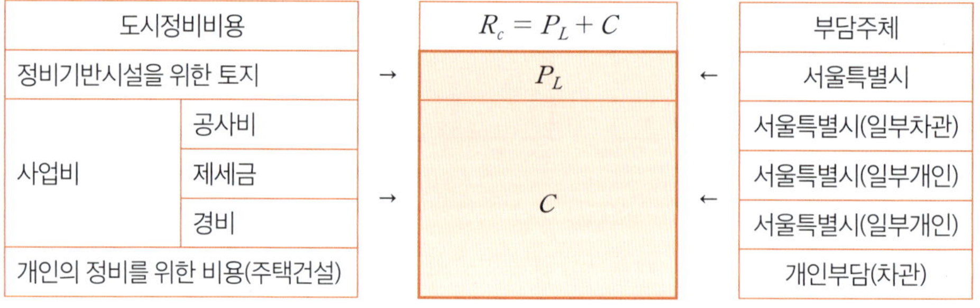

도시정비비용			$R_c = P_L + C$	부담주체
정비기반시설을 위한 토지		→	P_L	서울특별시
사업비	공사비			서울특별시(일부차관)
	제세금	→	C	서울특별시(일부개인)
	경비			서울특별시(일부개인)
개인의 정비를 위한 비용(주택건설)				개인부담(차관)

아) 위탁재개발방식(1979~1982)

자력재개발방식이나 차관재개발방식이 주민들의 비용부담 등으로 도심지 내 불량한 지역의 재개발에 대한 성과를 이루지 못하자 이러한 문제점을 보완하기 위해 위탁재개발방식이 도입된다. 도시정비에 민간 참여를 유도한 최초의 방식인 위탁재개발방식은 환지방식에 의한 전면철거방식으로 행정청이 시행 주체가 되고 주민은 지역 주민들이 공동주택건립 추진위원회를 구성하여 토지를 제공하며, 민간

---

36) 서울도시계획연혁, 2002.01. p.1154-1156

의 자금력과 기술력을 동원하는 방식으로 환지 규모를 대형화하여 도로와 공공시설 정비를 동시에 수행하는 방식이다. 즉, 전면철거를 통한 주택의 입체화 정책이라고 할 수 있다. 주택건립을 주민 자력으로 한다는 점에서는 변함이 없지만, 주민들이 공동주택건립 추진위원회를 구성하여 사업 시행에 제3의 개발자를 참여시키는 방안을 모색하기 시작한 것이다. 그리고 서울특별시는 주민조직인 공동주택건립 추진위원회에 주택사업자를 선정해 주고, 공동주택 또는 아파트를 건립한 후 지구주민에게 분양 또는 임대토록 한다는 방침이었다.

구체적으로는 대상지 내의 건물을 철거하고 약 300평 크기로 대지를 합병하고 이를 위하여 여러 개의 작은 필지를 모아 큰 부지를 만들기 위해 토지소유권 통합을 위한 추진위원회가 필요하였으며 3~5층의 저층 아파트를 짓기 위해 건설회사(시공사)가 필요하였다. 그러나 이와 같은 적극적인 철거위주의 재개발사업은 이제까지 볼 수 없었던 주민의 거센 저항에 부딪히게 된다. 주로 재정지원과 개발이익에 관한 문제였다.

주민들은 재개발사업에 소요되는 재원의 부담 능력이 없으니 사업 시기를 연장하거나, 차관재개발을 할 때처럼 기존의 대지에서 개량(현지개량)하게 해 달라고 요청했다. AID 차관이 없어진 대신 서울특별시가 지원하던 융자의 규모도 증액하고, 그것의 상환을 장기저리로 하게 해 달라고 요구해 왔다. 또한, 무허가 주택에 거주하던 주민들은 재개발지구 내의 시유지 불하 대금을 낮추어 달라고 요청하였다. 여러 명의 주민을 묶어서 공동소유의 환지를 하고 강제적으로 공동주택을 건립하도록 한 것 또한 주민의 반발 대상이었다. 대지가 90㎡ 이상이면 단독으로 환지를 해주고 거기에 단독주택을 건립할 수 있도록 해 달라는 요구도 있었다. 그리고 건설회사(시공사)를 주민이 자유롭게 선정할 수 있도록 해 달라는 요구와 감보율의 하향조정 등 개발이익에 대한 요구도 상당한 것이었다.[37]

궁극적으로 위탁재개발방식도 주택건립의 방식이 주민에서 서울특별시가 위탁

---

37)　서울특별시정개발연구원, 서울특별시 주택개량 재개발 연혁연구(1973-1996), 1996, p.96-101

하는 건설회사(시공사)로 변경되었을 뿐이며 여전히 환지 후 주택건립비용은 주민이 부담하는 구조로서 이 또한 자력재개발과 기본적인 구조에서는 같다고 할 수 있으며 혼합형이라고 할 수 있다. 다만, 제도적으로 주택건립을 자력으로 할 것인지, 제3자에게 위탁할 것인지에 대한 것이다. 이에 제3 개발자의 참여가 중요한 역할을 하게 되는데, 만약 제3 개발자인 건설회사(시공사)의 개발이익이 확보되지 않는다면 주택건립에 참여하지 않게 되어 이러한 도시정비 방식은 작동하지 않을 것이다. 실제로 건립되는 공사비에 대한 주민들의 부담 등으로 위탁재개발방식은 잘 진행되지 못하였다.

- $Renewal = G(정부)\{Policy, Resource(P_L + C) + p(민간)(p - policy, p - resource(C))\}$

. $p - resource(C)$: 제3개발자 위탁

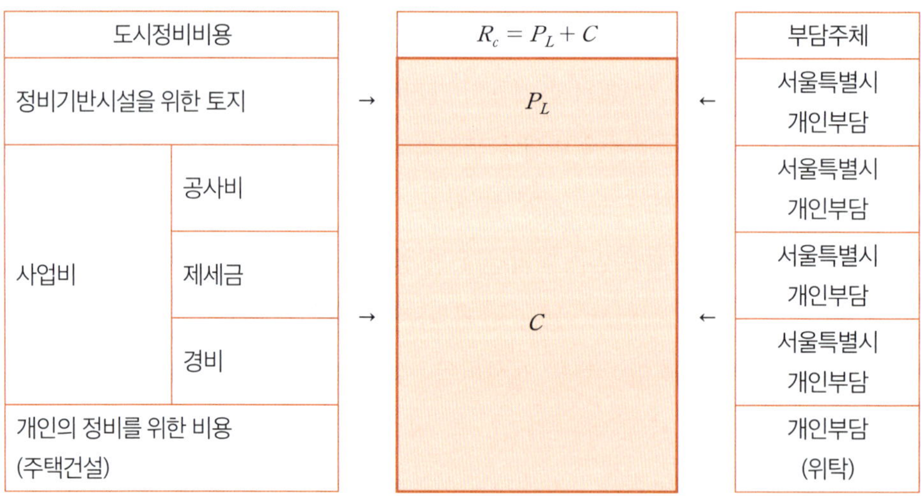

도시정비비용			$R_c = P_L + C$	부담주체
정비기반시설을 위한 토지		→	P_L	서울특별시 개인부담
사업비	공사비		C	서울특별시 개인부담
	제세금			서울특별시 개인부담
	경비	→		서울특별시 개인부담
개인의 정비를 위한 비용 (주택건설)				개인부담 (위탁)

2) 합동재개발방식 이후 도시정비

가) 합동재개발방식(1983~)

자력재개발, 차관재개발, 위탁재개발과 같은 재개발사업의 부진원인을 분석하면, 이제까지는 관 주도형으로서 재개발 구역 내 도로, 상·하수도 등 공공시설 투자비의 부족, 지역 주민들의 점유면적 과소로 최소 대지면적의 부족, 공동환지에 따른 주민 간 갈등, 공동환지보다는 단독환지 요구, 공공시설비 투자로 인한 감보율의 과다 등이었으나 가장 근본적인 원인은 주민의 경제적 어려움으로 재개발사업 참여에 따른 주민의 부담 능력이 부족하고 생활환경의 급격한 변화보다는 소득의 개선을 통해 더 나은 지역으로 이주를 원하는 주민의 주거에 대한 고착된 인식의 바탕 위에서 그 원인을 찾아볼 수 있다. 따라서 재개발사업의 활성화를 위해서는 주민의 적극적인 참여가 필수적이었고 이를 위해서 새로운 재개발기법의 도입이 필요하였는데, 이는 주민의 경제적 부담을 획기적으로 줄일 방안이어야 했다. 재개발사업 시행 시 주민 부담은 공사비, 국·공유지 매입비, 기존건물의 전세금 반환비, 사업 시행 기간 임시거주비 등이었는데 이러한 비용 부담을 줄이기 위해서는 개발이익을 많이 남길 방안, 즉, 이제까지 환지로 기존 세대수만큼 단독주택이나 연립을 지었던 것을 재개발 구역 전체를 하나의 대지로 묶어 고층아파트를 단지화한다면, 기존 세대수보다 많은 집을 지을 수 있고 환지 방식에서 필요했던 도로공원 등 공공시설 부지가 아파트 단지 내 부지로 활용이 가능하기 때문에 토지의 효율적 이용도 가능했다.

이렇게 함으로써 기존 세대수 이외에 남는 세대는 일반분양하여 그 이익금을 건축비에 충당하는 할 수 있다. 공사비와 국·공유지 매입비는 건설회사(시공사)에서 선투자한 후 사업 시행 시 잔여 세대 분양금과 국민주택 기금 융자비로 충당하고 부족분은 관리처분계획에 의거 주민 각자가 부담한다는 것인데, 이렇게 하면 시중의 일반분양 아파트값보다 훨씬 싼 값에 집을 마련할 수 있고 또한 전세금 반환이나 이주비 명목으로 건설회사(시공사)에서 일정 금액을 무이자로 지원하도록 하는 이른바 "합동재개발"의 구상이다.

합동재개발은 용어 자체가 의미하듯 주민은 토지를 제공하고 건설회사(시공사)는 자본과 기술을 제공하는 이른바 정부 중심형이 아닌 주민이 구성한 조합과 시공자인 건설회사(시공사)가 함께 개발에 참여하여 사업을 시행하는 주민 주도적 재개발 방식이다.[38] 건설회사(시공사)가 참여한다는 점에서 "위탁재개발방식"과 다를 바가 없으나, 합동재개발방식의 핵심적인 내용은 주민과 건설회사(시공사)가 합동으로 자립재정을 도모한다는 데 있다. 주택개량 재개발사업이 자립재정을 이룬다는 것은 주민은 재개발에 비용을 부담할 필요가 없으면서도 건설업체 또한 수익성이 확보되는 것을 의미했다.

이러한 합동재개발방식의 출현 배경은 합동으로 자립재정을 도모함으로써 공적 부문의 부담을 최소화해서 재개발을 진행하고자 했던 서울특별시와 당시 원유가격 하락에 의한 중동 건설시장의 악화로 중동 건설시장에 진출했던 건설회사(시공사)들의 국내 주택건설시장에 관한 관심 그리고 서울올림픽을 대비 시가지 미화를 위한 불량주택지구의 정비를 위한 정부, 이러한 정부 · 서울특별시와 주민, 건설회사(시공사) 간 이해관계의 일치라고 할 수 있다.[39]

- $Renewal = G(정부)\{Policy, p(민간)(p-policy, p-resource)\}$
- $p-policy$: 고밀도 용적률 정책
- $p-resource$: 주민 − 토지제공, 건설회사 − 자본과 기술제공

합동재개발방식은 정부중심형 도시정비 방식으로부터 주민과 건설회사(시공사)가 주체가 되는 민간중심형 도시정비방식으로서 정부(G)는 주민과 건설회사(시공사)를 위한 정책($p-policy$)인 고밀도 용적률을 수립하지만, 도시정비를 위한 재개

---

38)   하성규, 주택정책론, 박영사, 1996, p.441

39)   조재성, 합동재개발의 현황과 과제, tistory.com, 2015, p.7

발에 비용을 부담하지 않고 주민은 토지를, 건설회사(시공사)는 기술·자본을 제공하고 이 과정에서 각각 수익을 누리는 구조로서 모든 변수가 원활하게 작동하므로 도시정비(*Renewal*)의 함수도 원활하게 작동하게 된다. 이러한 이유로 합동재개발방식은 그 원형을 유지하면서 현재까지 이어지고 있다.

[표3-16] 합동재개발방식 도시정비 비용

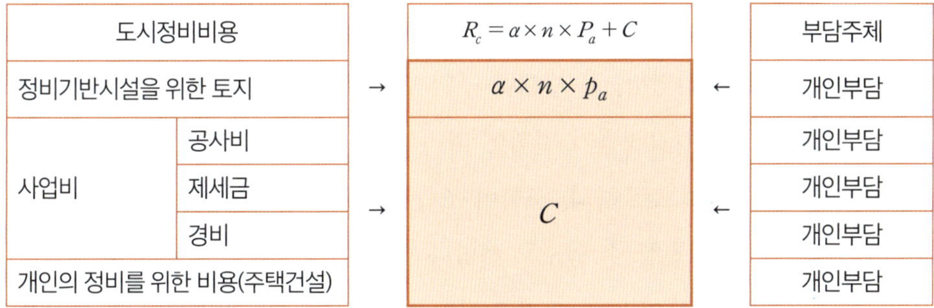

나) 합동재개발사업세부시행지침(1984.1.24.)

합동재개발방식에서 시장경제원리는 대상지 기존 세대수 이외에, 시장에 매각할 수 있는 주택을 추가로 건설함으로써 그것에 대한 매각대금으로 사업의 경제적 타당성을 자체적으로 확보하는 것이다. 따라서 이 방식은 주택시장에 매각할 수 있는 추가적인 주택의 건립을 위한 높은 밀도의 개발을 필요로 한다. 이를 위해 행정적으로 1) 재개발사업의 시행자를 서울특별시에서 주민에 의해 설립된 조합으로 넘기고, 2) 조합이 건설회사(시공사)를 고용하여 재개발을 추진하되, 3) 고밀도 건축이 가능하도록 건폐율과 용적률을 법정한도까지 완화하는 것으로 전개되었다.

이러한 개념에 따라 1984년 1월 24일 「합동재개발사업세부시행지침」이 마련되었다. 이 지침의 주요 내용은 다음과 같다. 1) 총 건립 가구의 50% 이상을 국민주택규모 이하로 하면서 최대주택 규모는 전용면적 45평 이하로 하도록 함으로써, 주택재개발을 통한 아파트의 개발이 소형 서민주택에 중점을 두도록 하였다. 2)

주택개량 재개발사업에 참여할 건설회사(시공사) 선정에 있어 서울특별시가 3개 업체 이상으로부터 기본설계와 사업계획서를 제출받아 심의 후 순위를 결정하여 조합에 통보하게 되면 주민총회에서 참여업체를 결정하도록 하였다. 3) 조합원을 수용하고 남는 아파트 가구는 5% 범위에서 조합이 유보시설로 확보하고 그 나머지의 30%는 특별분양, 70%는 일반분양할 수 있게 하였다. 특별분양은 다른 재개발 구역 내 철거민을 수용토록 함으로써 서울특별시 무허가 건물 총량을 감축시켜 나가는 효과를 기대한 것이었다. 4) 구역 내 건립되는 상가 등의 복리시설은 시행자가 임의 분양토록 하였다. 5) 재개발 구역 내 시유지에 대해서는 사업시행인가 시점을 기준으로 하여 감정평가 결과에 따라 점유 또는 연고권을 가진 조합원에게 매각하는 것을 원칙으로 하되, 조합이 조합원으로부터 위임받았을 경우 조합의 수의계약으로 일괄 매각할 수 있도록 하였다.[40] 이후 용도별 건폐율 및 용적률 기준 등 기존의 10개 항목의 변경 그리고 사업계획의 도시계획위원회 심의 등 22개 항목이 신설[41]되면서 「합동재개발세부시행지침」은 1987년 11월에 서울특별시에서 「주택개량재개발사업(합동재개발)예규」로 제정 시행된다.

다) 주택개량재개발사업(합동재개발)예규

「주택개량재개발사업예규」는 시간이 지나면서 「도시및주거환경정비법」 및 조례 등으로 편입되어 운용되게 된다. 「주택개량재개발사업예규」는 일부 세부적인 내용을 제외하고는 그 내용에 있어 현재의 「도시및주거환경정비법」과 크게 다르지 않다. 이는 「합동재개발세부시행지침」 등을 포함하는 「주택개량재개발사업예규」가 당시의 「도시재개발법」 안에서 작성 시행되었기 때문이며, 「도시및주거환경정비법」 또한 「도시재개발법」을 기준으로 제정되었기 때문이라고 할 수 있다.

현재와 크게 다른 점이 있다면 1) 건설회사(시공사)에게 참여조합원 자격을 부여

---

40)   서울특별시정개발연구원, 서울특별시 주택개량 재개발 연혁연구(1973-1996), 1996, p.106
41)   서울특별시, 서울특별시 주택개량재개발사업(합동재개발) 예규제정, 1987. 11

했다는 것이다.[42] 법률적으로 조합원의 자격을 부여함으로써 단순히 건설회사(시공사)로서 역할이 아닌 조합원으로 참여함으로써 합동재개발의 형식적인 형태를 유지하려고 했던 것으로 보인다. 2) 현재의 종전자산평가와 공동주택 종후자산평가에 해당하는 토지평가에 있어 그 평가 주체가 서울특별시였다. 「주택개량재개발사업예규」 제55조(토지 등의 평가) ①항 "종전의 토지 및 건축물의 가격은 서울특별시 가격평가위원회가 평가 결정한 가액에 의한다. ②항 분양예정 대지 및 건축시설 중 공동주택(지분대지를 포함한다)의 가격은 서울특별시 재개발 아파트 분양가격으로 한다."라고 규정하고 있다. 그러나 「주택개량재개발사업예규」 중의 가장 큰 특징은 관리처분계획수립을 위한 비례율의 도입이었다. 당시 조합원의 권리가액을 산정하는 기준이 확립되지 않아 혼란스러웠으며 이에 이를 비례율을 기준으로 통합 규정하였다. 이는 도시정비에 있어 매우 큰 의미가 있는 조치였으며 현재에도 조합원 권리가액을 산정하는 기준이 되고 있다.[43]

---

42) 「도시재개발법 제20조 ③(1989.12.30.), 주택개량재개발사업예규 제21조 ②(1987), 조합정관 제7조 ⑦ (1986)

43) 1987년, 주택개량재개발사업예규 제51조(분양기준 가액의 산정) ①항

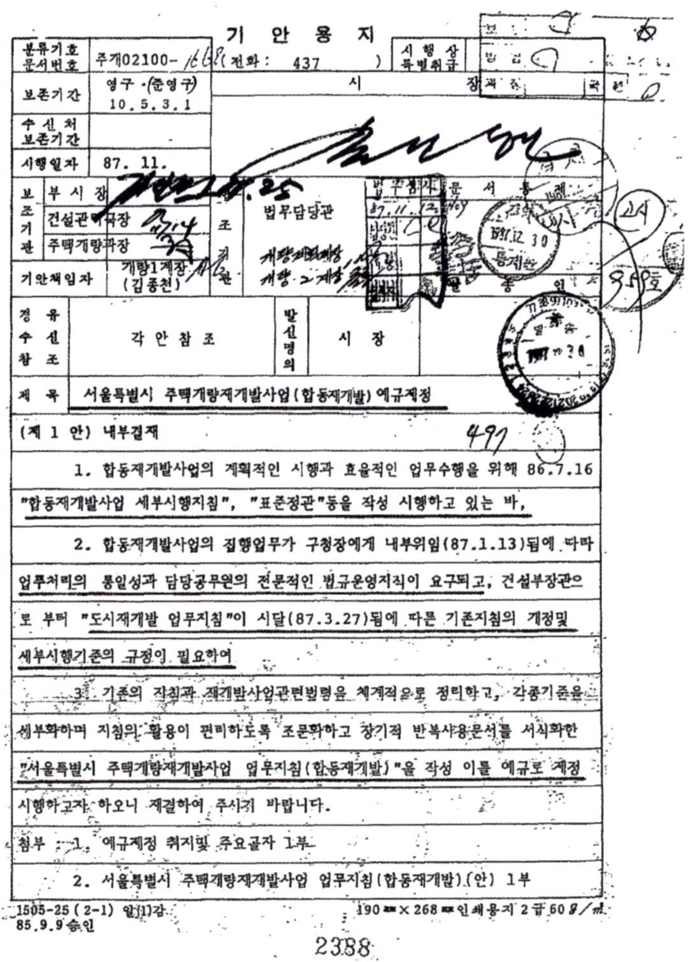

라) 도시및주거환경정비법

「도시및주거환경정비법」에 의한 도시정비의 방식은 도시정비가 「도시재생활성화및지원에관한특별법」, 「도시재정비촉진을위한특별법」, 「노후계획도시정비및지원에관한특별법」 등으로 분화되긴 하였지만, 합동재개발방식과 기본적인 내용에서 크게 다르지 않다. 현재 「도시및주거환경정비법」에서는 건설회사(시공사)를 참여조합원이 아닌 건설회사(시공사)의 지위로 인정하고 있으며, 종전, 종후자산평가 역시 서울특별시 주관이 아닌 2개 이상의 감정평가기관에 의해서 결정하도록 하고 있다. 또한, 관리처분계획 수립 시 비례율을 기준으로 하여 조합원의 권리가액을 산정하고 있으며 이를 기준으로 하여 분담금을 추정하고 있다.

도시정비의 개념이 여러 가지로 분화되면서 차이를 보이지만 기본적으로 이러한 「도시및주거환경정비법」의 형태로 도시정비를 진행하고 있다. 즉, 정부의 제도적인 틀($p-policy$) 안에서 대부분 민간자본에 의하여 도시정비가 진행되고 있다고 할 수 있다. 그러나 주민과 건설회사(시공사) 간 공사비와 수익의 문제로 인하여 $p-resource$간 갈등이 발생할 경우 $Renewal$을 위한 정부 함수 G는 작동할 수 없다.

- $Renewal = G(정부)\{Policy,\ p(민간)(p-policy, p-resource)\}$
- $p-policy$: 고밀도 용적률 정책
- $p-resource$: 주민 − 토지제공, 건설회사 − 자본과 기술제공

[표3-17] 도시및주거환경정비법 도시정비 비용

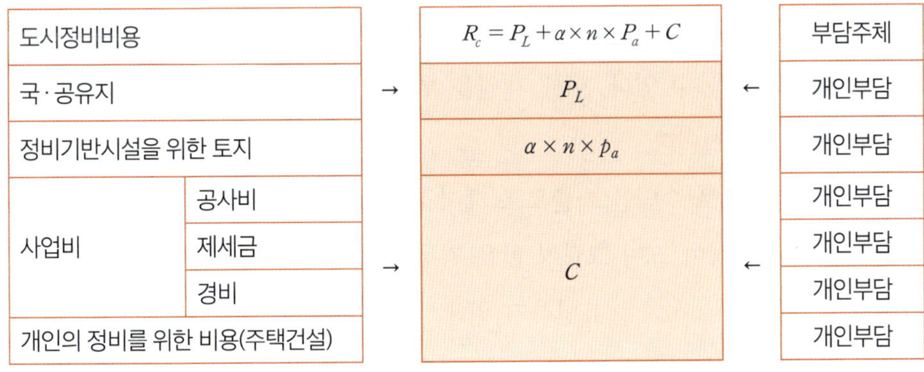

도시정비비용		$R_c = P_L + a \times n \times P_a + C$		부담주체
국·공유지	→	P_L	←	개인부담
정비기반시설을 위한 토지		$a \times n \times p_a$		개인부담
사업비 — 공사비				개인부담
사업비 — 제세금	→	C	←	개인부담
사업비 — 경비				개인부담
개인의 정비를 위한 비용(주택건설)				개인부담

다. 도시정비 작동을 위한 주체별 기능과 역할

도시의 정비($Renewal$)는 기본적으로 정부정책($Policy$)과 이를 수행할 수 있는 정부의 재원($Resource$)에 의해서 이루어진다고 할 수 있다. 이를 정부의 함수 G로 나타내면 아래와 같다.

- $Renewal = G(Policy, Resource)$

함수 G는 값 $Policy$나 값 $Resource$가 입력되지 않으면 결괏값 $Renewal$은 계산되지 않는다. 즉 정부는 결괏값 $Renewal$을 얻어내기 위해서는 값 $Policy$나 값 $Resource$를 입력해야 한다. 또한, 어떤 값 $Policy$나 값 $Resource$를 입력하느냐에 따라 결괏값 $Renewal$은 달라진다.

좋은 정책이나 많은 재원이 투입된다면 도시정비를 통하여 도시는 환경의 질이 높아질 것이며 기능이 더욱 향상될 것이다. 그러나 좋은 정책이 수립되더라도 재원이 없거나 많은 재원이 있더라도 좋은 정책이 수립되지 않는다면 목표로 하는 도시정비는 이루어지지 않은 것이다.

도시정비는 많은 재원을 필요로 한다. 특히, 정부 단위에서 도시정비는 전국을 대상으로 하므로 막대한 재원을 필요로 한다. 그러므로 정부의 도시정비를 위한 재원은 충분치 않을 수 있다. 이에 재원을 투입할 수 없으면 민간을 통하여 조달해야 하는 것이 현실이다.

민간은 기본적으로 수익을 기준으로 해서 재원을 투입한다. 수익성이 높을수록 재원 투입의 가능성이 크며 그렇지 않을 경우는 재원을 투입하지 않는다. 이러한 민간의 재원($p-resource$)을 유인하기 위해서는 이에 대한 유인정책($p-policy$)이 필요할 것이다. 이에 대하여 민간함수를 p라고 하면 아래와 같이 나타낼 수 있다.

- $Resource = p(\text{민간})(p-policy, p-resource)$

즉, 정부의 함수 G는 정부 정책 값 $Policy$이 고정되었을 경우 민간함수와 연동되므로 도시정비 값($Renewal$)은 민간지원 정책과 민간의 재원에 의해서 결정된다. 이를 정부의 함수 G에 대입하면 아래와 같다.

- $Renewal = G\{Policy,\ p(\text{민간})(p-policy, p-resource)\}$

이 경우 도시정비($Renewal$)는 $p-policy, p-resource$값에 의하여 결정됨을 알 수 있다. 합리적인 $p-policy$ 값과 풍부한 $p-resource$ 값이 투입된다면 도시의 정비를 통하여 도시는 환경의 질이 높아질 것이며 기능이 더욱 향상될 것이다. 만약 유인정책인 $p-policy$에 만족하지 않거나 민간재원 투입 주체들 간의 분쟁이 발생할 경우 $p-policy$ 값이나 $p-resource$ 값이 투입이 어려우므로 정부 함수 G에 의한 도시정비 $Renewal$ 값은 계산되지 않는다.

현실적으로 정부의 재원이 충분하지 않은 상황에서 도시정비가 작동하기 위해서는 민간을 유인하기 위한 정부와 민간 간의 정책 수립에 서로 간 긴밀한 협력이 필요하며 민간인 조합과 건설회사(시공사)에도 서로 간 합리적인 조정과 합의가 필요하다 하겠다.

비례율과 사업성

도시정비는 2003년 「도시및주거환경정비법」 제정 이전까지 기본계획과 실행계획 그리고 시행까지 「도시재개발법」에 의하여 진행됐다. 당시 「도시재개발법」에서는 재개발사업을 도심지 또는 부도심지와 간선도로변의 기능이 쇠퇴해진 시가지를 대상으로 그 기능을 회복 또는 전환하기 위하여 시행하는 도심 재개발사업, 노후·불량한 주택이 밀집되어 있거나 공공시설의 정비가 불량한 지역의 주거환경을 위하여 시행하는 주택 재개발사업, 노후·불량한 공장 등이 있는 공업지역의 기능을 회복하기 위하여 시행하는 공장 재개발사업으로 규정함으로써 당시 재개발의 의미가 도심과 주택 그리고 공장에 이르기까지 도시정비의 의미를 가졌다고 할 수 있다.

이러한 도시정비는 정부의 주도로 1950년도 난민재정착사업을 시작으로 1960년대 양성화사업 그리고 1970년대 초 현지개량사업 등으로 진행되었다. 이후 1973년 「도시계획법」으로부터 재개발사업 일부 특례를 규정한 「주택개량촉진에 관한임시조치법」과 1976년 「도시재개발법」이 제정되면서 자력재개발방식, 차관재개발방식 그리고 위탁재개발 방식 등이 시행되었다. 여전히 도시정비는 재개발이란 의미로서 진행되는 시기였다.

이러한 재개발은 기본적으로 정부 주도로 이루어졌으며, 각각 개인의 정비를 위한 비용은 개인이 부담하는 구조로서 진행되었다. 그러나 재개발에 대한 개인적인 비용의 부담이나 재개발에 대한 개인들의 적극적이지 않은 생각 때문에 이러한 재개발 방식들은 활성화되지 못하였다.

이에 재개발의 활성화를 위하여 새로운 재개발기법의 도입이 필요하였는데 1983년 전체를 하나의 대지로 묶어 고층아파트를 단지화하여 공사비, 국·공유지 매입비 등 각각 개인의 경제적 부담을 줄일 수 있고, 기존 세대보다 많은 집을 건립하여 남는 세대는 일반분양함으로써 그 이익금을 건축비에 충당할 수 있는 합동재개발방식이 도입된다.

합동재개발방식은 그동안 정부 중심의 재개발 방식에서 시장경제원리를 기본으로 하는 민간중심의 재개발로의 변화였다. 합동재개발방식 이전까지는 정부 중심의 재개발 방식으로서 기본적으로 재개발 완료 후 기존의 개인토지에 대해서는 감보 등을 완료 후 환지하는 방식[44]이었다. 그러나 고층아파트가 건립되므로 인하여 환지에 대한 면적과 위치를 특정할 수 없게 되어 대상지 주민들에 대한 환지의 문제가 발생하게 된다.

당시 서울특별시 합동재개발방식에 따른 지분율 계산의 일반적인 방법을 예로 들면 조합과 참여조합원 건설회사(시공사) 간의 계약으로 토지면적 100평인 조합원에게 국민주택규모 분양면적 기준으로 80평을 지급하겠다고 계약되어 있다면

- 80평 × 105만 원 (국민주택규모 평당 행정지도가격) = 8,400만 원
- 8,400만 원 ÷ 100평 = 84만 원/평

으로 구역 내 토지면적에 대한 가격을 평당 84만원으로 정하여 향후 분양될 아파트의 분양과 정산의 기준으로 삼는다.[45]

그러나 이러한 방법은 같은 토지의 경우라도 조합과 참여조합원 간의 계약에 따라 토지가격이 변동되는 불합리한 상황이 발생하게 된다. 이에 1987년 「주택개량재개발사업예규」에서 2개 이상의 공인감정기관 감정평가를 받아 서울특별시 가격평가위원회의 평가 결정가액에 의한 방법으로 통일되게 되며, 조합원의 분양기준가액의 경우도 비례율의 개념을 도입하여 시행하게 된다.[46]

당시 재개발이 도시정비의 의미라고 할 수 있었으므로 이때부터 도시정비 대상주민에 대한 처분은 비례율을 수단으로 진행하게 되며 도시정비가 분화된 현재까지도 도시정비와 관련된 처분계획은 비례율을 기준으로 진행된다.

---

44)   물론 이러한 환지 과정에서 환지 면적이나 가치 등으로 많은 갈등이 발생하기도 하였다

45)   이현우, 도시재개발사업의 합동재개발기법에 관한 연구, 동국대학교, 1986, p.68

46)   주택개량재개발사업예규 제57조(분양기준가액의 산정)

가. 비례율의 개념

1) 비례율(Asset Growth Rate)

비례율(AGR)은 도시정비 완료 후 조합원의 종전 자산가치[47] 증감률을 나타내는 지표로써 조합원에게 자산을 분배하기 위한 수단이다. 비례율은 합동재개발방식에 따른 조합원의 자산가치 산정의 혼란과 이를 조정하고 해결하기 위해서 1987년 도입되었다. 비례율의 도입은 당시 혼란스러웠던 조합원의 자산가치 평가와 분배에 대한 획기적 도입이었으며 여러 가지의 논란[48]이 있기는 하지만 현재까지 원형을 그대로 이어 오고 있다. 1987년 「주택개량재개발사업예규」 제57조(분양기준가액의 산정)에서 비례율과 분양기준가액은 아래의 식과 같이 규정되어 있으며

- 비례율 $= \dfrac{\text{구역내 사업완료후의 대지 및 건축시설의 총추산액} - \text{총사업비}}{\text{구역내 종전토지 및 건축물의 총가액}}$

- 분양기준가액 $=$ 종전소유토지 및 건축물 가액 $\times$ 비례율

현재 도시정비법 시행규칙 제8조 ③항 조합설립 동의서(별지 제6호 서식)에 의한 비례율과 분양대상자별 분담금 추산액은 아래와 같이 규정하고 있어 비례율과 분양기준가액에 대하여 동일하게 규정하고 있는 것을 볼 수 있다.

- 비례율 $= \dfrac{\text{사업완료후의 대지 및 건축물의 총수입} - \text{총사업비}}{\text{종전의 토지 및 건축물의 총가액}}$
- 분양대상자별분담금 추산액
  $=$ 분양예정인 대지 및 건축물의 추산액
  $-$ (분양대상자별 종전의 토지 및 건축물의 가격 $\times$ 비례율)

---

47) 법률적으로는 총가액, 총수입이라고 명명되어 있지만, 일반적으로 종전가치, 종후가치라고 표현함

48) 종전의 토지 및 건축물의 총금액과 사업 완료 후의 조합원분양가 변화에 의한 비례율의 변화 등에 대하여 논란이 계속되고 있다

[그림4-1] 비례율 관련 주택개량재개발사업예규

제57조 (분양기준가액의 산정) ① 조합원에 대한 대지및 건축시설 분양의 기준이 되는 분양대상자별 분양기준 가액의 산정은 다음 산석의 사용을 원칙으로 한다.

o 분양기준가액 = (종전소유토지및 건축물 가액) X 비례율

$$\text{o 비례율} = \frac{\text{구역내 사업완료후의 대지및 건축시설의 종추산액 - 총사업비}}{\text{구역 내 종전토지및 건축물의 총가액}}$$

2131
35

[그림4-2] 도시정비법 시행규칙 제8조 제3항, 조합설립 동의서(별지 제6호 서식)

(3쪽 중 제2쪽)

Ⅱ. 동의 내용

1. 조합설립 및 정비사업 내용

가. 신축건축물의 설계개요	대지 면적 (공부상 면적)	건축 연면적	규 모	비 고
	㎡	㎡		

나. 공사비 등 정비사업에 드는 비용	철거비	신축비	그 밖의 비용	합 계

다. 나목에 따른 비용의 분담	1) 조합정관에 따라 경비를 부과·징수하고, 관리처분 시 임시청산하며, 조합청산 시 청산금을 최종 확정합니다. 2) 조합원 소유 자산의 가치를 조합정관이 정하는 바에 따라 산정하여 그 비율에 따라 비용을 부담합니다. 3) 분양대상자별 분담금 추산방법(예시) 분양대상자별 분담금 추산액 = 분양예정인 대지 및 건축물의 추산액 - (분양대상자별 종전의 토지 및 건축물의 가격 × 비례율*) * 비례율 = (사업완료 후의 대지 및 건축물의 총 수입 - 총사업비) / 종전의 토지 및 건축물의 총 가액

이를 간략하게 수식으로 정리하면 아래와 같다.

$$\cdot\ 비례율(\%) = \left(\frac{종후가치\,(V_1) - 총사업비\,(Ca)}{종전가치\,(Vo)} \right) \times 100$$

$$= \left(\frac{V_1 \quad Ca}{Vo} \right) \times 100$$

즉, 비례율은 종후가치와 종전가치 그리고 사업비에 의하여 영향을 받는 것을 알 수 있다.

도시를 정비하는 데 있어 합동재개발방식 이후 정부의 직접적인 재원 투입이 이루어지지 않은 상황에서 대상지 주민의 자산가치에 관한 관심과 서로 다른 의견들로 인하여 도시의 정비가 진행되지 못할 수도 있다. 비례율은 도시의 정비과정에서 이러한 대상지 주민들의 자산가치 증감률을 나타내는 대표적이고 핵심적인 지표로서 대부분 정비와 관련된 사업에서 사용되고 있다.

2) 종전가치(종전의 토지 및 건축물의 총가액)

종전가치는 기본적으로 도시정비 대상지 주민의 기존에 소유하고 있는 도시정비 전 자산가치를 평가한 금액이며 이 결과에 따라 도시정비에 따른 분담금이 확정되므로 도시정비를 시행하는 과정에서 대상지 주민들의 관심이 집중되며 그 평가결과에 민감하게 반응하게 된다. 종전가치의 평가는 그 시기에 따라 달라지며 같은 대상지 내에서도 모양이나 위치 등에 따라 달라진다.

평가의 시기와 관련해서는 일반적으로 기존의 도시정비계획이 존재하지 않는 지역에 도시정비와 관련된 기본계획 수립 후 실행계획이 확정되고 시행되면 기존의 대상지는 도시정비로 인한 토지와 건축물 등의 가격상승 과정을 겪게 된다. 이에 비례율을 산정하는 과정에서 종전가치 시점의 기준을 설정하는 것이 중요하다. 이러한 평가 시점의 기준이 설정되지 않으면 각각의 개인은 종전가치가 가장 높은 시점에서 평가를 시행할 것이며 같은 대상지 안의 토지나 건축물 등의 가치가 서로 다르게 되어 합리적인 종전가치라고 할 수 없으며 그 결과로 산정된 비례율은 합리적인 비례율이라고 할 수 없을 것이다. 이에 정부는 종전가치의 평가 시기를 법률로써 사업시행계획인가 고시가 있은 날을 기준으로 규정하고 있다.

「도시및주거환경정비법」 제74조 ①항, 5 "분양대상자별 종전의 토지 또는 건축물 명세 및 사업시행계획인가 고시가 있은 날을 기준으로 한 가격"에서 볼 수 있다.

이러한 종전가치의 평가 시기가 고정되어 있다면 이 시기에 대상지에 존재하고 토지와 건물에 대한 평가도 구체적인 방법으로 이루어져야 한다. 대상지 내의 토지와 건물에 대한 평가는 법률로 평가 방법을 규정하고 있다. 이는 「도시및주거환경정비법」 제74조 ④항 "주거환경개선사업 또는 재개발사업, 재건축사업의 재산 또는 권리를 평가할 때에는 감정평가 및 감정평가사에 관한 법률에 따라 감정평가법인 등이 평가한 금액을 산술평균하여 산정한다.(다만, 관리처분계획을 변경 · 중지 또는 폐지하려는 경우 분양예정 대상인 대지 또는 건축물의 추산액과 종전의 토지 또는 건축물의 가격은 사업시행자 및 토지등소유자 전원이 합의하여 산정할 수 있다.)"에서 볼 수 있다. 이러한 내용은 1987년 「주택개량재개발사업예규」에서 자산평가 시 감정평가 법인을 도입하여 평가한 것에서 그 원형을 찾을 수 있다[49]. "각각의 사업을 평가하는 방법은 주거환경개선사업 또는 재개발사업의 경우는 시장 · 군수등이 선정 · 계약한 2인 이상의 감정평가법인등이 평가하고 재건축사업 경우는 시장 · 군수등이 선정 · 계약한 1인 이상의 감정평가법인 등과 조합총회의 의결로 선정 · 계약한 1인 이상의 감정평가법인등이 평가한다."라고 규정하고 있다. 여기서 주거환경개선사업과 재개발사업의 감정평가법인 선정기관은 모두 정부인 그것과는 달리 재건축사업의 감정평가 선정기관은 모두 정부가 아닌 1개 기관은 조합총회로서 다른 것을 볼 수 있다. 이는 「도시및주거환경정비법」이 「도시저소득주민의주거환경개선을위한임시조치법」, 「도시재개발법」을 근간으로 하여 제

---

49)　　주택개량재개발사업예규 제55조(토지등의 평가)

정되었는데, 법 제정 이전의 법률에서는 2개의 감정평가기관을 모두 정부에서 선정하게 되어 있었지만, 재건축사업의 경우는「주택건설촉진법」을 근거로 진행되던 사업으로서 명확하게「주거환경개선을위한임시조치법」이나「도시개발법」에 따른 도시정비의 하나로서 간주하지 않았던 것으로 보이며 이러한 혼란스러운 과정을 겪으며 2003년「도시재개발법」을 근거로 하여「도시및주거환경정비법」이 제정되는 과정에서 재건축사업에 대한 여러 가지 절차가 그대로 통합되며 나타나는 결과로 보인다.「도시및주거환경정비법」제정 이전 재건축사업에 대한 종전가치에 대한 관련 기준 중의 하나로 건설교통부 재건축조합 표준규약 제39조(관리처분계획의 기준) ⑩항에서 "종전의 토지와 건물의 평가는 2개 이상의 공인감정평가기관의 평가액을 산술평균한 금액으로 한다."가 있다.

종전자산의 평가는 크게 토지와 건물 그리고 집합건물로 나누어 평가한다. 토지의 평가는 일반적으로 이용 상황이 동일 또는 유사하고 주변 환경, 도로 여건 등

이 유사한 표준지공시지가를 선정하여 가로조건, 접근조건, 환경조건, 획지조건, 행정조건, 기타조건으로 가격형성요인을 구분하고 요인별 격차율을 산정하여 평가하며, 표준지공시지가와 시장가격과 차이는 평가사례 및 매매사례[50]를 분석하여 표준지공시지가별로 그 밖의 요인을 보정하여 평가한다.

건물의 경우는 일반적으로 이용 상황별, 구조별 건물의 재조달원가 및 경과 연수, 현재 건물의 상태 등을 종합적으로 고려하여 건물가격을 평가하며 집합건물은 각 구분건물의 원가적 측면과 경과 연수, 이용 상황, 구조, 위치에 따른 비교 가능성 있는 적절한 거래사례 등을 종합적으로 고려하여 평가한다.

---

50) 국토교통부 부동산거래관리시스템(RTMS) 통하여 알 수 있다.

[표4-1] 한국부동산원 2024년도 건물신축단가표 용도별 평균값

용도	공사비(원/㎡)
다가구주택	2,029,968
아파트	1,880,518
연립주택	2,264,246
다세대주택	2,005,718
다중주택	2,081,968
오피스텔	1,920,232
근린생활시설	1,868,133
창고	847,857
공장	1,038,000

[표4-2] 구조별 재조달원가, 내용연수 사례(2024년)

구조		적용 재조달원가[51] (원/㎡)	내용 연수	최종 잔가율(%)
주거용 기준	철콘	1,250,000~1,400,000	50	20
	연화, 벽돌	1,150,000~1,200,000	45	20
	블록	1,100,000	45	20
	목조, 목구조	1,100,000	40	20
	경량, 철골	900,000	40	20

3) 종후가치(사업완료후 대지 및 건축물의 총수입)

종후가치는 사업 완료 후 대지 및 건축물의 평가금액으로서 일반적으로 건축물이나 대지의 분양가격을 의미한다. 종후가치의 경우도 종전가치와 같이 법률적으로 평가 방법을 규정하고 있다. 그 평가 시기와 관련하여서는 종전가치와는 다르게 법률적으로 특정하지 않고 있다. 이는 일반적으로 처분계획(관리처분계획)[52]을 수립하기 위해서는 법률적으로 규정된 종후가치가 수반되어야 하기 때문이라고

---

51)   한국부동산원 신축단가표, 조사 시점 현재 물가 및 건축자재 가격상승 등을 고려하여 산정함

52)   정비사업에서는 처분계획을 관리처분계획이라고 함

할 수 있다. 이에 일반적으로 종후가치의 기준일은 관리처분계획수립 일을 기준으로 한다. 그러나 종후가치의 기준일이 법률적으로 규정되어 있지 않기 때문에 여러 가지 상황에 따라 종후가치 시점을 다르게 적용할 수 있다.

일반적으로 종후가치는 정비사업원가 및 지리적으로 근접하고, 준공 시기, 단지 규모 등이 유사한 공동주택 및 근린생활시설의 분양가격, 실거래가 등을 참고하여 가격을 산정한다. 종후가치의 대상은 크게 공동주택과 근린생활시설 조성토지 등으로 구분되나 일반적으로 조성토지를 분양하는 경우는 많지 않다.

공동주택은 일반분양과 조합분양 그리고 임대분양으로 나눌 수 있다. 일반분양은 조합원에게 분양하고 남는 주택을 일반에게 분양하는 것으로서 종후가치의 가장 중요한 과정이라고 할 수 있다. 조합원분양의 경우 이 일반분양의 평가금액을 기준으로 하여 할인율을 적용하는 경우가 대부분이기 때문이다.

일반분양의 평가금액이 확정되고 나면 조합원분양가격을 결정하는데 일반적으로 일반분양 평가금액을 기준으로 할인하여 결정한다. 그 할인의 비율은 정비사업별로 상이하며 법률적으로 규정된 것은 없다.

임대주택의 평가금액은 일반분양주택의 평가와는 다르게 법률적으로 산정기준이 규정되어 있으며 이러한 관련 법령의 변화에 따른 산정기준의 변화로 그 시기에 따라 산정금액이 다르다. 현재의 임대주택은 의무임대주택, 국민주택규모 임대주택으로 나눌 수 있으며, 의무임대주택은 「도시및주거환경정비법」 시행령 제68조 ②항에 의거 기본형 건축비의 80%에 해당하는 건축비에 부속토지의 가격을 합한 금액으로 산정되고, 국민주택규모 임대주택은 「도시및주거환경정비법」 제55 ②항에 따라, 공급가격은 「공공주택특별법」 제50조의 4에 의하여 산정되며 그 기준은 국토부 장관이 고시하는 공공건설임대주택의 표준건축비로 하고 부속토지는 인수자에게 기부채납하도록 하고 있다.

근린생활시설 또한 일반분양과 조합원 분양으로 나눌 수 있으며 일반분양에 대한 평가금액은 대상지와 유사한 위치 및 배후지를 가진 근린생활시설의 실거래가를 기준으로 외부요인, 내부요인, 개별요인 등을 종합적으로 고려하여 산정하며 조합원 분양에 대한 평가금액은 공공주택의 일반분양에 의한 조합원분양가의 평가와 같다.

4) 사업비(총사업비)

사업비는 정비사업에 드는 비용을 말하며 공사비가 가장 큰 부분을 차지한다. 공사비 이외에도 사업비의 종류는 여러 가지 있으나 사업비 항목에 대한 명확한 법률적 기준은 존재하지 않으며 대상지 주민에 따라 조금씩 차이가 있다. 일반적으로 정비사업에 있어 사업비의 항목은 약 55여 개(공사비, 토지비, 설계비 · 감리비, 제세공과금, 사업경비 등) 정도로 구분하고 있으며 각 지자체별로 비례율을 산출하기 위한 사업비의 항목을 관리시스템을 통하여 관리하고 있다.

[표4-3] 지자체별 사업비 항목수(2024년 기준)

구분	항목수	비고
서울특별시	53개 항목	• 설계감리비 항목 세분화
경기도	54개 항목	• 이자비용 항목 세분화
부산광역시	55개 항목	• 공사비 항목 세분화
인천광역시	55개 항목	• 공사비 항목 세분화
대구광역시	42개 항목	• 공사비, 용역비 항목 상대적으로 적음
대전광역시	44개 항목	• 공사비, 용역비 항목 상대적으로 적음
광주광역시	44개 항목	• 공사비, 용역비 항목 상대적으로 적음

사업비는 크게 공사비, 토지비, 설계비 · 감리비, 제세공과금, 사업경비 등으로 구분할 수 있으며 이중 공사비가 가장 큰 부분을 차지한다. 공사비는 정비사업을 위하여 건설회사(시공사)에 의해 소요되는 비용으로서 사업비의 약 65%~75% 정도를 차지한다. 사업비가 지역별로 크게 차이가 나지 않는다고 가정할 경우 사업비를 종후가치로 나눈 값으로 정비사업 지역을 예측할 수도 있다.

[표4-4] 기존 정비사업의 사업비와 종후가치 비

구분[53]	1	2	3	4	5	6
지역	수도권	서울	서울	영남	수도권	영남
사업비/종후가치	0.732	0.408	0.648	0.570	0.635	0.606
구분	7	8	9	10	11	12
지역	영남	수도권	영남	수도권	수도권	수도권
사업비/종후가치	0.728	0.642	0.777	0.667	0.684	0.762

토지비의 경우 정비사업에 찬성하지 않는 주민을 대상으로 합의를 통하여 매입하여야 하며, 합의가 이루어지지 않으면, 주거환경개선사업 및 재개발사업은 수용을 통하여, 재건축사업은 매도청구 소송을 통하여 매입할 수 있다. 사업경비 중 이자비용은 대상지 주민들의 이주에 소요되는 비용에 대한 이자와 사업추진에 필요한 비용에 따른 이자로서 이주비에 따른 이자비용은 LTV, DSR, DTI[54]정부 정책에 따라 영향을 받기도 한다. 또한, 이자는 기간에 따라 변동되므로 정비사업의 소요기간에 따라 달라지기도 하며 이에 따라 사업경비가 달라진다.

나. 비례율의 연혁

도심지 내 정비사업 대상지에 거주하고 있는 주민이 존재하는 정비사업은 물리적으로 대상지의 각각 개인이 소유하고 있는 토지의 감소를 수반한다. 그리고 이렇게 감소하는 토지는 도로의 개설 그리고 소요되는 비용을 충당하기 위한 체비지 등을 위한 것으로서 각각 개인이 일정 비율[55]을 나누어 분담한다. 토지의 감소로

---

53) 기존에 진행된 28개 사업을 기준으로 함

54) LTV(Loan-to-Value Ratio, 담보인정비율), DSR(Debt Service Ratio, 총부채원리금상환비율), DTI(Debt-to-Income Ratio, 총부채상환비율)

55) 감보율이라고 함

인한 물리적 자산 감소로 이루어지지만, 정비사업이 완료되는 것을 전제로 하는 가치 평가적인 측면에서는 반드시 토지 감소로 인한 자산의 감소로 이어지는 것은 아니다. 비례율은 이러한 물리적 감소를 가치평가로 환원하여 자산의 증감을 산정하는 수단이다. 비례율은 이러한 토지 감소를 가치로 환원하여 산정하는 수단이므로, 언제부터 도시의 정비를 시행할 때 각각 개인이 소유하고 있는 토지를 무상으로 제공하고 남는 토지를 받았는지에 대한 그 연원을 파악해 볼 필요가 있다.

1) 렉스 아디케스(Lex Adickes)법

Land Readjustment의 기원은 일반적으로 프랑크푸르트암마인에서 시작된다. 이 도시는 빠르게 성장했지만, 오래된 상속법으로 인해 개발에 필요한 토지를 모으기 어려운 길고 좁은 띠 모양으로 조성되어 확장에 어려움을 겪고 있었다. Land Readjustment는 독일의 다른 지역, 특히 화재가 발생한 지역에서 시도되고 있었으며, 1891년 베를린에서 열린 독일 측량사 협회는 자발적인 재편과 재산 교환을 촉진하는 법안을 요구했다. 새로 선출된 프랑크푸르트 시장 아디케스(1846-1915)의 사유지의 35~40%까지를 감보하여 도로공원들의 공공용지를 확보하고 잔여 토지를 교환 · 분합하여 토지 소유자에게 재분배하는, 1893년 그의 첫 번째 법안 시도는 프로이센 의회를 통과하지 못했지만, 1902~1903년에는 성공적으로 통과했다.

처음에는 프랑크푸르트에만 적용되었지만, 독일의 다른 지역에서도 적용되었고, 제1차 세계 대전 이후 1918년 「프로이센 주택법(Prosinian Housing Act)」을 통해 모든 도시에 이 제도를 적용할 수 있는 권한을 부여했다. 이 개념은 제2차 세계 대전 이후 대규모 도시 재건 과정에서 그 진가를 발휘했으며, 1954년 새로운 법률에 통합되었다.[56]

---

56) Robert Home, "Alternative methods of development land assembly: land readjustment and pooling in the Middle East." Research paper, 2004. p.4

프랑크푸르트 시장이었던 렉스 아디케스는 아디케스법을 통하여 최초로 도시를 정비하는 과정에서 개인이 토지를 무상으로 제공하도록 하였으며, 이러한 Land Readjustment는 이후 일본에서 토지구획정리로 번역되면서 현재까지 이르고 있으며 토지구획정리의 원형이 되고 있다. 그러나 현재 경지정리사업이 거의 시행되지 않고 있고 토지구획정리 상대적으로 많이 진행되면서 토지구획정리의 방법으로만 번역되고 있으나 경지정리 역시 토지 감보를 통하여 토지를 재구성한 방법이므로 Land Readjustment에 해당할 수 있다.

2) 감보법

아디케스법에 따른 토지구획정리의 시행 경우 각각 개인의 토지제공 등과 같은 제도가 일본에 도입되면서 감보(減步)법이란 제도가 탄생하게 된다. 감보(減步)는 면적 단위 보(步, 평)가 줄어든다(減)는 감과의 합성어이다. 1912년 설립 인가된 니시 아이치군(현 나고야시) 동교 경지정리 조합의 사업에 대해, 노조 사사하라 타츠 타로가 감보로 사업 자금 조달 방법을 고안했다. 사사하라는 금전 대신 각 노조원의 소유지에서 토지 일부를 끌어당기고 사업비로 채우는 아이디어를 생각하고 이것을 감보법이라고 불렀다. 그러나 아이치현 당국은 이것을 인정하지 않았으므로, 사사하라는 무성, 농상무성과 3년에 걸친 협의 끝에 「감보법」을 실현했다. 이후 1928년에 오사카시 나카노시마에서 행해진 토지구획 정리 강연회에서 오구리 타다시치가 비용으로 대체 토지로서 교환 비용의 아이디어를 발표하고 이후 전국에 보급됐다"고 한다.[57]

3) 조선토지개량령

일본은 이미 농지 정리 조치와 공공 사용을 위한 강제 매수 규정을 가지고 있었고, 1868년 이후 근대화된 메이지 왕조는 새로운 제국 수도를 개발하는 데 관심을

---

57)　築瀬範彦, 土地の話(9)保留地の誕生, p.3

가졌다. 1899년 「농지정리법」은 독일 관행을 모델로 했고, 1919년 일본은 「도시계획법」에서 독일의 기술을 채택했다. 1928년 내무부 재건국은 이전 과정의 하나로 1925년 「프로이센도시계획법」을 번역했으며. 이 정책은 1923년 관동 대지진 이후 처음 적용되었고, 1930년대 군국주의가 부상하면서 군수품 공장 용지를 개발하기 위해 시행되었으며, 2차 세계 대전 이후 재건에 큰 도움이 되었다.[58]

이러한 과정에서 「조선토지개량령」은 1927년 제정되어, 1928년 시행되었다. 표면적으로는 관개·배수·토지정리 등을 통해 농업 생산성을 향상시키는 것을 목적으로 삼았으나[59] 실제로는 일본 본토의 식량 확보, 특히 쌀 증산 정책을 위해 조선 농업을 체계적으로 재편하려는 의도가 강했다.

이러한 토지개량령에 의한 경지정리사업은 1919년에 일본의 「도시계획법」에서 채택된 독일의 아디케스법을 반영한 것으로서 사업 비용은 이미 일본에서 시행되고 있었던 감보법을 적용하여 대부분 토지의 소유자인 농민에게 부담되었으며, 사업 시행과정에서 토지 소유자와 소작농 사이의 갈등이 심화되기도 하였다. 감보법을 적용한 소유주가 부담하는 토지의 비율을 감보율이라고 하였으며 감보율의 산식은 아래와 같다.

- 감보율=1-권리면적비율

- 권리면적비율 $= \dfrac{\text{환지의총경지면적}}{\text{종전토지의 면적} - \text{국유에 속하는 면적}}$[60]

---

58) Robert Home, "Alternative methods of development land assembly: land readjustment and pooling in the Middle East." Research paper, 2004. p.5

59) 「조선토지개량령」 제1조 이 영에서 토지개량이라 함은 토지의 농업상의 이용을 증진할 목적으로 이 영에 의하여 다음 각호의 1에 해당하는 사항(조선총독이 정하는 소규모의 것은 제외)을 행하는 것을 말한다.
1. 관개배수에 관한 설비 또는 공사
2. 토지의 교환, 분합, 개간, 지목변환 기타 구획형질의 변경 또는 도로, 제당, 휴반, 구거, 저수지 등의 변경 혹은 폐치

60) 국유에 속하는 면적 : 제방, 구거, 도로, 유지 등의 면적

- 개인별 권리면적 = 개인별 종전토지면적 × 권리면적 비율

위 산식 권리면적 비율에서 환지의 총 경지면적은 순수하게 경작할 수 있는 면적으로서 환지의 총면적에서 새로이 신설된 도로 및 관개수로 등의 면적을 감보한 면적이다. 그리고 종전토지의 면적 중 국유에 속하는 면적은 기본적으로 각각 개인의 종전토지에 속하지 않았던 면적이므로 권리면적 비율의 산식을 다시 정리하면 아래와 같다.

$$\text{• 권리면적비율} = \frac{\text{환지의총면적} - \text{신설된도로, 채비지등의 면적}}{\text{종전토지의 면적}}$$

이를 가치를 반영한 권리가액 기준으로 변환하면 위의 식은 아래와 같다.

$$\text{• 권리가액비율} = \frac{\text{환지의총면적평가액} - \text{시설된도로, 채비지등의 면적평가액}}{\text{종전토지의 면적 평가액}}$$

이는 신설된 도로면적, 체비지 등을 사업에 소요되는 비용과 채비가 그 비용조달을 위한 토지임을 고려하면 이를 경지정리사업에 투입된 사업비로 변환할 수 있다. 또한, 환지의 총면적평가액은 경지사업 완료 후 전체토지에 대한 평가금액으로 변환할 수 있으므로 위 식을 다시 변환하면 아래와 같이 나타낼 수 있으며 현재의 비례율의 산식과 거의 같다고 할 수 있다.

$$\text{• 권리가액비율} = \frac{\text{환지의총면적평가액} - \text{경지정리사업비}}{\text{종전토지의 면적 평가액}}$$

$$\text{• 비례율} = \frac{\text{사업완료후의 대지 및 건축물의 총수입} - \text{총사업비}}{\text{종전의 토지 및 건축물의 총가액}}$$

결국, 권리가액 비율은 현재의 비례율과 동일한 개념이 되는 것이다. 개인별 권

리면적을 산정하는 식에서도 아래의 경지정리사업에서의 산식에서 각각의 면적을 평가금액으로 그리고 권리면적 비율을 비례율로 변환하면 현재의 분양기준가액의 산정식과 유사하다.

- 개인별 권리가액 = 개인별 종전 토지면적총가액 × 권리면적 비율
- 분양기준가액 = 종전소유토지및건축물가액 × 비례율

이렇듯 도시의 정비사업에서 사용되고 있는 비례율은 토지의 감보를 기준으로 환지되는 경지정리사업에서 그 유래를 찾을 수 있다고 하겠다.

4) 조선시가지계획령

농지개량의 목적을 명목으로 하고 실제로는 일본 본토의 식량 확보, 특히 쌀 증산 정책을 위해 조선 농업을 체계적으로 재편하려는 「조선토지개량령」1927년 제정되어 전국의 농지를 대상으로 경지정리사업이 시행되고 있었으나 도시지역을 대상으로 해서는 계속된 시도가 있었지만[61] 「조선토지개량령」과 같은 구체적인 법령이 존재하지 않았다. 그러나 시구개선사업과 같은 형태로 식민지 통치 효율화, 식민 권력 중심의 공간구조 강화 등을 목적으로 하는 계속된 도심지 내의 개량사업을 진행하였다.

「조선시가지계획령」 이전에도 이러한 도심지 개량사업에서는 독일의 아디케스 법이 이미 반영된 토지구획정리가 도입되어 사용되었을 것으로 보인다. 1934년에 제정된 「조선시가지계획령」 제43조에서는 "토지구획정리에 관하여는 이 장에 별

---

61)　1920년대 초부터 일본의 영향을 받은 총독부 일부 관료들의 「도시계획법」 제정의 시도가 있었다. 그러나 그것은 소수의견에 그쳤기 때문에 크게 부각되거나 가시적인 결과를 남기지 못했다. 1922년 가을에는 총독부 내무국에서 입안한 조선도시계획령 초안이 공개되었다. 그러나 시기상조론과 같은 부정적인 입장으로 법령제정이 중단되고 난 후 1928년부터 다시 논의가 시작되어 1934년 제정하게 된다(염복규, 서울의 기원 경성의 탄생)

도의 정함이 있는 경우를 제외하고 「조선토지개량령」을 준용한다.”라고 규정하고 있어 이러한 사실을 뒷받침하고 있다. 구체적으로 Robert Home은 “독일 아디케스의 Land Readjustment가 1919년 일본의 「도시계획법」을 거쳐 한국에 수출하였다고 하였다.”[62]

이로 인하여 농촌을 중심으로 하는 「조선토지개량령」과 도심지를 중심으로 하는 「조선시가지계획령」에 의하여 일본은 명목상 농지와 도심지를 개량하는 사업을 시행할 수 있는 명시적인 법률을 갖게 된다. 이러한 경지정리사업과 토지구획정리사업의 시행방법은 농지를 대상으로 하느냐 도심지를 대상으로 하느냐의 차이가 있을 뿐 기본적으로 토지를 감보하여 진행하는 방법에서는 동일하다고 할 수 있다. 그러므로 1927년 먼저 제정된 「조선토지개량령」에 의한 경지정리사업이 「조선시가지계획령」에 의한 토지구획정리사업의 지침이 될 수 있었을 것이다. 이에 도심지 내 개량사업을 목적으로 진행되던 토지구획정리의 구체적인 수단은 「조선토지개량령」의 감보에 의한 권리면적비율 등의 수단과 동일하게 진행되었다고 할 수 있을 것이다.

5) 1971년 도시계획법 개정

해방 이후 1962년까지 도심지 관리는 「조선시가지계획령」을 근간으로 하여 진행되어 오다가 1962년 최초의 우리나라 「도시계획법」이 제정되고 시행되었으나 새로이 제정된 「도시계획법」 역시 「조선시가지계획령」을 근간으로 제정되었으므로 도심지의 개량사업은 여전히 토지구획정리라는 수단으로 진행되었다. 이후 1966년 토지구획정리가 「도시계획법」으로부터 「토지구획정리사업법」으로 독립되면서 도심지 내 불량지구 정비에 대한 규제가 서로 간 모호한 상황에서, 계속되는 정부의 강력한 공업화 정책에 따라 산업구조의 고도화로 도시 주변에 많은 인구의 집

---

62) Robert Home, "Alternative methods of development land assembly: land readjustment and pooling in the Middle East." Research paper, 2004. p.5

중으로 인한 도시의 급격한 팽창으로 인하여 여러 가지 도시문제를 일으키므로, 이에 대한 대책으로 기존 시가지 내의 도로가 협소하고 건물이 노후되어 있는 불량지구의 도로를 정비하고 새로운 건물을 건축할 수 있도록 하여 도시기능을 되찾게 하려는 목적으로 독자적인 재개발사업 규정 제정의 필요로 1971년 「도시계획법」을 개정하여 재개발사업을 별도로 규정하게 된다.

이 재개발사업의 규정에서 각각 개인의 재산에 대한 처분규정을 수립하게 되는데 이때 관리처분계획[63]이라는 용어가 등장하게 된다. 또한, 관리처분인가에 관한 규정 제41조 ②항 3.에서는 분양대상자별로 분양예정 대지 및 건축 시설의 추산액과 종전의 토지 및 건축물의 명세와 가격을 산정하도록 하고 있어 「조선토지개량령」에서부터 내려오던 권리가액을 산출했다는 것을 알 수 있다. 비례율이라고 명명하지는 않았지만 이와 거의 유사한 권리가액 산정은 계속됐던 것으로 보인다. 다만, 분양대상자별로 된 분양예정의 대지 및 건축 시설의 추산액과 종전의 토지 및 건축물의 명세와 가격 산정에 대한 기준이 규정되지 않아 이에 대한 혼란이 계속됐던 것으로 보인다. 이는 건설회사(시공사)와 참여 계약으로 권리가액이 결정된다고 하는 사례에서 찾아볼 수 있다.[64]

6) 주택개량재개발사업예규

1971년 「도시계획법」 개정 이후 자력, 차관, 위탁 재개발 등 여러 가지 방식의 도시 관련 정비 방식이 도입되었으나 이렇다 할 성과를 내지 못하면서 1983년 합동재개발방식이 도입되었다. 합동재개발방식은 기존의 재개발 방식과는 다르게 대상지 주민은 조합원으로 건설회사(시공사)는 참여조합원으로 진행하는 민간중심형 도시정비사업으로서 대상지 주민에 대한 처분계획이 더욱 중요하였다고 볼 수

---

63)　제41조 (관리처분계획의 인가) ①시행자는 제39조의 규정에 의한 기간이 경과한 때에는 지체없이 재개발구역안의 대지 및 건축시설에 대한 관리처분계획(이하 "管理處分計劃"이라 한다)을 정하여 건설부장관의 인가를 받아야 한다

64)　이현우, 도시재개발사업의 합동재개발기법에 관한 연구, 동국대학교, 1986, p.68

있다. 이러한 과정에서 합동재개발방식에서의 대상지 개개인에 대한 새로운 처분 규정이 수립되는데 이것이 바로 비례율이다.

이러한 비례율이 앞서 기술한 바와 같이 그 원형은 「조선토지개량령」의 감보에 의한 권리면적과 권리가액 산식과 거의 같다고 볼 수 있으나 그 명칭을 새로이 비례율로 명명하고, 그동안 분양대상자별로 된 분양예정의 대지 및 건축 시설의 추산액과 종전의 토지 및 건축물의 명세와 가격 산정에 대한 기준이 규정되지 않아 권리가액 산정이 혼란스러웠던 점을 서울특별시의 「주택개량재개발사업예규」 제55조 ①항 "종전의 토지 및 건축물의 가격은 서울특별시 가격평가위원회가 평가 결정한 가액에 의한다. ②항 분양예정 대지 및 건축 시설 중 공동주택(지분대지를 포함한다)의 가격은 서울특별시 재개발 아파트 분양가격으로 한다."라고 규정함으로써 평가의 주체를 명확히 하여 권리가액의 배분 수단으로서 비례율의 지위를 확고히 하였다는 것이다.

이렇듯 비례율은 「조선토지개량령」에 의한 경지정리사업과 「조선시가지계획령」의 토지구획정리사업의 수단이었던 감보를 통한 권리면적 산출에 따른 각각 개인의 권리가액을 산출하여 왔던 방법을 합동재개발방식에 따른 1987년 서울특별시 「주택개량재개발사업예규」에 의해서 비례율로 명명하였던 것으로 보이며 현재까지 사용되고 있다. 또한, 현재 「토지구획정리사업법」을 대체하여 제정된 「도시개발법」[65]에서도 이 비례율은 동일하게 사용되고 있다.

다. 비례율의 원리

도시의 정비는 대상지 주민의 자산변화를 필연적으로 동반한다. 이에 정부가 주체가 되는 계획과는 다르게 시행의 과정에 있어 대상지 주민은 자산의 변화에 관

---

65) 「도시개발법」 시행규칙 제26조(환지 계획에 포함되어야 하는 내용) ④항 2, 3

심이 집중되게 되며 민감하게 반응하게 된다. 이에 이러한 자산변화에 대한 법률적 기준의 존재가 필요했으며 이러한 결과로 수립된 기준이 비례율이다. 비례율의 개념에서 기술하였듯이 비례율은 「도시및주거환경정비법」에서 아래 수식과 같이 정의하고 있으며

$$\bullet \; 비례율 \; = \; \frac{사업완료후의 \, 대지 \, 및 \, 건축물의 \, 총수입 \, - \, 총사업비}{종전의 \, 토지 \, 및 \, 건축물의 \, 총가액}$$

이를 간략하게 수식으로 나타내면 다음과 같다.

$$\bullet \; 비례율(\%) \; = \; \left(\frac{종후가치\,(V_1) \, - \, 총사업비\,(Ca)}{종전가치\,(Vo)} \right) \times 100 \quad \langle 식1 \rangle$$

$$= \left(\frac{V_1 \quad Ca}{Vo} \right) \times 100$$

〈식1〉과 같이 비례율은 종전가치를 기준으로 하여 산정되며 정비사업의 완료 후 종전가치가 어느 정도 증감했는지를 나타내는 지표인 것이다. 이를 순수하게 환지방식의 개념으로 변환하여 면적으로 나타내면 아래와 같다.

$$\bullet \; 권리면적비율 \; = \; \left(\frac{사업완료후총면적 \, - \, 감보면적}{총종전면적} \right) \times 100$$

이 수식은 정비사업을 위해 소요되는 비용의 충당을 위하여 체비지 등의 감보면적을 산정한 후 이로 인한 종전토지 면적의 감소 즉, 권리면적을 표시한다.

이러한 산식은 정비사업 시행 시 필연적으로 발생할 수밖에 없는 각각 개인의 토지 감소가 어느 정도의 비율로 발생하는지를 알기 위한 수단이라고 볼 수 있다.

도시의 정비사업에 있어 이러한 종전면적의 감소는 단순히 면적의 감소 측면에서는 자산의 감소를 의미하지만, 대상지의 면적은 위치나 기반시설의 환경에 따라

그 가치의 차이가 있으므로 이에 대한 평가가 필요하게 된다. 결국, 가치평가에 따라 개개인이 소유하고 있는 토지의 가치가 다르게 되며 이로 인하여 배분되는 면적도 달라진다. 그러므로 종전에 소유하고 있는 면적(자산)의 평가는 사업 완료 후 면적(자산)을 배분받는 과정에서 중요한 역할을 하게 된다.

궁극적으로 대상지 각각 개인이 소유하고 있는 자산의 증감은 필연적으로 수반되게 되며 이를 다시 배분하는 기준은 대상지 개개인이 소유하고 있는 자산을 기준으로 한다는 것이다. 즉, 사업 완료 후의 가치가 고정되었다고 가정할 경우 종전가치가 높은 주민은 상대적으로 높은 가치가 배분되는 것이다.

비례율은 종전가치를 종후가치로 변화시키기 위한 비율이라고 할 수 있다. 즉 종전가치가 사업 완료 후 어느 정도의 종후가치로 변화해야 하는가에 대한 기준인 것이다.

예를 들어 비례율이 100%라고 가정하면 대상지 개인이 소유하고 있던 종전가치가 사업 완료 후 배분받은 자산가치와 동일하게 변화한다는 의미이며, 100%보다 높거나 낮을 경우는 배분받는 가치 또한 높거나 낮게 변화한다는 의미이다.

도시를 정비하는 경우 도로의 개설 등으로 인하여 필연적으로 개인 소유 토지의 면적은 감소하게 되며, 단순히 면적 측면에서는 면적의 손실을 보게 된다. 그러므로 권리면적의 비율을 항상 100% 미만의 값을 갖는다. 이러한 측면에서만 본다면 이 면적 손실에 대한 정부의 지원이 없다면 도시의 정비사업은 시행될 수 없을 것이다. 그러나 이러한 면적을 가치로 평가한다면 다른 결과가 나타날 수 있다.

정비 전 기존면적의 가치는 정비완료 후 도로와 같은 사회 기반설 등의 설치로 인하여 상대적으로 높게 평가될 것이다. 결국은 정비로 인하여 손실된 면적을 정비완료 후 가치상승으로 상쇄시키는 효과가 나타나는 것이다. 단순히 정비 전의 면적과 정비 후의 면적을 비교하는 것이 아닌, 가치 기준으로 정비 전과 후를 비교함으로써 도시정비의 시행을 결정하게 하는 것이다. 이것이 비례율이 가진 기본적인 원리이다. 비례율은 단순히 기존 토지의 면적 증감을 산정하는 것이 아닌 기존의 토지 및 건물의 가치를 산정하여 정비 완료 후와 비교하게 한 것이다.

그렇다면 종전가치와 정비 완료 후 자산가치인 종후가치를 비교하려면 종후가치와 사업비의 관계를 살펴보아야 한다. 앞서 기술하였듯이 정부의 지원이 없으면 정비사업으로 인한 면적의 손실로 인하여 정비사업의 시행은 어렵다고 하였다.

정비사업은 도로의 개설 등 정비를 위하여 필수적으로 비용이 소요된다. 비용의 부담 주체는 기본적으로 정부이거나 대상지의 개개인이다. 합동재개발방식을 모태로 한 현재의 정비 방식에서는 대부분 비용을 대상지 개개인이 부담하고 있다. 그렇다면 대상지 개개인은 정비사업으로 인한 면적의 손실과 정비에 소요되는 비용의 부담을 동시에 않게 된다.

결국, 정비사업 완료 후에 대상지 개개인의 자산가치가 이러한 손실 면적에 대한 가치와 사업비를 충당하고도 종전에 소유하고 있던 자산가치 이상으로 상승해야 한다. 이 경우에 종전의 자산가치를 기준으로 하는 비례율이 100% 이상이 된다. 그러므로 비례율에 의한 정비사업 대상지 개개인 자산 배분에서는 종후가치가 중요한 변수가 된다.

즉 정비사업의 시행에 동의하였을지라도 종후가치가 사업비를 충당하고도 종전가치만큼 상승하지 못하였을 경우, 즉 비례율이 100% 이하면 정비사업의 시행은 중단될 수 있는 것이다.

〈식1〉을 통하여 총사업비가 2이고 종전가치가 1이라고 가정하면 종후가치는 3 이상이 되어야 한다. 즉 비례율이 100% 이상이 되기 위해서는 정비사업 완료 후의 자산가치 상승률은 300% 이상이 되어야 한다는 의미이다.

종후가치는 정비사업이 완료된 후 가치를 의미한다. 종후가치의 평가는 사업이 완료된 후의 상황을 가정하여 평가하며, 일반적으로 정비사업에서는 관리처분계획수립 시기를 기준으로 하여 평가한다. 이러한 종후가치는 분양가를 산정하는 과정이라고 할 수 있으며, 분양가는 정부의 정책과 시장 상황에 의하여 변동된다고 할 수 있다. 즉, 기존 대상지에 대한 정비사업 완료 후의 종후가치의 상승이 높은 지역(시장)에서 시행될 가능성이 크며 그렇지 않은 곳에서는 정비사업이 시행될 가능성이 크지 않다고 할 수 있다. 이에 이러한 시행 가능성이 낮은 지역에는 노후화 및 환경의 질이 악화되므로 정부의 개입이 필요하며 현재 공공재개발이나 공공재건축 같은 종류의 사업이 이에 해당한다고 할 수 있다.

현재 진행되는 정비사업의 종전가치대비 사업비가 2[66]이라고 가정할 경우 비례율이 100% 이상이 되기 위해서는 종후가치는 3이상 되어야 하므로 정비사업 완료후의 종후가치 상승은 300% 이상이 되어야 한다. 시장에서 사업비 충당이후 종전가치 이상의 가치상승은 일반적으로 대도시에서 일어날 수 있으며 지방의 중·소도시에서는 일어나기 어렵다고 볼 수 있다. 이러한 이유로 인하여 정비사업은 중·소도시보다 대도시지역에서 활발하게 일어난다.

이러한 종후가치상승이 높지 않은 지역에서는 사업비를 감소시켜 비례율을 상승시킬 수 있다. 즉, 정비사업에 소요되는 비용을 감소시켜 비례율이 100% 이상 되도록 하는 것이다. 그러나 건설회사(시공사)의 공사비가 대부분을 차지하는 사업비의 감소는 현실적으로 어렵다고 할 수 있다. 건설회사(시공사)의 경우 원자잿값 상승 등 여러 가지 이유로 공사비의 상승을 요구하는 경우가 많으며 이는 사업비의 상승으로 이어진다. 이 사업비에 대한 다양한 정부의 지원정책이 있으나 비례율에 크게 영향을 미칠 만한 수준은 아니다.

결국, 정부의 지원이 없다면 단순히 종후가치 상승만으로 비례율이 100% 이상 되어야 정비사업은 진행될 수 있다. 그러나 정비사업은 정부의 지원 없이 비례율이 100% 미만인 지역에서도 진행되는 것을 볼 수 있다. 이는 정비사업 완료후 배분된 자산에 대한 미래의 추가적인 상승의 기댓값이 반영된 것이라고 볼 수 있다.

앞의 비례율 산식에서 종후가치가 2.8이고 총사업비가 2, 종전가치가 1이라고 하면 비례율은 80%가 된다. 이 경우 정비사업 완료 후 배분된 자산가치는 종전가치대비 80%로서 20%만큼의 종전가치 손실이 발생하므로 정비사업의 시행이 이

---

66)　각 PJ마다 다를 수 있으나 2에 근접하는 경우가 많음

루어질 수 없다. 그러나 정비사업 대상지의 주민이 배분되는 자산(아파트 등)이 시간이 지나면서 상승할 수 있다고 예측하는 경우에는 현재의 비례율이 아닌 미래의 비례율을 고려하여 결정하게 된다. 즉, 미래의 종후가치가 2.8에서 3.5로 상승[67]하게 된다고 예측한다면 비례율은 150%로 종전가치가 상승하게 되어 정비사업은 진행할 수 있게 된다. 대상지 각각 개인의 현재 비례율은 80%로 산정되나 미래의 비례율 즉, 미래를 예측하는 보이지 않는 비례율(Invisible AGR)을 150%로 산정하므로 정비사업은 시행될 수 있는 것이다.

- 보이지 않는 비례율

$$= \left(\frac{\text{예측된자산가치}\,(FV_1) - \text{총사업비}\,(Ca)}{\text{종전가치}\,(Vo)} \right) \times 100$$

$$= \left(\frac{FV_1 - Ca}{Vo} \right) \times 100$$

. FV_1 : 정비사업완료후 미래의 자산가치

이처럼 비례율은 종후가치와 사업비의 변화에 영향을 받는다. 만약 종후가치와 사업비가 고정되었다고 가정할 경우 종전가치의 변화와 비례율은 같이 변화하게 되어 사업 완료 후 배분받는 종후가치는 같게 된다. 예를 들어 종후가치가 3이고 사업비가 2로서 고정되어 있다면 종전가치가 1일 경우 비례율은 100%로서 1만큼의 종후가치를 배분받게 된다. 만약 종전가치가 0.5가 되었을 경우 비례율은 200%가 되어 동일하게 1만큼의 종후가치를 배분받게 된다.

그러므로 종후가치와 사업비가 확정된다고 하는 것은 종전가치와 관계없이 정비사업완료후 각각의 개인에 대한 배분의 양이 결정된 것이라고 할 수 있다. 즉, 종전가치에 의한 비례율은 높고 낮음은 종후가치의 배분에 양에 영향을 미치지 않

---

67)   일반적으로 premium이라고 부른다

는다는 것이다.

일반적으로 배분을 위한 처분계획을 수립할 경우 종전가치가 먼저 산정(사업시행인가 기준)되며 종후가치와 사업비는 이후에 산정되므로 종전가치가 고정된 것으로 가정할 수 있다. 이에 각각 개인의 정비사업 완료 후 배분의 양에 영향을 미치는 변수는 종후가치와 사업비이며 종후가치 즉, 분양가를 상승시키고 사업비를 감소시킬 경우 비례율을 상승시킬 수 있고 실질적인 정비사업 완료 후 배분되는 자산가치가 상승하게 되는 것이다.

[표4-5] 종전가치, 종후가치와 사업비에 따른 실질 자산가치

종전가치	종후가치	사업비	비례율	실질 자산가치
고정	상승	상승	상승	상승
고정	하락	하락[68]	하락	하락
상승	고정	고정	하락	동일
하락	고정	고정	상승	동일

라. 비례율의 한계

비례율은 오랫동안 도시의 정비에 참여하는 각각 개인의 권리가액을 산출하는 기준이 되었으며 또한 정부에 의하여 계획된 사업을 시행하기 위한 판단 기준이었다. 그러나 현재의 산식에 의한 비례율은 이러한 판단 기준과 지표로서 한계가 있다는 논란이 이어지고 있다.

1) 비례율의 산식은 아래와 같으며

---

68) 사업비의 하락은 비례율의 상승요인이나 일반적으로 사업비 하락의 범위는 크지 않아 시장 상황에 의한 종후가치 하락이 나타나면 비례율은 하락한다

$$\bullet \ AGR = \frac{V_1 - C}{V_o} \quad \langle식1\rangle$$

만약 $(V_1 - C)$ 값이 고정되어 있다면 비례율은 종전가치 V_0 값에 의하여 변동된다. 비례율은 V_0 값이 크면 낮아지고 낮으면 높아지게 된다. 그러나 $(V_1 - C)$ 값이 고정되어 있으므로 즉, 이익이 고정되어 있으므로 그 비례율의 높낮이와 관계없이 이익은 동일하게 배분된다. 다시 말하면 비례율과 관계없이 분담금이 같게 된다는 것이다. 이러한 상황에서 비례율을 기준으로 하는 도시의 정비사업에 관한 판단을 합리적이라고 말할 수 없으며, 비례율은 이러한 판단 기준의 기준이 될 수 없다고 할 수 있다.

2) 비례율 식에서 종후가치 V_1는 조합원분양가와 일반분양가로 나누어진다. 일반분양가를 V_l 그리고 조합원분양가 V_j라고 하면 〈식1〉은 아래와 같다.

$$\bullet \ AGR = \frac{(V_l + V_J) - C}{V_o} \quad \langle식2\rangle$$

〈식2〉에서 일반분양가 V_l과 공사비 C 그리고 종전가치 V_o가 고정되어 있다면 비례율은 조합원분양가 V_j에 의하여 변동될 것이다. 조합원분양가가 높으면 비례율은 높아지고 낮으면 낮아지게 된다. 그러나 이 경우에도 일반분양가와 공사비 고정으로 인한 조합의 이익이 고정되므로 인하여 조합원분양가로 인한 비례율의 높고 낮음은 개개인에게 분담되는 전체적인 이익은 변화하지 않으므로 1)과 같은 동일한 현상이 일어난다. 그러므로 이러한 경우에도 전체적인 이익이 고정되므로 인하여 비례율의 높낮이는 도시의 정비사업을 판단하는 기준이 되기 어렵다고 할 수 있다.

이러한 상황에서도 계속 비례율이 사용되고 있는 것은 현재의 비례율을 대체할 만한 뚜렷한 수단이나 방법이 없는 데서 기인한다고 할 수 있다.

마. 비례율의 확장

앞서 기술하였듯이 비례율은 종후가치에서 사업 비용을 공제한 후 종전가치에 대한 비율을 나타낸다. 즉, 도시정비 완료 후 종전가치에 대한 증감률이다. 현재 까지도 비례율은 도시의 정비에 있어 대상지 주민의 권리가액에 대한 중요한 지 표로 활용되고 있다. 그러나 현재 비례율의 산식은 단순히 토지등소유자의 사업 성 지표로써 활용되고 있을 뿐, 기반시설 용량을 기초로 용적률 등을 결정해야 하 는 정부와 용적률 등 정부 정책에 가장 큰 영향을 받는 토지등소유자 그리고 사업 비의 제공의 주체인 시공자와 협의(ZOPA=Zone OF Possible Agreement)[69]를 위한 합리적이고 직접적인 수단으로서 기능을 할 수 있어야 한다는 아쉬움이 있 다.[70] 이에 기존 비례율 산식으로부터 정부가 규제하는 용적률 등을 고려한 새로 운 비례율 모형의 확장을 통하여 도시정비를 진행하면서 정부와 대상지 주민 그리 고 건설회사(시공사) 간 협의를 위한 합리적인 수단을 제공할 수 있다.

1) 종전가치와 종후가치의 분해[71]

종전가치는 대지면적(A_l)에 대지면적당 가격(P)의 곱으로 볼 수 있다. 엄밀하게 는 대지가치와 건물가치로 구분하여야 하지만, 정비사업의 주된 대상이 되는 공동 주택의 경우 이들이 서로 구분되어 있지 않아 일반적으로 대지가치만으로 종전가

---

69)　　ZOPA는 협상 과정에서 협상자 간에 서로 합의하는 영역을 말함

70)　　도시정비를 위한 용적률 설정의 문제로 정부와 대상지 주민 간 의견이 대립되고 있으나 현재 비례율산
　　　　식으로는 상호 간 입장을 설명할 수 없음

71)　　이용각·김준형, 주택정비사업 비례율의 결정요인: 수리적 접근, 국토계획, 59(7), p.125-126

치를 평가한다.[72]

- $V_o = A_l \cdot P_l$

종후가치(V_1)는 신축되는 건축물의 분양가격으로 산정한다. 입체환지와 같은 방식으로 종전의 대지 등의 가치가 종후주택에 배분된 것으로 볼 수 있으므로, 종후가치를 주택의 면적, 주택의 가격만으로 평가할 수 있다.

이와 같은 관점에서 종후가치를 분양면적(A_s)과 주택의 분양면적당 분양가격(P_s)으로 산정하도록 한다.

- $V_1 = A_s \times P_s$

이처럼 종전가치, 종후가치를 분해하면 비례율(AGR)의 식은 다음과 같이 바꿀 수 있다.

$$\bullet \ AGR = \frac{V_1 - C}{V_o} = \frac{V_1}{V_0} \times \left(1 - \frac{C}{V_1} \right) \ \langle 식1 \rangle$$

$$= \frac{A_s \times P_s}{A_l \times P_l} \times \left(1 - \frac{C}{V_1} \right)$$

일반적으로 사업비는 연면적(A_{so}) 기준으로 산정되기에, 연면적당 사업비를 P_c 라고 하면, 〈식1〉의 $\frac{C}{V_1}$는 분양면적(A_s) 대비 연면적(A_{so})의 비율 $\alpha \left(= \frac{A_{so}}{A_s} \right)$ 로, 분양면적당 분양가격 대비 연면적당 사업비의 비율을 $k \left(= \frac{P_c}{P_s} \right)$ 라고 할 때, 다음과 같이 바꿀 수 있다.

---

72)　그러나 공동주택이 아닌 경우 대지가치와 건물가치를 종합하여 대지면적당 가격으로 산정한다

$$\bullet \quad \frac{C}{V_1} = \frac{A_{so} \times P_c}{A_s \times P_s} = \frac{A_{so}}{A_s} \times \frac{P_c}{P_s} = \alpha \times k$$

이를 (AGR)식에 반영하면 비례율은 다음과 같이 표현된다.

$$\bullet \quad AGR = \frac{A_s \times P_s}{A_l \times P_l} \times (1 - \alpha \times k) \ \langle 식2 \rangle$$

2) 용적률 변수의 결합[73]

용적률은 정비사업의 개발밀도를 결정하는 계획 변수로 사업성에 가장 크게 영향을 주는 변수이다. 용적률이 클수록 종후가치의 산식에 포함된 분양주택의 면적이 증가하며, 이는 결국 종후가치의 증가, 그리고 비례율의 상승으로 귀결된다. 그러므로 정비사업 추진 과정에서 개발 가능한 용적률, 용적률 완화 가능성 등이 대상지 주민들에게 주요한 관심 사항이기도 하다. 그러나 이 중요한 변수는 〈식2〉에 포함되어 있지 않다는 점에서, 비례율 산식의 조정이 필요하다.

우선 분양면적(A_s)은 용적률 산정 기준 연면적(A_{sf})과 차이가 존재하므로 이를 매개하는 새로운 변수 θ가 필요하다. 이는 용적률 산정기준 연면적(A_{sf}) 대비 분양면적(A_s)으로 한다.

$$\bullet \quad \theta = \frac{A_s}{A_{sf}}$$

종전가치 산식 역시 용적률 산정 기준 대지면적(A_{lf})으로 바꿀 수 있다. 보통은 전체 대지면적에서 기부채납면적 등이 제외된다.

$$\bullet \quad V_o = A_l \times P_l = A_{lf} \times P_{lf}$$

---

73)　이용각 · 김준형, 주택정비사업 비례율의 결정요인: 수리적 접근, 국토계획, 59(7), p.126

여기에서 P_{lf}는 용적률 산정 기준 대지면적으로 환산된 대지면적당 가격을 지칭한다. 이를 반영하면 비례율은 다음과 같이 수정할 수 있다.

$$\bullet \; AGR = \frac{\theta \times A_{sf} \times P_s}{A_{lf} \times P_{lf}} \times (1 - \alpha \times k)$$

여기에서 $\dfrac{A_{sf}}{A_{lf}}$가 바로 용적률(F)을 뜻한다. 용적률 산정 면적 기준 대지가격 대비 분양가격의 비율($\dfrac{P_s}{P_{lf}}$)을 π라고 한다면, 비례율은 다음과 같이 표현할 수 있다.

$$\bullet \; AGR = \theta \times F \times \pi \times (1 - \alpha \times k) \quad \langle \text{식}3 \rangle$$

이는 곧 비례율이 용적률 기준 연면적 대비 분양면적의 비율(θ), 용적률(F), 대지가격(용적률 산정 기준) 대비 분양가격의 비율(π), 분양면적 대비 연면적의 비율(α), 분양면적당 분양가격 대비 연면적당 사업비의 비율(k)의 곱으로 결정됨을 뜻한다.

3) 확장된 비례율 모델[74]

기존의 비례율 산식과 확장된 모델의 비율을 비교하기 위하여 기존에 진행된 정비사업을 기초로 확장된 모델을 이용하여 비례율을 산정하고 기존 산식에 의해서 산정된 비례율(AGR_o)과 비교하였다.

---

74)　　이용각 · 김준형, 주택정비사업 비례율의 결정요인: 수리적 접근, 국토계획, 59(7), p.127-128

[표4-6] 기존시행 정비사업 자료 (단위:억원)

구분[75]	Case 11	Case 2	Case 3	Case 4	Case 5	Case 6	Case 7	Case 8	Case 9	Case 10	Case 11	Case 12
지역	경기	서울	서울	경남	경기	경남	부산	경기	부산	경기	경기	경기
년도	2013	2014	2014	2023	2023	2024	2024	2024	2024	2024	2024	2024
V_o	1,173	3,527	699	2,255	1,935	991	1,364	2,794	702	3,613	3,357	1,433
V_1	4,616	6,219	2,036	4,566	6,779	2,938	6,228	6,239	2,751	10,009	9,511	2,819
C	3,381	2,536	1,320	2,601	4,308	1,779	4,531	4,008	2,137	6,679	6,509	2,148
F (%)	249.99	299.47	220.42	180.10	299.95	192.11	265.84	272.20	260.84	268.27	316.08	299.80
AGR_o	1.053	1.044	1.024	0.871	1.277	1.170	1.244	0.798	0.875	0.922	0.894	0.468

[표4-7] θ 값

	1	2	3	4	5	6	7	8	9	10	11	12
A_s (m²)	159,051	81,749	39,273	75,381	90,342	55,420	164,288	118,843	67,370	146,612	174,151	48,997
A_{sf} (m²)	156,757	83,375	39,669	75,448	90,930	55,767	165,146	119,432	67,397	149,201	175,536	51,055
θ	1.015	0.980	0.990	0.999	0.994	0.994	0.995	0.995	1.000	0.983	0.992	0.960

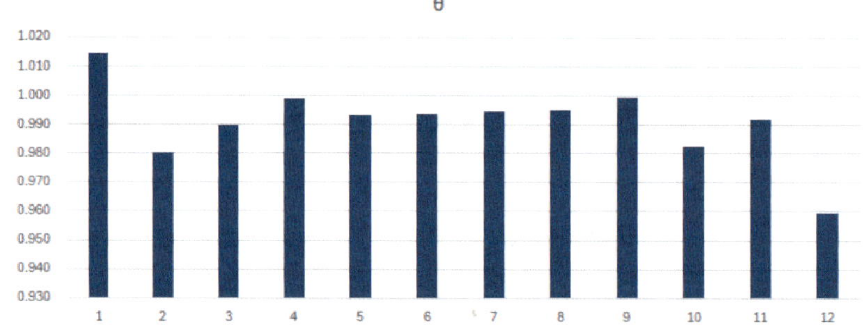

[표4-8] π 값

	1	2	3	4	5	6	7	8	9	10	11	12
P_s	0.029	0.076	0.052	0.061	0.075	0.053	0.038	0.052	0.041	0.068	0.055	0.058
A_{lf}(㎡)	62,704	27,841	17,997	41,884	30,315	29,028	62,122	43,884	25,838	55,615	55,536	17,030
P_{lf}	0.019	0.127	0.039	0.054	0.064	0.034	0.022	0.064	0.027	0.065	0.060	0.084
π	1.551	0.601	1.335	1.125	1.176	1.553	1.727	0.825	1.503	1.051	0.903	0.684

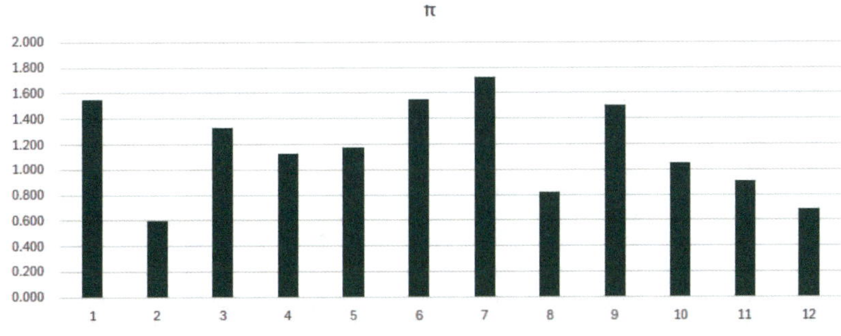

[표4-9] α 값

	1	2	3	4	5	6	7	8	9	10	11	12
A_s(㎡)	159,051	81,749	39,273	75,381	90,342	55,420	164,288	118,843	67,370	146,612	174,151	48,997
A_{so}(㎡)	237,051	134,612	62,483	119,158	155,812	85,588	260,536	203,207	104,647	237,143	248,340	78,915
α	1.490	1.647	1.591	1.581	1.725	1.544	1.586	1.710	1.553	1.617	1.426	1.611

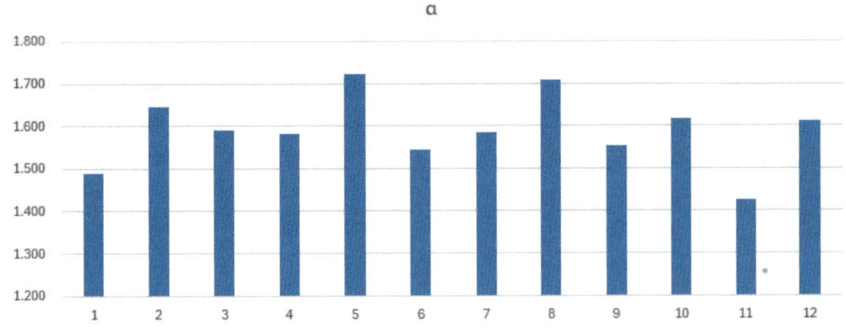

[표4-10] k 값

	1	2	3	4	5	6	7	8	9	10	11	12
C	3,381	2,536	1,320	2,601	4,308	1,779	4,531	4,008	2,137	6,679	6,509	2,148
$A_s\,(\text{m}^2)$	159,051	81,749	39,273	75,381	90,342	55,420	164,288	118,843	67,370	146,612	174,151	48,997
P_c	0.021	0.031	0.034	0.035	0.048	0.032	0.028	0.034	0.032	0.046	0.037	0.044
P_s	0.029	0.076	0.052	0.061	0.075	0.053	0.038	0.052	0.041	0.068	0.055	0.058
k	0.491	0.248	0.408	0.360	0.368	0.392	0.459	0.376	0.500	0.413	0.480	0.473

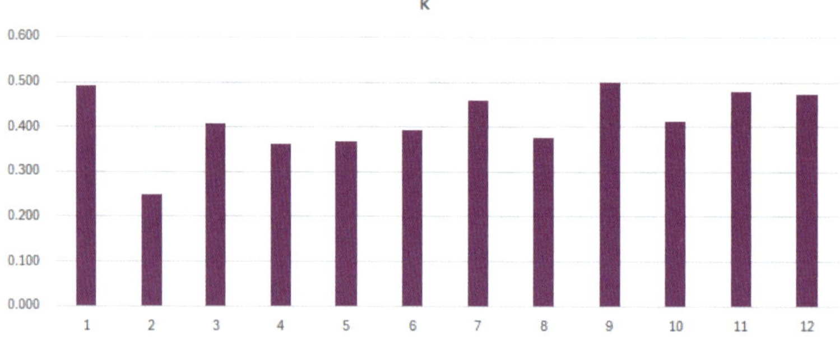

[표4-11] 확장된 모델에 의한 비례율(AGR)

	1	2	3	4	5	6	7	8	9	10	11	12
θ	1.015	0.980	0.990	0.999	0.994	0.994	0.995	0.995	1.000	0.983	0.992	0.960
F	2.499	2.995	2.204	1.801	3.000	1.921	2.658	2.722	2.608	2.683	3.161	2.998
π	1.551	0.601	1.335	1.125	1.176	1.553	1.727	0.825	1.503	1.051	0.903	0.684
α	1.490	1.647	1.591	1.581	1.725	1.544	1.586	1.710	1.553	1.617	1.426	1.611
k	0.491	0.248	0.408	0.360	0.368	0.392	0.459	0.376	0.500	0.413	0.480	0.473
AGR	1.052	1.044	1.024	0.871	1.277	1.169	1.244	0.799	0.875	0.922	0.894	0.468
AGR_0	1.053	1.044	1.024	0.871	1.277	1.170	1.244	0.798	0.875	0.922	0.894	0.468

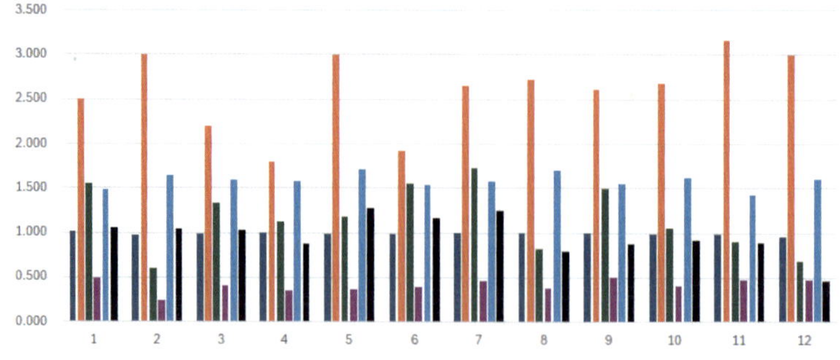

이상을 종합하면 〈표4-11〉와 같다. 우선 종전가치와 종후가치 그리고 사업비로 산정한 비례율(AGR_0)과 각각의 요인으로 나누어 산정한 비례율(AGR)이 거의 동일한 것으로 나타난다.

종전가치, 종후가치, 사업비 등으로 구성된 산식을 변환한 결과, 비례율은 결국 용적률, 연면적 대비 분양면적의 비율, 대지가격 대비 분양가격의 비율, 분양가격 대비 사업비의 비율 등의 변수에 의해 결정됨을 확인할 수 있었다. 구체적으로 용적률이 높을수록, 연면적 대비 분양면적이 클수록, 대지가격 대비 분양가격이 높을수록, 그리고 분양가격 대비 사업비의 비율이 낮을수록 비례율은 증가한다. 이는 곧 개발면적이 클수록, 매각 가능한 면적의 비율이 높을수록, 주택가격이 상대적으로 높을수록, 그리고 사업비가 상대적으로 낮을수록 비례율이 높아진다는 것을 의미한다. 비례율을 용적률 등을 포함한 일반적인 변수들의 구성으로 변환한 것이다.

이는 개별 변수와 비례율 간의 관계를 이해하는 데 도움을 줄 있다. 또한, 기본계획이나 실행계획이 시행을 위해 어떤 조건이 개선되어야 하는지 등에 기여할 수 있다. 예를 들어 용적률을 더 높이기 어렵다면 사업비를 낮추거나, 분양가격을 높이는 방안이나, 도시계획의 관점에서는 쾌적한 주거환경을 위해 용적률을 낮출지라도, 주택가격이 낮거나 사업비에 대한 부담이 증가한다면 사업의 원활한 진행을 위해 용적률의 완화 등이 있을 수 있다.

비욘드 조닝(Beyond Zoning)[76]등 기존 용도지역제를 대체할 새로운 용적률 결정 기준을 탐색하려는 시도가 다양하게 이루어지고 있는 과정에서, 분양가상한제 적용지역 혹은 고분양가 관리지역을 결정하는 데 이 확장된 비례율 산식을 활용할 수 있다. 최근 정비사업과 함께 공공기여가 활발히 사용되고 있는데, 이 확장된 산식 〈식3〉을 통하여 비례율이 낮은 지역에 대해 공공기여를 축소할 수도 있을 것이다.

---

76)　기존 용도지역제를 대체하려는 서울특별시에서 제시된 개념(2023. 3. 13.)

이에 이러한 비례율의 확장 모형은 모형의 변수들을 통하여 도시의 정비를 진행하면서 주요 주체 간(정부, 주민, 건설회사(시공사)) 협력과 의사 결정에 기여할 수 있을 것이다.

바. 사업성(Financial Analysis)

현재 도시를 정비하는 과정은 정부가 제도적인 기본계획과 실행계획을 확정하면 대상지 주민과 건설회사(시공사)가 토지와 자본 그리고 기술을 제공하여 진행하는 구조이다. 이러한 구조 속에서 대상지 주민과 건설회사(시공사)는 토지와 자본 등을 투입하는 결과로 이에 해당하는 수익을 기대한다. 만약 이에 해당하는 기대수익이 기준에 못 미치면 확정된 실행계획을 시행하지 못하게 되어 도시의 정비는 이루어지지 않는다. 이러한 요구하는 기대수익의 결과를 판단하는 것이 사업성 분석이다.

사업성 분석(Feasibility Study)은 크게 두 가지로 나눌 수 있는데 경제성 분석(Economic Analysis)[77]과 재무분석(Financial Analysis)이다. 경제분석은 공공사업의 비용과 편익을 국가 전체적인(사회적) 측면에서 측정하고 이에 따라 경제적 수익률을 계산하여 타당성 여부를 결정하는 분석이며, 재무분석은 사회 전체적 측면이 아닌 개별사업 자체를 기준으로 하여 금전적 비용과 수입을 추정하고 이에 따른 재무적 수익률을 계산하는 순전히 재무적 측면에서 검토하는 분석이다.

일반적으로 경제성 분석은 정부에 의해서 투입되는 예산의 타당성 검토에 사용되며 재무분석은 민간의 사업성을 판단하는 기준으로 사용된다. 그러므로 도시의 정비를 시행하는 대상지 주민과 건설회사(시공사)는 재무적 분석을 통하여 기대수익을 달성할 수 있는지를 판단한다.

법률적으로 대부분 도시의 정비를 시행하면서 대상지의 주민들은 각각의 개인

---

77)　대표적으로 Benefit & Cost Analysis 방법 등이 있다

이 아닌 단체를 결성하여 진행하도록 하고 있으며 이러한 대표적인 단체가 조합이다. 조합은 대상지 주민을 조합원으로 하여 이를 대표하는 단체이기도 하며 법인격[78]을 갖는다. 이는 조합은 법인으로서 재무적 이익을 추구할 수 있다고 해석할 수 있는 것이다. 즉, 도시의 정비에 참여하는 각 대상지 주민을 대표하는 조합은 건설회사(시공사)와 동일하게 법인격을 가지며 재무분석을 기준으로 기대수익의 달성 여부를 검토하게 된다. 그러므로 조합 사업성의 검토 기준인 비례율을 산정함에서도 재무적인 측면에 수입과 지출의 요소들이 반영되어야 한다.

1) 조합의 비례율(사업성) 분석

조합의 사업성 분석은 법인격 측면에서 수입과 지출 그리고 사업이익으로 구성된다.

[표4-12] 조합 사업성 분석의 형태

구분	내용	근거
수입(종후가치 I)	감정평가	도시정비법 제74조 ①항 3, ④항
VAT[79]	국민주택규모 초과적용 건설회사(시공사)가 청구하는 VAT	조세특례제한법 제106조 ①항
지출(C) (사업비)	공사비, 토지비, 설계·감리비, 사업경비, 예비비	
사업수익	$(I-VAT-C)$	
종전가치(V_o)	감정평가	도시정비법 제74조 ①항 5, ④항
비례율	$\dfrac{(I-VAT)-C}{V_o}$	

이 사업이익을 종전가치로 나누어 비례율을 산정하고 이를 기준으로 기대수익을 달성 여부를 판단한다. 이를 수식으로 나타내면 아래와 같다.

---

78) 「도시및주거환경정비법」 제38조(조합의 법인격 등) ①조합은 법인으로 한다

79) 부가가치세로서 Value Added Tax의 줄임말임

• $\dfrac{(I - VAT) - C}{V_o}$(비례율)

위의 산식에서 I와 V_o는 법률에 의한 감정평가로 결정되기 때문에 고정된 변수라 할 수 있다. 물론 I는 시장 상황에 따라 그리고 V_o도 주변의 개발현황 등과 같은 상황에 따라 달라질 수 있으나 결국 공인된 기관에 의한 평가로 결정되므로 임으로 결정되기는 어렵다고 할 수 있다. VAT[80] 또한, 법률적 규제로 납부하여야 하는 것이므로 고정된 변수라고 할 수 있다. 결국, 조합의 사업성을 검토하는 데 있어 남는 변수는 사업비(C)이다. 물론 앞서 기술하였듯이 수입 I와 종전가치 V_o 모두 시장 상황이나 주변의 개발상황들을 반영할 수 있는 법률적 평가기관의 존재를 전제로 한 것이다. 그러나 사업비 (C)는 이러한 법률적 규제가 존재하지 않으며 각 항목이나 그 값을 임의로 결정할 가능성이 존재한다.

이러한 이유로 조합의 사업성을 분석하기 위한 사업비 항목 분류는 내용의 성격은 유사하지만 지자체별로 다르게 운용 있는 것으로 나타났으나 항목이 세분될수록 항목이 동일화되는 현상도 나타났다.

---

80) 조합의 VAT 경우는 건설회사(시공사)로부터 조합이 매입하는 부가세로서 조합의 매출부가세와는 차이가 있다. 즉 조합은 조합원에게 국민주택초과 규모에 대한 분양과 상가 유치원을 분양하는 경우 부가세를 부과할 수 없으므로 매출부가세가 발생하지 않는다. 그러나 건설회사(시공사)는 조합에 국민주택초과규모에 대한 조합원 분양과 일반분양 그리고 상가, 유치원 분양을 대상으로 부가세를 청구하므로 조합은 이에 대한 부가세를 매입하여야 한다. 이로 인하여 매출부가세와 매입부가세의 차이가 발생하게 되는데 이 차액에 대하여는 조합원 개개인이 부담해야 한다. 즉 조합 사업성 분석 시 수입 부분의 부가세는 조합원의 매출부가세를 기준으로 하는 것이 아닌 건설회사(시공사)로부터 매입하는 매입부가세를 기준으로 하여 검토해야 한다

[부가가치세 과세 대상]

구분		조합원 분양		일반분양	
		토지	건물	토지	건물
주택	국민주택 규모이하	재화의 공급배제	재화의 공급배제	면세	면세
	국민주택 규모초과	재화의 공급배제	재화의 공급배제	면세	과세
상가, 유치원		재화의 공급배제	재화의 공급배제	면세	과세

[표4-14] 주요 지자체별 사업비 대분류 현황(2024년)

구분	대분류	비고
서울특별시	공사비, 보상비, 관리비, 설계비, 감리비, 부대경비	
경기도 부산광역시 인천광역시	조사측량비, 설계감리비, 공사비, 각종보상비, 외주용역비, 각종부담금, 제세공과금, 기타사업비, 총회비, 예비비	
대구광역시 대전광역시 광주광역시	공사비, 보상비, 부대비용	국토연구원 HR-EAS 사용

이러한 지자체별 항목의 차이와 동일화 현상을 반영하여 세부적인 사업비 항목은 일반적으로 아래 표와 같이 분류할 수 있다.

[표4-15] 사업비 항목 분류

대분류	중분류	세분류1	세분류2
공사비(d)			도급공사비 정비기반시설공사비 지장물이설공사비
토지비(l)			국·공유지매입비 사유지매입비 영업손실보상
설계·감리비(s)			설계비 감리비
사업경비(e)	분양경비		광고선전비 분양보증수수료 분양대행수수료

	외주용역비		안전진단비
			지질조사비
			측량비
			정비계획수립용역비
			정비기반설계용역비
			교육환경평가용역비
			교통영향평가용역비
			문화재지표조사용역비
			재해영향평가용역비
			주택성능등급인정용역비
			친환경인증용역비
			환경영향평가용역비
			감정평가용역비
			수용재결용역비
			석면조사용역비
			이주관리 · 범죄예방용역비
			법무용역비
			세무 · 회계용역비
			행정대행용역비
			기타용역비
	세금과 공과	제세금	부가세
			조합법인세
			재산세
			보존등기비
			국민주택채권매입비
		부(분)담금	광역교통시설부담금
			학교용지부담금
			도시가스 · 지역난방시설분담금
			상수도인입분담금
			하수도원인자분담금
			개발부담금
			재건축부담금
	이자비용(ic)		사업비대여금이자
			조합원이주비이자

			조합사무실 임차료
기타경비			조합운영비
			총회비
			주거이전비
			이사비
			미분양촉진비
			신탁등기비
			보존·멸실등기 수수료
			민원처리비
예비비(y)			

분류된 사업비 C는 아래와 같이 나타낼 수 있으며

- $C = d + l + s + e + y$

비례율은 다음과 같이 변환할 수 있다.

- $$\frac{(I - VAT) - (d + l + s + e + y)}{V_o} (비례율)$$

즉, 비례율은 공사비, 토지비, 설계·감리비, 사업경비, 예비비의 변수가 된다. 비례율이 사업비 C가 감소할 경우 높아지는 것을 고려한다면 공사비, 토지비, 설계·감리비, 사업경비, 예비비가 낮아져야 비례율은 상승할 수 있다. 반대로 이러한 비용이 커지면 비례율은 낮아져서 상대적으로 기대수익률을 달성하기 어려운 상황이 발생할 수 있다.

사업비 C의 항목 중 공사비 d가 C값의 65%~75%를 차지하므로 가장 크게 C값에 영향을 미칠 수 있으며 d값은 건설회사(시공사)에 의해 결정되기 때문에 건설회사(시공사)와 조합 간 d값으로 인한 견해차가 발생하면 갈등이 발생하기도 한다. 또한, 토지비 l값도 정비사업에 동의하지 않는 주민들의 토지를 매입하는 가격이므로 매입가격이 합의되지 않을 경우[81] 합의를 위해서는 일반적으로 토지가격이 상승하게 되며 정비사업을 위할 소요기간도 길어지게 된다. 특히, 사업경비 e 중 이자비용 ic는 공사비 d값이나 토지비 l값 등 사업비가 상승하고 소요기간이 길어질 경우

- $ic = (d + l + s + (e - ic) + y) \times (1 + r)^n$
- r : 이자율
- n : 소요기간

상승하므로 사업비 상승의 원인으로 이어진다. 결론적으로 사업비를 구성하는 대부분 요소는 통제할 수 있거나 통상적인 금액으로 설정할 수 있으나 건설회사(시공사)의 공사비 d나 토지비 l은 상황에 따라 변동 폭이 크며 협의과정으로 인한 소요기간이 길어질 수 있고 이로 인한 ic값이 상승하게 되어 비례율이 상승하게 된다.

$$\bullet \quad \frac{(I - VAT) - (d + l + s + (e - ic) + y + ic)}{V_o} (비례율)$$

예를 들어 연면적 23,406평, 사업대지 면적 5,052평 수입이 3,067억이며 비례율이 1.08인 정비사업 대상지의 사업비와 공사비에 따른 비례율의 변동률 아래 표와 같다.

---

81) 주거환경개선사업과 재개발사업 등 공공이 중심이 되는 정비사업은 수용방식으로 진행하며 재건축과 같은 민간중심의 정비사업은 매도청구방식으로 진행한다

[표4-16] 사업비에 따른 비례율과 분양가 변동률

구분	비례율	분양가
사업비1% 상승	-1.70%	0.63%
공사비1% 상승	-1.19%	0.44%

즉, 사업비나 공사비 1%의 상승은 비례율이 -1.70%, -1.19% 하락의 결과로 이어지며 이를 충당하기 위해서는 분양가 0.63%와 0.44% 상승이 필요하다.

2) 건설회사(시공사) 사업성 분석

건설회사(시공사)의 사업성 분석은 기본적으로 재무분석으로서 조합의 사업성 분석과 유사하다.

[표4-17] 건설회사(시공사) 사업성 분석의 형태

구분	내용	근거
매출(M)	도급단가	조합과 계약
VAT	국민주택규모 초과적용	조세특례제한법 제106조 ①항
매출원가(Mc)	공사비 분양경비 사업경비 용역비 제세공과금 예비비	
금융비용(Ic)	금리(회사 개별적 기준)	
판매관리비(S_c)	회사 개별적 기준	
경상이익(P)	$(M - VAT - M_c - I_c - S_c)$	

형식상 다른 점은 판매관리비인데 조합에서도 사업경비 내 조합운영비, 급여 등이 포함되어 있어 내용상 판매관리비라고 볼 수 있다. 건설회사(시공사)의 사업성

분석형태에서 주의하여야 할 것은 매출 (M)부분인데 이 매출은 조합과의 도급계약 체결을 기준으로 하여 발생한다.

도급계약 체결 시 공사대금 지급을 위한 지급의 조건을 결정하게 되는데 일반적으로 기성불조건과 분양불조건이 있다. 기성불의 경우 분양률과 관계없이 공사 진행에 따른 공사비를 지급하는 조건이고, 분양불은 공사 진행과 관계없이 분양상황에 따라 공사비를 우선 지급하는 조건[82]이다.

일반적으로 분양상황이 좋지 않은 지역에서는 분양불 조건으로, 분양상황이 좋은 지역에서는 기성불로 도급계약을 체결하는 경우가 많으며, 이는 미분양 등 분양상황에서 발생하는 추가적인 금융비용의 부담 주체를 건설회사(시공사)로 전가하기 위한 조합의 계약 방법이기도 하다. 만약 분양불조건으로 도급계약이 이루진 상황에서 미분양이 발생하였다면 매출 M이 감소하게 된다.

금융비용 Ic가 아래와 같으므로 매출 감소로 인한

- $Ic = (M - M_c) \times (1 + r)^n$
. r : 이자율
. n : 소요기간

금융비용 Ic가 증가하게 되어 경상이익 P는 감소하게 된다.

3) 조합과 건설회사(시공사)의 사업성 관계

조합과 건설회사(시공사)의 사업성 관계는 상호 반비례의 관계에 있다. 조합의 사업성을 결정하는 비례율식과 건설회사(시공사)의 경상이익을 결정하는 식은 아래와 같다.

---

82) 분양불의 경우 공사비, 기존사업비 등의 우선순위 조건 등이 존재하여 순수하게 공사비를 우선 변제 하는 사례는 많지 않다

- 비례율 : $\dfrac{(I- VAT)-(d+l+s+e+y)}{V_o}$

- 경상이익 : $(M- VAT- M_c- I_c- S_c)$

조합의 비례율 식에서 사업비의 주요구성 요소인 공사비 d는 건설회사(시공사)의 매출 M과 거의 같다고 할 수 있으며,[83] 만약 d가 감소한다고 가정하면 매출 M은 감소하게 되어 건설회사(시공사)의 경상이익은 감소하게 된다. 반대의 경우로 건설회사(시공사)의 도급공사비인 매출 M이 증가하게 된다면 조합의 공사비 d가 증가하게 되어 비례율이 감소하게 된다.

이러한 도급공사비로 인한 조합의 비례율과 건설회사(시공사) 경상이익 간의 반비례적 관계는 상호 간 도급공사비를 협의하는 과정에서 여러 가지 의견 차이로 도시정비사업에 대한 시행에 어려움 겪게 하는 중요한 요소이기도 하다.

---

83) 조합의 공사비 d는 이설공사비 등이 포함되어 있지만, 시공사의 도급공사비가 대부분을 차지한다

제5장

관리처분과 입체환지

도시정비의 기본계획, 실행계획은 일반적으로 개인들이 소유하며 거주하고 있는 건축물 및 토지 등을 대상으로 하여 수립된다. 이러한 기본계획이나 실행계획의 수립은 실질적인 시행계획이 아니므로 대상지 주민들의 자산에 대한 고려보다는 물리적 노후화나 사회·경제적 쇠퇴를 고려하여 수립된다고 할 수 있다. 기본계획이나 실행계획은 주민공람이라는 절차가 있긴 하지만 직접적이고 구체적으로 대상지 주민들의 자산에 대한 처분계획이 수립되지 않는다. 그러나 이러한 기본계획이나 실행계획이 시행단계에 이르면 대상지 주민들의 자산에 대한 처분계획은 필수적으로 수립되고 동의를 구해야 한다. 이는 헌법 제23조 ①항 "모든 국민의 재산권은 보장된다."에 의한 것이라고 볼 수 있다.

정비사업은 필연적으로 대상지 주민의 자산가치 변화를 수반한다고 할 수 있다. 이러한 자산가치의 변화에 대한 법률적인 기준 등이 존재하지 않는다면 정비사업의 진행 과정에서 개인들의 이익 극대화의 요구 등으로 인하여 많은 혼란과 문제가 존재할 것이며 사업 시행은 정상적으로 이루어지지 않을 것이다. 이에 정비사업 시행과정에서 대상지 주민들의 자산가치 변화에 대한 처분계획에 대하여 법률적 기준 등을 규정한 것이 관리처분기준이다.

가. 관리처분과 입체환지의 개념

1) 관리처분의 개념

도시의 정비가 분화되면서 도시정비사업은 주거환경정비사업과 재개발사업, 재건축사업으로 한정된 용어로 사용되고 있다. 그리고 이를 규정하는 법률 또한 「도시및주거환경정비법」으로 한정하고 있다. 그러나 「도시및주거환경정비법」은 기존의 「도시재개발법」 등을 통합하여 제정된 것으로 이후 도시재생사업 등으로 분화되기 전까지 도시 정비의 기본이 되는 법이었다. 이에 이 법에 규정된 갖가지 기준들은 도시의 정비에 대한 기준이었다. 현재까지도 이러한 기준들은 도시의 정비에 대한 일반적인 기준이며 관리처분 또한 법률의 규정에 따라 조금의 차이가 있긴 하지만 계속해서 도시의 정비 처분의 기본이 되고 있다. 그러므로 현재 관리처분의 기본적인 개념은 다양한 도시의 정비과정에서 처분의 기준이 될 수 있는 것이다.

관리처분은 도시의 정비사업 시행과정에서 주민의 처분과정을 법률적으로 규정한 것이다. 이러한 관리처분은 관리와 처분의 합성어이다. 그 의미를 찾아보면 국립국어원 표준국어대사전에 관리는 "어떤 일의 사무를 맡아 처리함, 시설이나 물건의 유지, 개량 따위의 일을 맡아 함. 사람을 통제하고 지휘하며 감독함. 사람의 몸이나 동식물 따위를 보살펴 돌봄." 등으로 규정하고 있다. 처분은 "처리하여 치움. 일정한 대상을 어떻게 처리할 것인가에 대하여 지시하거나 결정함. 또는 그런 지시나 결정. 행정·사법 관청이 특별한 사건에 대하여 해당 법규를 적용하는 행위. 행정 주체가 구체적 사실에 관한 법 집행으로서 행하는 공법 행위 가운데 권력적 단독 행위." 등으로 규정하고 있다.

이러한 관리와 처분의 사전적 의미를 종합하여 보면 관리처분은 "어떠한 사안이나 대상에 대하여 유지, 통제하고 지휘하여 해당 법을 적용하여 처리하는 행위"라고 할 수 있으며 이를 정비사업에 대응하여 보면 "정비사업 시행 대상지의 주민 자산을 해당 관련 기준(법령)을 적용하여 분배(처리)하여 처리하는 행위"라고 해석할 수 있다. 이런 의미에서 정비사업에 대한 관리처분 의미를 다시 살펴보면 시행 대상지의 주민 자산은 토지와 건축물이므로 이러한 토지와 건축물을 법률적으로 어떻게 분배할 것인가에 대한 것이다.

그렇다면 기본적인 법률적 기준을 가정하여 보면 대상 건축물은 정비사업을 통하여 철거되게 되므로 이에 대한 금전적 보상으로, 토지의 경우는 공공용지 등을 위한 감보 후 환지를 하게 된다. 환지의 경우에도 환지계획에 따라 대상지 주민이 소유하고 있던 소유 토지의 수와 대상지가 위치하고 있던 동일한 자리에 환지하는 것이 일반적일 것이다.

이 경우 기존 위치(Location)는 변화가 없으나 정비사업 완료 후의 가치 변화에 따라 신규가치(Value)나 소유수(Number)는 변화할 수 있다. 그러나 정비사업비 등의 조달을 위하여 대상 토지 내에 건축물이 대상지 주민의 토지소유자 수보다 늘어나게 된다면 기존 위치로의 변환은 어렵게 된다. 즉 기존 위치로의 처분은 어렵게 되며 그 위치는 가치로 통합되어 처분하게 된다. 또한, 소유수에 있어서도 정부의 정책에 따라 그 수를 달리하게 된다.

이렇듯 관리처분은 기존 위치와 가치를 통합한 대물적 처분과 기존 소유수를 어떻게 할 것인가에 대한 대인적 처분으로 나누게 된다.

이러한 일반적인 관리처분의 개념적인 측면에서 현재 관리처분에 대한 법률적 해석은 서울행정법원에서 발간한 행정소송의 이론과 실무에서 "종전토지 또는 건축물의 소유권과 지상권·전세권·임차권·저당권 등 소유권 이외의 권리를 사업시행계획에 따른 정비사업으로 조성한 토지와 축조한 건축시설에 관한 권리로 변환하여 배분하는 것"이라고 규정하고 있다. 즉, 기존 위치와 가치의 권리를 정비사업 후의 권리로 변환하는 대물적 처분으로 그 의미를 규정하고 있다고 할 수 있다. 대인적 처분에서는 기본적으로 대상지 주민 소유수에 의하여 처분하는 것이 일반적이나 정부의 기본적인 1가구 1주택 정책에 의하여 대인적 처분에서는 1개로 처분되는 것이 기본적이라 할 수 있다.

[표5-3] 관리처분

종전(정비사업전)	사업시행계획	정비사업으로 조성
종전토지 또는 건축물의 소유권	변환 ⇨	토지와 축조한 건축시설에 관한 권리
지상권, 전세권, 임차권, 저당권등 소유권이외의 권리		

2) 입체환지의 개념

「도시개발법」에서 입체환지의 정의는 "환지계획에 있어서 과소토지가 되지 아니하게 하기 위하여 특히 필요한 때에는 토지소유자의 동의를 얻어 환지의 목적인 토지에 갈음하여 시행자가 처분할 권한을 갖는 건축물의 일부와 그 건축물이 있는 토지의 공유지분을 주도록 환지계획을 정할 수 있다."라고 규정하고 있다. 이러한 입체환지의 개념은 정비사업에서 관리처분계획으로 변화된다.[84] 정비사업을 시행함에서 있어 소요되는 비용과 이익을 처분하는 과정에서 특히 도심지 내 합동재개발발방식과 같은 민간중심형 도시의 정비를 시행하는 경우 소요되는 비용을 민간에서 대부분을 조달해야 하므로 정비사업 대상지에서 고밀도로 정비사업을 시행

---

84)　김익진, 도시재개발과 구획정리사업-입체환지문제, 「도시문제」 1983, 18(2), p.49

하여 기존 대상지 주민 수 이상의 건축물을 건립하여 분양하는 것이다. 이는 대상지 주민과 새로이 입주하는 입주민들이 대상지의 토지를 나누어 갖는다는 의미로 해석할 수 있다. 즉, 토지를 공유지분 형태로 나누어 갖는 것이다. 앞서 언급한 과소토지가 되지 않게 하기 위하여 토지를 공유지분 형태로 나누어 갖는 입체환지의 개념을 도입한 것이라고 할 수 있다. 이 경우 기존 대상지 주민들은 정비사업 완료 후 평면적으로 이동하는 것이 아니라 입체적인 삼차원 공간으로 이동하게 된다.

법률적 개념이 아닌 사전적 의미의 입체환지를 살펴보면 입체는 "삼차원의 공간에서 여러 개의 평면이나 곡면으로 둘러싸인 부분"이라고 규정한다. 평면적인 개념이 아닌 삼차원적 공간의 입체적인 개념을 의미한다. 즉, 입체환지는 삼차원 공간상에 환지한다는 것이다. 이는 관리처분 개념도 〈표5-4〉에서 볼 수 있듯이 관리처분은 기본적으로 기존 위치와 기존의 소유수를 기준으로 평면적으로 진행하게 되는데 이를 삼차원 공간상으로 진행한다는 것이다.

이는 정비사업비 충당을 위하여 고밀도로 정비사업을 진행하게 되면 대상지에 고밀도의 건물이 건립되고 기존 주민들 이상의 새로운 주민들이 입주해야 하며 이 입주자들과 대상지 토지를 분배해야 함으로써 기존 주민들이 평면적으로 종전의 위치로 환지되어 입주하는 것은 어렵다고 할 수 있다. 그러므로 당시 토지구획정리사업법의 입체환지의 개념을 변용하여 정비사업에서 삼차원 공간으로 환지하는 입체환지 개념으로 변화하게 된다. 즉, 입체환지는 기존의 위치와 가치를 산정하여 평면적 처분이 아닌 동일한 가치의 삼차원 공간인 입체적인 공간으로의 처분의 의미라고 할 수 있다.

[표5-4] 평면환지

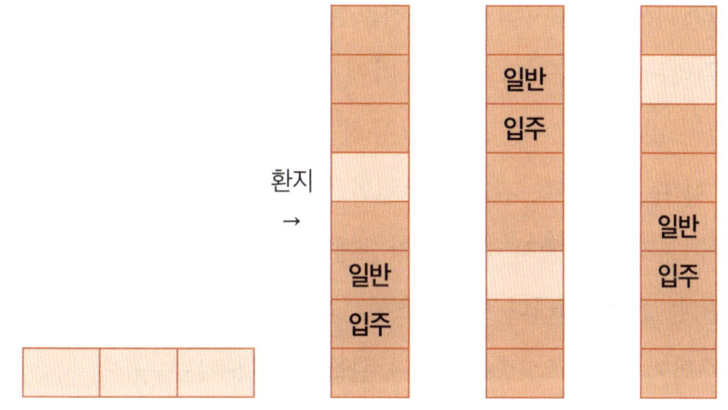

[표5-5] 입체환지

나. 관리처분의 연혁

관리처분의 용어는 1971년 「도시계획법」이 개정되면서 처음 등장한다. 당시 「도시계획법」 제41조(관리처분계획의 인가) ①항 "시행자는 제39조의 규정에 의한 기간이 경과한 때에는 지체없이 재개발구역안의 대지 및 건축시설에 대한 관리처분계획(이하 "管理處分計劃"이라 한다)을 정하여 건설부장관의 인가를 받아야 한다."라고 규정하고 있다.

관리와 처분이란 용어가 처음 등장한 것은 「조선시가지계획령」이다. 당시 도시의 불량지구 개량사업은 「조선시가지계획령」을 근거로 한 토지구획정리사업을 통하여 진행되었다고 할 수 있다. 이 「조선시가지계획령」 제11조는 "제6조 ②항의 규정에 의하여 수용한 토지의 관리 및 처분에 관하여 필요한 규정은 조선총독이 정한다."라고 규정하고 있어 여기에서 관리와 처분의 용어를 사용하고 있는 것을 알 수 있다. 이 조항을 살펴보면 「조선시가지계획령」 제6조는 ①항 "도로·광장·하천·항만·공원 기타 조선총독이 정하는 시설에 관한 시가지계획사업에 필요한 토지, 그 토지에 정착하는 물건으로 사업을 위하여 필요한 것 및 그 토지 물건에 관한 소유권 이외의 권리를 수용 또는 사용할 수 있다. ②항 전항 토지의 부근토지로 시가지계획사업으로서의 건축부지조성에 필요한 것 및 그 토지에 관한 소유권 이외의 권리는 조선총독이 정하는 바에 의하여 수용 또는 사용할 수 있다."로 규정하고 있는 것으로서 수용된 토지 등의 권리를 관리하고 처분하는 것에 관한 규정이라고 할 수 있다. 즉, 관리의 주체와 처분의 주체가 조선총독으로 규정하고 있음으로써 기본적인 대상지 주민의 자산에 대한 관리처분과는 그 의미에 있어서 다르다고 할 수 있다. 그러나 당시 「조선시가지계획령」에 의한 토지구획정리사업은 대상지 주민이 아닌 조선총독부의 주관[85]으로 대부분 수용이 이루어졌기 때문에 이 수용과 사용에 대한 관리와 처분은 현재의 관리처분과 그 의미상 맥락을 같이하고 있다고 할 수 있다.

이후 1962년 제정된 「도시계획법」에서도 이러한 관리와 처분에 관한 내용이 이어지게 된다. 1962년 제정된 「도시계획법」 제14조에서 "제10조 ①1항의 규정에 의하여 수용한 토지의 관리 및 처분에 관하여 필요한 사항은 각령으로 정한다."라고 규정하고 있어 「조선시가지계획령」과 내용 측면에서 동일하다고 할 수 있다. 물론 토지구획정리에 대하여 환지계획, 환지기준, 환지처분, 토지소유자와 관계인의

---

85) 　조선시가지계획령 제3조 ①시가지계획사업은 조선총독이 정하는 바에 의하여 행정청이 집행한다

비용부담 등의 조항이 있지만, 관리처분이란 용어는 사용하지 않는다.

1966년 토지구획정리사업법이 제정[86]되고 도시 불량지구의 재개발에 대한 별도 규제의 필요 등으로 인하여 1971년 「도시계획법」이 개정되면서 재개발사업에 관한 규정이 신설되고 관리처분이란 용어가 처음으로 사용된다. 이는 아마도 기존에 사용되어 오던 관리와 처분의 용어를 당시 새로이 신설된 재개발사업에 관한 규정에서 처분계획의 용어로 사용된 것으로 추정할 수 있을 것이다. 이후 관리처분은 시대를 거치면서 처분계획수립의 기준 등이 변화되면서 현재까지 그 용어가 사용되어 있다.

다. 관리처분방식의 변화

도시의 정비과정에서 발생하는 대상지 주민의 소유 자산에 대한 변화는 필연적으로 발생하며 이에 따른 처분계획 또한 마찬가지이다. 이러한 처분계획은 그 시대 상황이나 정부의 정책에 따라 변화하게 되며 처분계획을 위한 그 방식 또한 달라진다.

사유지를 대상으로 하여 정비를 시행할 경우 대상지 주민의 가장 큰 관심사는 주민이 소유하고 있는 자산의 증감일 것이다. 이러한 자산증감 중 물리적인 감소 부분이 감보율이며 이러한 감보율을 제외한 부분이 권리면적이다. 그러므로 대상지 주민이 기존 소유한 면적에서 어느 정도가 감보되느냐가 정비사업에 큰 영향을 미친다고 할 수 있다. 정비사업을 시행하면서 관리처분방식의 변화는 이러한 감보율 방식의 변화라고도 할 수 있다.

현재 도시의 정비사업에서 감보율의 개념은 적용되지 않는다. 그러나 도시의 개량 즉 도시의 정비는 「조선시가지계획령」의 토지구획정리사업을 연원으로 하여 시

---

86)　토지구획정리사업법 제정(1966. 8. 3.)

작되었으며 토지구획정리사업의 처분개념은 감보율을 기준으로 시행되며, 관리처분계획 또한 토지구획정리사업의 입체환지의 개념을 원용한 것이기 때문에 관리처분방식의 변화는 감보율 방식의 변화라고도 할 수 있다. 현재는 도시의 정비 처분기준은 비례율 방식을 사용하고 있으나 이 또한 앞의 비례율과 사업성에서 살펴보았듯이 비례율 또한 감보율의 개념에서 연원하고 있다고 할 수 있으므로 관리처분 방식의 변화는 역시 감보율 방식의 변화로 이해할 수 있을 것이다.

근대 일제에 의한 우리나라의 정비는 농촌의 경우 「조선토지개량령」이 도시의 경우 「조선시가지계획령」이 있다. 「조선토지개량령」은 1927년에 제정되어 경지정리사업의 근거가 되었으면 1934년 「조선시가지계획령」이 제정되어 토지구획정리사업의 근거가 되었다. 그러나 토지구획정리사업은 「조선토지개량령」을 근간[87]으로 하여 시행되었다.

감보율 방식은 「조선토지개량령」과 「조선시가지개량령」의 토지구획정리사업을 거치면서 많은 변화가 일어나게 된다.

우리나라에서의 감보율의 최초의 개념은 농지정리사업의 개념에서 출발한다고 할 수 있다. 농지의 접근, 배수로의 정리, 지반의 고저정리 등을 시행하면서 새로이 제공되는 공공용지의 확보를 위하여 공동으로 토지를 제공하는 개념이다.

---

87) 조선시가지계획령 제43조 ① 시가지계획구역 안의 토지는 토지구획정리를 시행할 수 있다
    ② 전항의 토지구획정리에 관하여는 이 장에 별도의 정함이 있는 경우를 제외하고 「조선토지개량령」을 준용한다

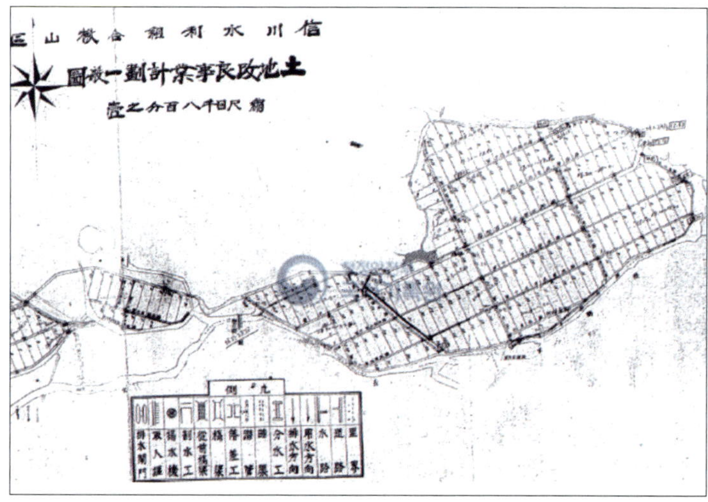

(출처:국가기록원)

1924년 수리안전답의 조성을 위하여 토지개량주식회사가 설립됨에 따라 경지정리사업을 시행한 데서 근거한다.

최초 공통감보율방식의 개념은 일반 도시지역의 상업지역, 주거지역과 다르게 농사소득이라는 측면에서 어느 농지나 같은 수익을 얻는다는 개념 때문에 감보율을 동일하게 적용하였다. 그러나 농지의 감보율은 지극히 적었기 때문에 그 시행이 매우 쉽게 진행할 수 있었다. 이를테면 종전의 꾸부러진 형태의 수로나 농로를 직선으로 변경하였기 때문에 공공용지의 부담률이 매우 적게 책정되었으며 지형의 고저 등에 의한 농지 정리 사업비에 따라 감보율의 높고 낮음이 결정되었다.

- 토지감보율 : 각 대상 토지별로 동일
- 사업비 : 지형의 고저 등에 따라 차등
- 최종감보율 : 토지감보율+사업비
- 권리면적 비율 = 1- 최종감보율

　이후 면적주의 감보율 방식이 등장하게 되는 데 일제 식민지 당시 우리나라의 도로 사정이 매우 좋지 않았기 때문에 도로의 넓고 좁음이 토지의 가치를 결정한다는 이론적 근거에서 감보율을 결정한 방식이라고 할 수 있다. 예를 들어 6m 도로의 경우 양측 토지소유자가 각각 3m씩을 부담하는 개념으로 8m의 경우 양측에서 4m씩, 10m의 경우 양측에서 4.5m씩, 12m의 경우 5m씩, 15m 경우 6.5m씩, 20m의 경우 양측에서 7.5m씩, 30m 경우 10m씩 부담하며 그 이외에 남는 부분은 공동으로 부담하여 모든 공사비는 균일하게 부담하는 방법이다.

- 토지감보율 : 접한 도로 폭에 따라 차등
- 사업비 : 균일하게 부담
- 최종감보율 : 토지감보율+사업비
- 권리면적 비율 = 1− 최종감보율

[그림5-2] 돈암지구 토지구획정리사업

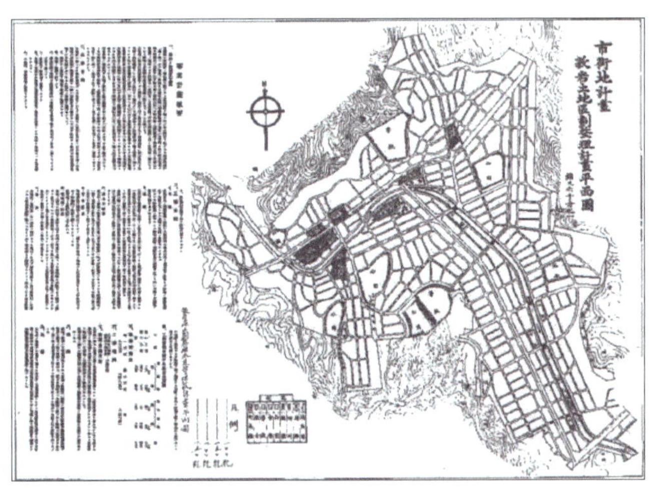

(출처:서울기록원)

해방 이후 이러한 면적주의 방식에 대한 이의 신청이 계속되면서 1960년대 중반 이후 면적과 평가방식을 절충한 절충주의감보율 방식이 등장한다. 엄격히 말하면 토지별 토지 투자의 원가 즉 공사원가를 고려한 방식이다. 이에 토지를 급지별로 나누고 공사원가 부담의 기준을 정하였다. 1급지: 기존주택지, 2급지: 지목이 대지이고 별도의 공사비가 필요하지 않은 대지, 3급지: 지목이 전(田)이고 답(畓)이나 임야처럼 많은 공사비가 필요하지 않은 않는 급지. 4급지: 임야 및 답(畓)으로 많은 절토와 성토가 필요한 급지로 구분하였다. 각 급지마다 소요되는 공사비를 각 급지내의 토지소유자들이 공동으로 부담하는 개념을 적용한 것이다. 기타 도로의 부담 방식은 면적주의 방식을 그대로 적용하였다. 절충주의감보율방식은 ①1차 공통부담 ②급지별부담 ③도로부담 순위로 처분방식이 설계되었다.

- 토지감보율 : 접한 도로 폭에 따라 차등
- 사업비 : 1차 공통부담+급지별부담
- 최종감보율 : 토지감보율+사업비
- 권리면적 비율 = 1− 최종감보율

이후 1980년대부터 현재 처분방식의 연원이라고 할 수 있는 평가주의 감보율 방식이 시작되었다.[88] 즉, 평가주의감보율방식은 처분에 있어 대상지 주민의 자산을 평가하고 공사비를 고려하여 처분하는 방식이다. 도시의 정비사업에서 사용되고 있는 비례율방식과 유사하다고 할 수 있다. 즉, 처분방식은 공통감보에서 면적감보, 절충주의감보를 거쳐 평가주의감보로 변화하여 왔다고 할 수 있다.

$$\text{• 권리가액비율} = \frac{\text{환지의총면적평가액} - \text{시설된도로, 채비지등의 면적평가액}}{\text{종전토지의 면적 평가액}}$$

---

88)　김익진, 도시재개발과 구획정리사업 - 입체환지문제, 「도시문제」 1983, 18(2), p.45-47

라. 관리처분과 입체환지와의 관계

관리처분은 도시의 정비사업에서 처분이다. 그러므로 관리처분은 대상지 주민의 자산증감에 대한 처분으로서 그 대상이나 방식이 중요하다고 할 수 있다. 도시의 정비사업 관리처분은 시대에 따라 변화하였지만, 합동재개발방식 이후 현재까지 평가주의방식인 비례율을 방식을 계속 유지하고 있다.

관리처분의 기본적인 내용은 평가와 이에 따른 건축물의 배분이다. 배분에 있어 대상지 주민은 대상지 주민 이외의 새로이 입주한 주민과 필연적으로 토지와 건물을 공유해야 한다. 이러한 공유의 개념이 「도시개발법」에서 규정하는 입체환지[89]이다. 이를 도시의 정비사업에 관리처분에 적용한 것이다.

이러한 평가와 입체환지의 개념을 기본으로 하여 현재의 관리처분이 정립되어 진행되고 있다. 즉, 현재 관리처분의 기본적인 내용인 평가는 평가주의에 의해서 그리고 배분은 입체환지의 개념으로 정립되었다고 할 수 있다. 이후 도시의 정비사업 관리처분에서는 입체환지의 용어를 사용하고 있지 않으며 그 삼차원 공간으로의 입체적 배분은 당연한 과정으로 받아들여지고 있다.

마. 관리처분계획 수립

도시의 정비에 관한 처분은 처분계획을 수립하면서 시작된다고 할 수 있다. 이러한 처분계획은 그 수립기준이나 수립절차, 인 · 허가 과정을 거쳐 시행된다. 도시의 정비에 관한 처분계획은 각각의 법령에 따라 그 기준이나 절차 등이 조금씩

---

89)　도시개발법 제32조(입체 환지) ① 시행자는 도시개발사업을 원활히 시행하기 위하여 특히 필요한 경우에는 토지 또는 건축물 소유자의 신청을 받아 건축물의 일부와 그 건축물이 있는 토지의 공유지분을 부여할 수 있다

다르나 도시의 정비사업의 근거법이었던 「도시재개발법」을 근거로 제정된 「도시및
주거환경정비법」의 처분계획인 관리처분계획을 중심으로 하여 기술하기로 한다.
「도시및주거환경정비법」 이후 도시의 정비사업이 여러 가지로 분화되었으나 일반
적으로 도시의 정비와 관련된 처분계획은 이 「도시및주거환경정비법」의 관리처분
계획을 그대로 인용하거나 준용하는 경우가 많으므로 이 관리처분계획에 대한 이
해는 다른 도시의 정비사업 처분계획에 대한 이해와 크게 다르지 않을 것이다.

1) 분양공고 및 분양신청

「도시및주거환경정비법」 제72조에 따르면 관리처분계획수립을 위해서는 분양공고
와 분양신청의 절차를 이행해야 한다. 이는 분양신청을 하지 않는 토지등소유자[90]를
통하여 일반에게 분양할 수 있는 세대수를 구분하고 청산금을 산정하기 위한 것이
다. 이러한 분양공고와 분양신청은 일반인에 분양하기 위한 분양공고와 분양신청
과는 다른 개념으로서 대상지의 토지등소유자를 대상으로 하는 것이다. 그러므로
그 내용과 절차에 있어서 일반적으로 일반인에게 공고되는 내용과는 차이가 있다.

분양공고와 분양신청에 대한 법정규정[91]을 살펴보면 "사업시행자는 사업시행계
획인가의 고시가 있은 날부터 90일(대통령령으로 정하는 경우에는 1회에 한정하
여 30일의 범위에서 연장할 수 있다) 이내에 다음 각 호의 사항을 토지등소유자에
게 통지하고, 분양의 대상이 되는 대지 또는 건축물의 내역 등 대통령령으로 정하
는 사항을 해당 지역에서 발간되는 일간신문에 공고하여야 한다."라고 규정하고
있다. 각호의 사항은 "1. 분양대상자별 종전의 토지 또는 건축물의 명세 및 사업시
행계획인가의 고시가 있은 날을 기준으로 한 가격, 2. 분양대상자별 분담금의 추
산액, 3. 분양신청기간, 4. 사업시행인가의 내용, 5. 정비사업의 종류 · 명칭 및 정
비구역의 위치 · 면적, 6. 분양신청기간 및 장소, 7. 분양대상 대지 또는 건축물의

---

90)　　청산자, 청산조합원이라고도 함

91)　　도시및주거환경정비법 제72조(분양공고 및 분양신청)

내역, 8. 분양신청자격, 9. 분양신청방법, 10. 토지등소유자외의 권리자의 권리신고방법, 11.분양을 신청하지 아니한 자에 대한 조치, 12. 그 밖에 시·도조례로 정하는 사항 등이 있다."

이러한 분양공고와 분양신청에서 특징적인 것은 분양대상자 즉, 토지등소유자의 종전가치인 분양대상자별 종전의 토지 또는 건축물의 명세 및 사업시행계획인가의 고시가 있은 날을 기준으로 한 가격과 이와 관련한 분양대상자별 분담금의 추산액 통보이다. 이러한 종전가치와 분담금 추산액에 대하여 토지등소유자가 동의할 수 없는 경우에는 분양신청을 하지 않을 수 있으며 이러한 토지등소유자는 청산자로 분류되어 현금으로 청산하게 된다. 현금으로 청산된 토지등소유자에 해당하는 건축물(아파트 등)은 일반인에게 분양되는 종후가치평가로 포함되어 분양을 신청한 토지등소유자의 분담금추산액 산정으로 이어진다.

2) 관리처분계획 수립 변화와 실제

관리처분은 분양신청을 한 대상지 주민(토지등소유자)을 대상으로 한다. 이러한 관리처분은 대상지 주민의 토지 및 건축물의 평가나 새로이 조성된 토지나 건축물에 대한 평가가 수반되므로 이러한 관리처분계획을 주민 개개인이 수립하고 진행할 경우 많은 문제와 분쟁이 발생할 수 있다. 이에 이러한 관리처분에 대하여는 정부가 그 기준을 수립하고 이에 대한 인·허가를 규제[92]함으로써 대상지 주민들의 자산 처분의 공정성과 형평성을 유지하게 하여 도심지 내 정비사업에 대한 계속된 진행을 유지하게 하고 있다고 할 수 있다.

앞서 관리처분의 기준은 가치(Value)와 위치(Location) 그리고 소유의 수(Number)라고 하였다. 즉 정비사업 전의 가치와 위치 그리고 소유수를 정비사업 후 어떻게 합리적으로 배분할 것인가에 대한 처분계획인 것이다. 입체환지의 개념

---

92) 최초 「도시계획법」 개정(1971. 1. 19.)에서 관리처분인가와 수립기준이 분리되어 규정되어 오다 「도시및주거환경정비법」 제정(2002. 12. 30.)에서 통합되었으며 2018. 2. 9. 다시 개정되어 분리 규정되고 있다

이 도입되면서 가치와 위치는 대물적 처분으로 소유수는 대인적 처분의 형태로 변화하였다. 즉, 관리처분은 크게 대물적 처분과 대인적 처분의 형태로 나눌 수 있다.

가) 1971년 도시계획법

1971년 도시재개발을 분리하여 개정된 「도시계획법」에서는 관리처분계획이란 용어가 처음으로 등장하였으며 관리처분인가와 기준을 최초로 규정하고 있다. 그러나 1962년 제정된 「도시계획법」이 일제의 「조선시가지계획령」의 영향을 받아 제정된 것으로 불량지구개량사업이 토지구획정리사업의 형태로 진행되고 있었으므로 1966년 「토지구획정리사업법」이 분화되었다고 할지라도 계속하여 재개발사업의 관리처분에도 영향을 미치고 있었다. 이는 개정된 「도시계획법」 관리처분과정에서도 토지환지방식이 기본을 이루고 공동주택에 따른 입체환지방식으로 나머지의 처분계획을 수립하게 규정되었던 것에서 볼 수 있다.

[표5-6] 도시계획법(1971. 1. 19.)상 관리처분 주요 내용

구분	주요내용
관리처분계획의 인가 (제41조)	• 분양대상자별로 된 분양예정의 대지 및 건축시설의 추산액과 종전의 토지 및 건축물의 명세와 가격 • 분양대상자의 종전토지 또는 건축물에 관한 소유권 이외의 명세
관리처분계획의 기준 (제42조)	• 종전의 토지 또는 건축물의 위치, 면적, 환경 및 이용도 등을 종합적으로 고려하여 재개발사업으로 조성된 대지 및 건축 시설을 균형 있게 배분 • 과소 또는 광대한 토지나 건축물에 대하여 이를 증가하거나 감소하여 관리처분계획

특히, 과소 또는 광대한 토지나 건축물에 대하여 이를 증가하고 감소하는 조정기준[93]을 규정함으로써 토지구획정리의 환지방식 형태가 계속하여 남아 있었던

---

93) 도시계획법시행령(1971. 7. 22.) 제34조(조정기준) 1. 건축시설을 설치하지 아니하고 대지로서 분양할 경우에는 그 1필지의 면적이 90제곱미터 이상

것으로 보인다. 이는 개정된 「도시계획법」에서 대상지의 토지나 건축물에 대한 구체적인 평가 방법이 규정되어 있지 않고 대상지 주민의 주택 등 건축물의 수에 대한 제한도 규정되지 않는 것에서도 알 수 있다. 이는 기본적으로 환지를 기준으로 재개발이 진행되었으며 이는 1983년 합동재개발방식이 도입되기 전까지 도시 개량을 위한 도시의 정비가 정부주도로 이루어졌음을 알 수 있다고 할 수 있으며, 대상지 주민들에 대하여는 환지를 통한 자체적인 주택 등 건축물의 건립을 규정하였던 것으로 보인다. 즉, 도시의 재개발 이후에도 적정한 환지를 통하여 소유주가 개인이나 공동으로 건물을 건립할 수 있도록 하였던 것으로 볼 수 있다.

나) 1976년 도시재개발법

이러한 형태의 구체적인 기준은 1976년에 제정된 「도시재개발법」 시행령에서도 볼 수 있다. "시행구역 안에서 토지를 소유하는 자에 대하여는 대지의 소유권이 주어지도록 정한다. 1필지의 대지를 2인 이상의 분양대상자에게 분양하게 될 때에는 당해 대지는 이들의 종전토지의 가격에 상응하는 비율에 의하여 공유에 속하는 것으로 정한다." 등은 기본적으로 종전토지를 정비사업 후에 환지로 형태로 처분하는 것으로 보이며, 환지 이후 상호 공동으로 건립하는 건축물(주택 등)은 "분양대상자가 공동으로 취득하게 되는 지상권 및 당해 건축시설의 공용부분은 각 권리자의 공유에 속하되, 그 지분 비율은 그자가 취득하게 되는 건축시설의 위치 및 바닥면적 기타 사항을 고려하여 정하여야 한다."로 규정함으로써 입체환지적 개념을 볼 수 있다. 그러나 기본적으로는 이 또한 대상지에 대한 구체적인 평가규정이 없으며 그 소유수에 대한 규정도 존재하지 않음으로 토지구획정리사업과 유사한 형태의 환지방식으로 진행되어 왔음을 알 수 있다. 즉, 기존의 가치와 위치 그리고 소유수가 계속하여 관리처분계획에 반영되었다고 볼 수 있다.

---

2. 주거용 건축시설의 1주거당 면적은 33제곱미터 이상
3. 사무실·점포 기타 이와 유사한 용도에 공하는 건축시설의 단위당 면적은 10제곱미터 이상

[표5-7] 도시재개발법(1977. 8. 13.)시행령상 관리처분 주요 내용

구분	주요내용
관리처분계획의 기준등(제42조)	• 1개의 건축시설의 대지는 1필지의 토지가 되도록 정함 • 시행구역 안에 토지를 소유하는 자에 대하여는 대지의 소유권이 주어지도록 정함 • 분양대상자가 공동으로 취득하게 되는 지상권 및 당해 건축시설의 공용부분은 각 권리자의 공유에 속하되, 그 지분 비율은 그자가 취득하게 되는 건축시설의 위치 및 바닥면적 기타 사항을 고려하여 정하여야 함 • 1필지의 대지를 2인 이상의 분양대상자에게 분양하게 될 때에는 당해 대지는 이들의 종전토지의 가격에 상응하는 비율에 의하여 공유에 속하는 것으로 정함

다) 도시및주거환경정비법

1983년 합동재개발방식이 도입된 이후 민간중심형 도시재개발에 의한 도시 개량이 이루어지고 대상지 주민 간의 자산변동에 대한 관심이 커지면서 위치와 가치 그리고 소유수에 대한 규정이 본격화된다. 특히, 공동주택 개량의 주택 재건축이 진행되면서 이러한 평가와 소유수에 대한 규정은 더욱 구체화된다고 볼 수 있다.

이렇듯 도시의 정비를 위한 민간중심형 도시의 정비사업이 계속되었지만, 구체적인 평가 기준 등이 정립되어 있지 않아 도심지 내 정비사업 진행에 있어 많은 혼란과 분쟁이 발생하게 된다. 특히, 주택 재건축의 경우는 기존의 「도시재개발법」으로 규정되어 있지 않으면서 도급제, 지분제[94]와 같은 형태의 계약방식이 존재하면서 관리처분방식에 있어 더욱 많은 혼란을 가중시키게 된다. 이러한 상황에서 2003년 12월 30일 여러 가지로 분산되었던 도심지 내 정비사업을 하나로 통합하는 「도시및주거환경정비법」을 제정하면서 우리나라 도심지 내의 정비사업은 큰 전

---

94) 도급제 방식은 「도시재개발법」에 의한 도급방식과 동일하나, 지분제 방식의 경우 대상지 주민의 대지지분을 기준으로 하여 건축물(주택 등)을 제공하는 방식으로 지분율이라고 불렸으며, 동일한 지분율이라도 지분율 산정을 위한 기준 건축평형에 따라 무상으로 제공되는 건축평형이 달랐다. 예를 들어 지분율 산정기준이 건축평형 23평인 경우 지분율 100%는 대지지분 10평의 경우 (10평×100%=10평) 23평의 10평을 무상으로 제공하며, 산정기준 건축평형이 33평인 경우는 33평의 10평을 무상으로 제공함

환점을 맞이하게 된다. 관리처분기준에서도 가치와 위치의 대물적 기준에 관한 평가조항이 규정되게 되며 소유자 수에 대한 구체적인 기준들도 제정되게 된다.

구분	주요내용
관리처분계획 기준 (제48조)	• 주택재개발사업에서 제1항제3호 및 제4호의 규정에 의한 재산을 평가할 때에는 다음 각호의 방법에 의함 1. 제1항 제3호의 분양예정인 대지 또는 건축물의 추산액은 시·도의 조례가 정하는 바에 의하여 산정하되, 시장·군수가 추천하는 지가공시및토지등의평가에관한법률에 의한 2인 이상의 감정평가업자 감정평가 의견을 참작하여야 함 2. 제1항 제4호에 규정된 사항 중 종전의 토지 또는 건축물의 가격은 시장·군수가 추천하는 지가공시및토지등의평가에관한법률에 의한 감정평가업자 2인 이상이 평가한 금액을 산술평균하여 산정함 3. 제1호 및 제2호의 규정에도 불구하고 관리처분계획을 변경·중지 또는 폐지하고자 하는 경우에는 분양예정인 대지 또는 건축물의 추산액과 종전의 토지 또는 건축물의 가격은 사업시행자 및 토지등의소유자 전원이 합의하여 이를 산정할 수 있음 • 주택재건축사업에서 사업시행자가 제1항 제3호 및 제4호의 규정에 의한 재산에 대하여 지가공시및토지등의평가에관한법률에 의한 감정평가업자의 평가를 받고자 하는 경우에는 제5항 각호의 규정을 준용하여 할 수 있음
	• 1세대가 1 이상의 주택을 소유한 경우 1주택을 공급하고, 2인 이상이 1주택을 공유한 경우에는 1주택만 공급함 • 주택재건축사업에 대하여는 제6호의 규정에도 불구하고 1세대가 2 이상의 주택을 소유한 경우에는 2 이상의 주택을 공급할 수 있다. 다만, 투기의 우려가 있다고 인정되어 건설교통부령이 정하는 지역에 대하여는 1세대가 2 이상의 주택을 소유하더라도 2 이하의 주택을 공급하여야 함

　이러한 대물적 처분과 대인적 처분기준들은 기존의 「도시재개발법」과 「주택법」을 통합한 「도시및주거환경정비법」의 특성상 현재까지도 재개발사업과 재건축사업에 대하여 차이를 두어 규제되고 있으나 점차 통합되어 규제되는 방향으로 진행되고 있다.

우선 대물적 처분기준이라 할 수 있는 자산의 평가에 대해서 제정 당시 주택 재개발사업의 경우는 "분양예정인 대지 또는 건축물의 추산액은 시·도의 조례가 정하는 바에 의하여 산정하되, 시장·군수가 추천하는 「부동산가격공시및감정평가에관한법률」에 의한 2인 이상의 감정평가업자의 감정평가 의견을 참작하여야 한다. 그리고 종전의 토지 또는 건축물의 가격은 시장·군수가 추천하는 「부동산가격공시및감정평가에관한법률」에 의한 감정평가업자 2인 이상이 평가한 금액을 산술평균하여 산정한다."라고 규정하고 있어 자산평가에 있어 정부의 개입을 명문화함으로써 자산평가에 대한 주민 간의 분쟁이나 혼란을 방지할 수 있었다고 볼 수 있다. 주택 재건축사업에서도 주택재개발사업과 같은 강제 사항은 아니지만, 주택재개발 규정을 준용하여서 할 수 있다."라고 규정함으로써 간접적으로 정부가 규제하는 효과가 있었다고 할 수 있다.

현재는 자산평가 기준에 있어 2009년부터 주택재개발사업은 종후가치에 있어서도 시장·군수가 선정·계약한 감정평가업자 2인 이상이 평가한 금액을 산술평균하여 산정하도록 규정하고 있어 이전 종후가치에 있어 감정평가금액을 참작이라고 규정한 것에서 정부의 규제를 강화한 것으로 볼 수 있다. 재건축사업에서도 기존의 강제사항이 아닌 준용할 수 있다는 규정에서 2014년부터 "시장·군수가 선정·계약한 1인 이상의 감정평가업자와 조합총회의 의결로 정하여 선정·계약한 1인 이상의 감정평가업자가 평가한 금액을 산술평균하여 산정한다."라고 규정함으로써 재개발, 재건축사업 모두 대물적 처분이라 할 수 있는 자산의 평가에 있어 정부의 규제를 강화한 것이라고 볼 수 있다.

이는 시간이 흐르면서 점차 심화되어 가는 개인들의 자산평가에 대한 혼란과 분쟁에 대한 정부의 대응이라고 볼 수 있을 것이다.

이러한 평가 과정에서 위치에 따른 가치는 입체환지와 위치에 따른 서로 다른 가치의 산정으로 반영되게 되며 표면적이나 형식적으로는 위치에 대한 처분은 없어지게 된다. 즉, 종후, 종전가치를 산정하면서 위치를 가치로 변환하여 통합하여 평가함으로써 위치적인 처분의 의미는 없어지게 된 것이다.

그러나 이러한 위치와 관련한 대물적 처분에 관한 내용으로 해석할 수 있는 조항을 2003년 「도시및주거환경정비법」 제정 당시 시행령 제52조 제①항 8.에서 찾아볼 수 있다. 이 조항에서는 "주택의 공급순위는 기존의 토지 또는 건축물의 가격을 고려하여 정할 것."이라고 규정하고 있어 입체환지일 경우라도 종전가치의 규모에 따라 위치를 우선 선택할 수 있도록 한 것이다. 결국, 종전가치의 평가가 대상지의 규모와 지목의 종류 등에도 영향을 받지만, 그 위치도 영향을 받게 되므로 종전가치에 따른 입체환지에 대한 선택의 우선순위를 부여한다는 것은 일부 위치에 대한 대물적 처분을 고려한 것이라고 볼 수 있을 것이다. 현재에도 이 조항은 계속[95]되고 있다.

대인적 처분과 관련된 소유수와 관련해서는 "1세대가 1 이상의 주택을 소유한 경우 1주택을 공급하고, 2인 이상이 1주택을 공유한 경우에는 1주택만 공급한다."라고 규정하므로 기본적으로 1주택을 공급하는 기준을 정리하였다고 볼 수 있다. 예외적으로 "주택재건축사업에 대하여는 1세대가 2이상의 주택을 소유한 경우에는 2이상의 주택을 공급할 수 있다."라고 규정하고 있으나 "투기의 우려가 있다고 인정되어 건설교통부령이 정하는 지역에 대하여는 1세대가 2이상의 주택을 소유하더라도 2이하의 주택을 공급하여야 한다."라는 단서 조항을 규정함으로써 주택공급이 부족한 지역에서는 주택재건축사업에서도 기본적인 1주택 공급의 기준을 지키려고 했던 것으로 볼 수 있다.

---

95)   도시및주거환경정비법시행령 제63조(관리처분의 방법 등) ① 7

구분	대물적 처분		대인적 처분
	종전가치	종후가치	
2003.7.1.	• 시장·군수가 추천하는 2인 이상이 평가한 금액산술평균하여 산정 • 주택재건축사업:준용	• 시장·군수가 추천하는 2인 이상의 감정평가 의견을 참작 • 주택재건축사업:준용	• 주택재개발사업:1세대 1주택 공급 2인 이상이 1주택을 공유한 경우 1주택 공급 • 주택재건축사업:1세대 2 이상의 주택을 소유 경우 2 이상 주택 공급
2005.3.18.	• 동일	• 동일	• 1세대가 1 이상의 주택을 소유한 경우 1주택을 공급하고, 2인 이상이 1주택을 공유한 경우에는 1주택만 공급 • 투기과열지구안에 위치하지 아니하는 주택재건축사업의 토지등소유자 : 소유한 주택수 공급
2009.2.6.	• 동일	• 동일	• 1세대 또는 1인이 1 이상의 주택 또는 토지를 소유한 경우 1주택 공급. 같은 세대에 속하지 아니하는 2인 이상이 1주택 또는 1토지를 공유한 경우 1주택 공급. 다만, 2인 이상이 1토지를 공유한 경우로서 시·도 조례로 정하는 바에 따라 주택을 공급 • 투기과열지구안에 위치하지 아니하는 주택재건축사업의 토지등소유자 : 소유한 주택수 공급
2009.11.28.	• 시장·군수가 선정·계약한 감정평가업자 2인 이상이 평가한 금액을 산술평균하여 산정 • 조합원이 둔 세입자에 대한 손실보상액을 뺀 나머지 가격을 종전의 토지 또는 건축물의 가격으로 산정할 수 있음 • 주택재건축사업:준용	• 시장·군수가 선정·계약한 감정평가업자 2인 이상이 평가한 금액을 산술평균하여 산정 • 주택재건축사업:준용	• 동일 • 수도권정비계획법」 따른 수도권 과밀억제권역에 위치하지 아니하는 주택재건축사업의 토지등소유자 소유한 주택수 공급

2012.2.1.	• 세입자고려항목 삭제	• 동일	• 동일 • 동일 • 종전가치에 따른 가격의 범위에서 2주택을 공급할 수 있고, 이 중 1주택은 주거전용면적을 60제곱미터 이하 공급 • 가로주택정비사업 3주택 이하로 한정하되, 다가구주택을 소유한 자에 대하여 분양주택 중 최소분양단위 규모의 추산액으로 나눈 값만큼 공급
2013.12.24.	• 동일	• 동일	• 동일 • 동일 • 종전가치에 따른 가격의 범위 또는 종전 주택의 주거전용면적의 범위에서 2주택을 공급할 수 있고, 이 중 1주택은 주거전용면적을 60제곱미터 이하 • 동일
2014.11.22.	• 주택재개발사업 또는 도시환경정비사업: 시장·군수가 선정·계약한 2인 이상의 감정평가업자가 평가한 금액을 산술평균하여 산정 • 주택재건축사업 또는 가로주택정비사업: 시장·군수가 선정·계약한 1인 이상의 감정평가업자와 조합총회의 의결로 정하여 선정·계약한 1인 이상의 감정평가업자가 평가한 금액을 산술평균하여 산정	• 동일	
2014.12.31.	• 동일		• 동일 • 수도권정비계획법」 제6조제1항제1호에 따른 과밀억제권역에서 투기과열지구에 위치하지 아니한 주택재건축사업의 경우 3주택 이하로 한정하여 공급 • 동일 • 동일
2016.3.2.		• 종후가치항목 - 조합원 분양분 - 일반 분양분 - 기업형임대주택 - 임대주택 - 그 밖에 부대·복리시설 등	• 동일 • 동일 • 동일 • 동일

| 2017.11.10. | • 동일 | • 동일 | • 동일
• 다만, 투기과열지구 또는 「주택법」 제63조의2제1항제1호에 따라 지정된 조정대상지역에서 사업시행인가를 신청하는 주택재건축사업의 경우에는 그러하지 아니함
• 동일
• 동일 |
| 2022.2.3. | • 동일 | • 동일 | • 동일
• 과밀억제권역에 위치하지 아니한 재건축사업의 토지등소유자:해당주택수
• 동일
• 삭제(법률개정)
• 과밀억제권역 외의 조정대상지역 또는 투기과열지구에서 조정대상지역 또는 투기과열지구로 지정되기 전에 1명의 토지등소유자로부터 토지 또는 건축물의 소유권을 양수하여 여러 명이 소유하게 된 경우에는 양도인과 양수인에게 각각 1주택을 공급
• 과밀억제권역에 위치한 재건축사업의 경우에는 토지등소유자가 소유한 주택수의 범위에서 3주택까지 공급. 다만, 투기과열지구 또는 조정대상지역에서 사업시행계획인가를 신청하는 재건축사업의 경우에는 그러하지 아니함 |

  이후 수도권 집중에 따른 공급의 부족 그리고 주택의 투기적인 목적으로의 수요에 대한 여러 가지의 정책이 시행되면서, 이러한 변화를 반영하며 관리처분에 대한 기준은 변화하여 왔지만 1세대 1주택 공급에 대한 원칙적인 규제 내용은 유지되고 있는 것으로 보인다.

구분		2003년	2025년
대물적 처분	종후 가치	• 시장·군수가 추천하는 2인 이상의 감정평가 의견을 참작 • 주택재건축사업 :준용	• 주택재개발사업 또는 도시환경정비사업: 시장·군수가 선정·계약한 2인 이상의 감정평가업자가 평가한 금액을 산술평균하여 산정
	종전 가치	• 시장·군수가 추천하는 2인 이상이 평가한 금액을 산술평균하여 산정 • 주택재건축사업:준용	• 주택재건축사업 또는 가로주택정비사업: 시장·군수가 선정·계약한 1인 이상의 감정평가업자와 조합총회의 의결로 정하여 선정·계약한 1인 이상의 감정평가업자가 평가한 금액을 산술평균하여 산정
		* 주택의 공급순위는 기존의 토지 또는 건축물의 가격을 고려하여 정할 것.	
대인적 처분		• 주택재개발사업:1세대 1주택 공급 2인 이상이 1주택을 공유한 경우 1주택 공급 • 주택재건축사업:1세대 2이상의 주택을 소유 경우 2이상 주택공급	• 1세대 또는 1인이 1 이상의 주택 또는 토지를 소유한 경우 1주택 공급. 같은 세대에 속하지 아니하는 2인 이상이 1주택 또는 1토지를 공유한 경우 1주택 공급. 다만, 2인 이상이 1토지를 공유한 경우로서 시·도 조례로 정하는 바에 따라 주택을 공급 • 종전가치에 따른 가격의 범위에서 2주택을 공급할 수 있고, 이 중 1주택은 주거전용면적을 60제곱미터 이하 공급 • 과밀억제권역에 위치하지 아니한 재건축사업의 토지등소유자: 해당 주택 수 • 과밀억제권역 외의 조정대상지역 또는 투기과열지구에서 조정대상지역 또는 투기과열지구로 지정되기 전에 1명의 토지등소유자로부터 토지 또는 건축물의 소유권을 양수하여 여러 명이 소유하게 된 경우에는 양도인과 양수인에게 각각 1주택을 공급 • 과밀억제권역에 위치한 재건축사업의 경우에는 토지등소유자가 소유한 주택수의 범위에서 3주택까지 공급. 다만, 투기과열지구 또는 조정대상지역에서 사업시행계획인가를 신청하는 재건축사업의 경우에는 그러하지 아니함

라) 관리처분계획과 비례율(분담금)

과거 농지경지정리사업에서는 공통주의감보율방식의 처분방식을 사용하였다.

이는 앞서 관리처분방식의 변화에서도 기술하였듯이 기본적으로 각각 토지의 생산량이 동일하다는 전제하에 공통으로 토지를 감보하는 방식이었다. 그러나 도시의 정비사업에서는 그 위치에 따른 가치의 높고 낮음이 존재하므로 인하여 현재 평가주의식 처분방법을 사용하고 있다. 이러한 처분방법은 정비사업 전·후의 자산가치를 평가하고 소요되는 사업비를 산정하여 관리처분계획을 수립하는 과정이다. 이 관리처분계획에 따라 소요되는 비용을 분담하게 되며, 평가금액에 따라 그 비용을 부담하거나 환급받게 된다. 이러한 관리처분계획수립에 있어 분담금에 대한 산출기준이 있어야 하는데 이 기준이 바로 비례율이다. 즉, 이 비례율을 통하여 도시의 정비사업에 따른 최종적인 자산가치의 증감이 결정되는 것이다. 비례율에 대한 산식과 이를 통한 분담금의 산식은 「도시및주거환경정비법」에 의하여 규정[96]하고 있으며 그 산식은 아래와 같다.

- 비례율 $= \dfrac{\text{사업완료후의 대지 및 건축물의 총수입} - \text{총사업비}}{\text{종전의 토지 및 건축물의 총가액}}$

- 분양대상자별 분담금 추산액

  = 분양예정인 대지 및 건축물의 추산액

  − 분양대상자별 종전의 토지 및 건축물의 가격 × 비례율

예를 들어 도시의 정비사업을 통하여 건립되는 건축물(주택 등)에 입체환지를 통하여 다시 입주한다고 가정할 경우 그 건축물의 사업완료후의 대지 및 건축물의 총수입(종후가치)이 2,000억원이라고 가정하고 정비사업에 소요되는 총사업비가 1,000억 그리고 종전의 토지 및 건축물의 총가액(종전가치)이 1,000억이라고 가정한다면 비례율은 100%이다.

---

96)   도시정비법 시행규칙 제8조 제3항, 조합설립 동의서(별지 제6호 서식)

$$\bullet\ \frac{2{,}000\text{억 원}-1{,}000\text{억 원}}{1{,}000\text{억 원}}\times 100 = 100\%$$

이 비례율을 통하여 각각 개인의 분담금 추산액을 계산하면 어떤 개인의 종전가치가 8억원이며 분양가격이 10억원이거나 8억원일 경우 이 개인의 분담금은

- 10억원 − 8억원×100% = 2억원 또는
- 8억원 − 8억원×100% = 0원이 된다.

즉, 개인의 분담금은 종전가치가 동일할 경우 분양가격에 따라 달라진다. 또한, 동일한 분양가격의 경우 종전가치에 따라 달라질 수 있다. 예를 들어 분양가격이 10억원이고 종전가치가 10억원이거나 8억원일 경우 분담금은

- 10억원 − 10억원×100% = 0원 또는
- 10억원 − 8억원×100% = 2억원이 된다.

정비사업에 대한 분담금은 개인이 어떤 건축물(주택 등)에 입주하려고 하느냐에 따라 즉, 분양가격에 따라 다르며 또한 종전가치에 따라 다르다고 할 수 있다.

[표5-11] 비례율(100%)과 분담금

분담금(비례율 100%)		분양가격	
		10억원	8억원
종전가치	10억원	0원	-2억원(환급)
	8억원	2억원	0원

그러나 종전가치나 조합원분양가가 동일한 경우[97]에도 일반분양가나 총사업비

---

97)　앞서 비례율의 한계에서 종전가치나 조합원분양가가 변동되게 되는 경우 비례율은 변동되지만, 분담금

가 변동되게 될 때는 비례율이 달라진다. 위 경우에서 일반분양가격이 200억이 상승하게 되면 비례율은 120%가 된다. 또한, 일반분양가가 고정된 상황에서 총사업비가 100억원 상승하게 된다면 비례율은 90%가 된다.

- $$\frac{2,200억\,원 - 1,000억\,원}{1,000억\,원} \times 100 = 120\%$$

- $$\frac{2,000억\,원 - 1,100억\,원}{1,000억\,원} \times 100 = 90\%$$

각각의 경우에 분담금을 산정하면 비례율이 120%이고 종전가치가 8억원, 입주분양가격이 10억원이나 8억원인 경우

- 10억원 － 8억원×120% = 0.4억원 또는
- 8억원 － 8억원×120% = −1.6억원이 된다.

또한, 10억의 분양가격과 종전가치가 10억원, 8억원인 경우는

- 10억원 － 10억원×120% = −2억원 또는
- 10억원 － 8억원×120% = 0.4억원이 된다.

[표5-12] 비례율(120%)과 분담금

분담금 (비례율 120%)		분양가격	
		10억원	8억원
종전가치	10억원	-2억원(환급)	-4억원(환급)
	8억원	0.4억원	-1.6억원(환급)

은 변동되지 않는다고 기술하였다

반대로 비례율이 90%이고 종전가치가 8억원, 입주분양가격이 10억원이나 8억원인 경우는

- 10억원 − 8억원×90% = 2.8억원 또는
- 8억원 − 8억원×90% = 0.8억원이 된다.

또한, 10억의 분양가격이면 종전가치가 10억원과 8억원인 경우는

- 10억원 − 10억원×90% = 1억원 또는
- 10억원 − 8억원×90% = 2.8억원이 된다.

[표5-13] 비례율(90%)과 분담금

분담금 (비례율 90%)		분양가격	
		10억원	8억원
종전가치	10억원	1억원	-1억원(환급)
	8억원	2.8억원	0.8억원

이렇듯 분담금은 일반분양분가격의 종후가치나 사업비 등에 따른 비례율에 의해 분담금이 다르며 또한 이러한 비례율이 고정되어 있으면 종전가치에 따라 분담금이 달라진다.

관리처분계획수립은 1가구 1주택 등과 관련한 규정 등 여러 가지의 기준들을 규정하고 있지만 궁극적으로 각 개인이 정비사업에 소요되는 비용의 분담을 어떻게 할 것인가가 핵심적인 내용이다. 앞서 사례에서 알 수 있듯이 비례율의 높고 낮음에 따라 분담금의 높고 낮음이 결정된다. 그러므로 비례율은 관리처분계획 수립에서 핵심적인 역할을 한다. 여기서 주의하여 할 것은 분담금은 일반분양가격 그리고 사업비 변화에 따른 비례율 변동 때문에 달라질 수 있으며 비례율이 고정될 경

우 각각 개인의 종전가치에 의해서도 달라질 수 있다. 그러므로 어느 도시의 정비사업에 대한 하나의 분담금은 존재할 수 없으며 평균적으로 분담금을 산정하는 것 또한 개인별 분담금과 많은 차이가 날 수 있다.

마) 관리처분계획수립의 실제

관리처분계획은 법률상 기준에 의하여 실제 진행되는 도시의 정비사업에서 수립되고 진행된다. 각 정비사업의 특성과 상황에 따라 조금씩 달라지지만, 그 주요한 내용에서는 동일하다고 할 수 있다. 기본적으로 관리처분에 관한 내용을 정리하고 이후 이 내용을 첨부한다. 분양설계, 분양대상자의 주소 및 성명 등 법률적인 내용이다. 특히 분양대상자에 대한 처분계획 즉 분담금의 내용을 산정하게 되어 있는데 이것이 비례율을 통해 산정되는 것이다. 이 비례율 산정 후 각 대상자의 건축물(주택 등)에 입주하기 위한 분담금을 산정하여 작성하게 된다. 이후 이러한 분담금을 기준으로 하여 새로이 건립된 건축물(주택 등)에 입주할 수 있는 기준을 산정하고 이에 따라 입주계획을 수립하게 된다.

이렇게 수립된 관리처분계획은 각각 개인의 동의[98]를 거쳐 정부로부터 인·허가를 받아야 하며 인가된 관리처분계획에 따라 각 개개인에 대한 처분계획이 시행된다.

---

98) 관리처분계획에 동의에 대한 각 법률적 기준이 존재함

구역 재건축정비사업조합
관리처분계획서 (안)

【 목 차 】

구분	내 용	관련법령	별지서식
1	분양설계 - 관리처분계획대상 물건조서 - 환지예정지 도면 - 종전 토지의 지적 또는 임야도면	법 제74조제1항제1호 조례 제30조제1항	제32호
2	분양대상자의 주소 및 성명	법 제74조제1항제2호	제27호 참조
3	3-1. 분양대상자별 분양예정인 대지 또는 건축물의 추산액과 분양대상자별 종전의 토지 또는 건축물의 명세 및 사업시행계획인가 고시가 있은 날을 기준으로 한 가격 3-2. 분양신청자(개인·공동)별 분양설계서 – 개별통지 3-3. 국·공유지 점유자별 점유 인정면적 내역서 3-4. 분양대상자별 청산액 추산내역서	법 제74조제1항제3호 법 제74조제1항제5호	제27호
4	보류지 등의 명세와 추산액 및 처분방법	법 제74조제1항제4호 시행령 제62조제2호	제31호
5	정비사업비의 추산액(재건축부담금에 관한 사항 포함) 및 그에 따른 조합원 분담규모 및 분담시기	법 제74조제1항제6호	제28호
6	분양대상자의 종전 토지 또는 건축물에 관한 소유권 외의 권리명세	법 제74조제1항제7호	제29호
7	세입자별 손실보상을 위한 권리명세 및 그 평가액	법 제74조제1항제8호	해당사항 없음
8	현금으로 청산하여야 하는 토지등소유자별 기존의 토지·건축물 또는 그 밖의 권리의 명세와 이에 대한 청산방법	시행령 제62조제1호	제30호
9	비용의 부담비율에 따른 대지 및 건축물의 분양계획과 그 비용부담의 한도·방법 및 시기	시행령 제62조제3호	해당사항 없음
10	정비사업의 시행으로 인하여 새롭게 설치되는 정비기반 시설의 명세와 용도가 폐지되는 정비기반시설의 명세	시행령 제62조제4호	제20호 및 제21호
11	기존 건축물의 철거 예정시기	시행령 제62조제5호	
12	현금납부액, 납부방법 및 납부기한	조례 제29조제2호	해당사항 없음

[그림5-4] 비례율 산정의 실제

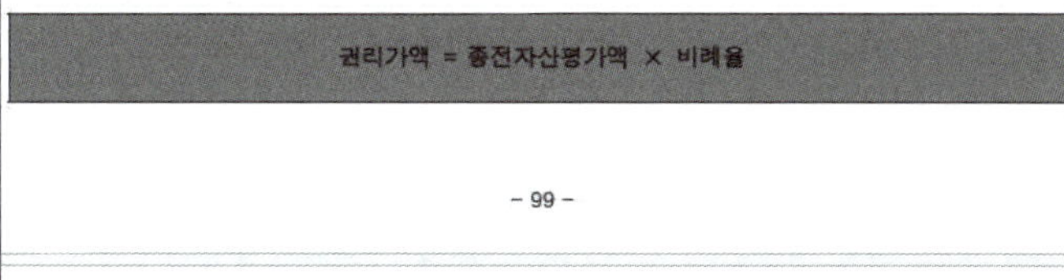

제4조 【분양대상자별 권리가액의 산정기준】

분양대상자(조합원)별 권리가액은 조합원의 대지 및 건축물의 분양기준가액이 되며, 권리가액의 산정은 다음에 의한다.

1. **권리가액** : 종전자산평가액에 비례율을 곱한 금액

$$\text{권리가액} = \text{종전자산평가액} \times \text{비례율}$$

– 99 –

2. **종전자산평가액** : 종전의 토지 및 건축물의 가격책정은 도시 및 주거환경정비법 제74조(관리처분계획의 인가 등)에 따라 창원시장이 선정한 감정평가법인 미래새한감정평가법인, 테평양감정평가법인과 조합에서 선정·계약한 대한감정평가법인이 사업시행인가의 고시가 있은 날을 기준으로 평가한 금액을 산술평균한 금액으로 한다.

3. **비례율** : (사업완료 후의 대지 및 건축물의 총 수입 – 총 사업비) / 종전의 토지 및 건축물의 총 가액

$$\text{비례율} = \frac{\text{사업완료 후의 대지 및 건축물의 총 수입} - \text{총 사업비}}{\text{종전의 토지 및 건축물의 총 가액}} \times 100$$

4. **추정비례율**

$$\text{추정비례율} \approx \frac{561,028,179,214원 - 344,188,659,214원}{225,874,500,000원} \times 100$$

$$[96.00\%]$$

[그림5-5] 분담금 산정의 실제

연번		성명	소재지	① 종전토지 등의 평가액			② 기준가액	권리자별 부담 또는 상환액			⑥ 분양가액			청산금 추산액		비고
				계	토지	건축물	① × 비례율 96.00%	③차인계 ⑤－④	④ 부담액	⑤ 상환액	계	대지	건축시설	징수	지급	
315	1	신**	9-201	292,700,000	토지건축 일괄평가	토지건축 일괄평가	280,992,000	402,556,000	402,556,000	-	683,548,000	토지건축 일괄평가	토지건축 일괄평가	402,556,000	-	
315	2	박**	9-201		토지건축 일괄평가	토지건축 일괄평가		-	-	-	-	토지건축 일괄평가	토지건축 일괄평가		-	
316	1	성**	9-202	292,700,000	토지건축 일괄평가	토지건축 일괄평가	280,992,000	402,556,000	402,556,000	-	683,548,000	토지건축 일괄평가	토지건축 일괄평가	402,556,000	-	
317	1	김**	9-203	292,700,000	토지건축 일괄평가	토지건축 일괄평가	280,992,000	259,064,000	259,064,000	-	540,056,000	토지건축 일괄평가	토지건축 일괄평가	259,064,000	-	
318	1	이**	9-204	292,700,000	토지건축 일괄평가	토지건축 일괄평가	280,992,000	402,556,000	402,556,000	-	683,548,000	토지건축 일괄평가	토지건축 일괄평가	402,556,000	-	
319	1	박**	9-205	292,700,000	토지건축 일괄평가	토지건축 일괄평가	280,992,000	402,556,000	402,556,000	-	683,548,000	토지건축 일괄평가	토지건축 일괄평가	402,556,000	-	
320	1	박**	9-207	292,700,000	토지건축 일괄평가	토지건축 일괄평가	280,992,000	259,064,000	259,064,000	-	540,056,000	토지건축 일괄평가	토지건축 일괄평가	259,064,000	-	
321	1	김**	9-208	292,700,000	토지건축 일괄평가	토지건축 일괄평가	280,992,000	402,556,000	402,556,000	-	683,548,000	토지건축 일괄평가	토지건축 일괄평가	402,556,000	-	
322	1	정**	9-301	292,700,000	토지건축 일괄평가	토지건축 일괄평가	280,992,000	259,064,000	259,064,000	-	540,056,000	토지건축 일괄평가	토지건축 일괄평가	259,064,000	-	
323	1	고**	9-302	292,700,000	토지건축 일괄평가	토지건축 일괄평가	280,992,000	259,064,000	259,064,000	-	540,056,000	토지건축 일괄평가	토지건축 일괄평가	259,064,000	-	
324	1	황**	9-303	292,700,000	토지건축 일괄평가	토지건축 일괄평가	280,992,000	259,064,000	259,064,000	-	540,056,000	토지건축 일괄평가	토지건축 일괄평가	259,064,000	-	
325	1	송**	9-304	292,700,000	토지건축 일괄평가	토지건축 일괄평가	280,992,000	259,064,000	259,064,000	-	540,056,000	토지건축 일괄평가	토지건축 일괄평가	259,064,000	-	
326	1	조**	9-305	292,700,000	토지건축 일괄평가	토지건축 일괄평가	280,992,000	259,064,000	259,064,000	-	540,056,000	토지건축 일괄평가	토지건축 일괄평가	259,064,000	-	
327	1	정**	9-306	292,700,000	토지건축 일괄평가	토지건축 일괄평가	280,992,000	259,064,000	259,064,000	-	540,056,000	토지건축 일괄평가	토지건축 일괄평가	259,064,000	-	

[그림5-6] 신축건축물의 분양기준의 실제

3. 신축건축물의 분양기준

조합정관 제47조(관리처분계획의 기준)에 의해 다음 각 호의 기준에 근거하여 분양대상 조합원의 기준은 아래와 같이 정한다.

① 조합원이 출자한 종전의 토지 및 건축물의 가격, 면적을 기준으로 새로이 건설되는 주택 등을 분양함을 원칙으로 한다.

② 사업시행 후 분양받을 건축물의 면적은 분양면적(전용면적+공유면적)을 기준으로 하여, 1필지의 대지위에 2인 이상에게 분양될 건축물이 설치된 경우에는 건축물의 분양면적의 비율에 의하여 그 대지소유권이 주어지도록 하여야 한다. 이 경우 토지의 소유관계는 공유로 한다.(시행령 제63조제1항제6호)

③ 조합원에게 분양하는 주택의 규모는 건축계획을 작성하여 사업시행인가를 받은 후 평형별로 확정한다.

④ 조합원에 대한 신축건축물의 평형별 배정에 있어 동일 규모의 주택분양에 경합이 있는 경우에는 권리가액이 많은 순으로 분양하고, 권리가액이 동일한 경우에는 공개추첨에 따르며, 주택의 동·층 및 호의 결정은 주택규모별 공개추첨에 따른다.

⑤ 조합원이 출자한 종전의 토지 및 건축물의 면적을 기준으로 산정한 주택의 분양대상면적과 사업시행 후 조합원이 분양받을 주택의 규모에 차이가 있을 때에는 당해 사업계획서에 의하여 산정하는 평형별 가격을 기준으로 환산한 금액의 부과 및 지급은 조합정관 제55조 및 제56조의 규정을 준용한다.

⑥ 사업시행구역 안에 건립하는 상가 등 부대·복리시설은 조합이 시공자와 협의하여 별도로 정하는 약정에 따라 공동주택과 구분하여 관리처분계획을 수립할 수 있다.

⑦ 조합원에게 공급하고 남는 잔여주택이 30세대 이상인 경우에는 일반에게 분양하여, 그 잔여주택의 공급시기와 절차 및 방법 등에 대하여는 주택공급에 관한규칙이 정하는바에 따라야 한다. 잔여주택이 30세대 미만인 경우에는 그러하지 아니하다.

⑧ 1세대 또는 1인이 하나 이상의 주택을 소유한 경우 1주택을 공급하고 2인 이상이 1주택을 공유한 경우에는 1주택만 공급한다. 다만, 다음 각목의 어느 하나에 해당하는 토지등소유자에 대하여는 소유한 주택 수만큼 공급할 수 있다. (법 제76조1항제7호의 규정을 준용하여 적용)

　가. 과밀억제권역에 위치하지 아니한 재건축사업의 토지등소유자. 다만, 투기과열지구 또는 「주택법」 제63조의2제1항제1호에 따라 지정된 조정대상지역에서 사업시행계획인가(최초 사업시행계획인가를 말한다)를 신청하는 재건축사업의 토지등소유자는 제외한다.

　나. 근로자(공무원인 근로자를 포함한다) 숙소, 기숙사 용도로 주택을 소유하고 있는 토지등소유자

　다. 국가, 지방자치단체 및 토지주택공사등

　라. 「국가균형발전 특별법」 제18조에 따른 공공기관지방이전 및 혁신도시 활성화를 위한 시책 등에 따라 이전하는 공공기관이 소유한 주택을 양수한 자

⑨ 종전 건축물의 소유면적은 관리처분 기준일 현재 소유 건축물별 등기된 건축물대장으로 하여 법령에 위반하여 건축된 부분의 면적(무허가 건축물 등)은 제외한다. 다만, 정관 등 이 정하는 바에 따라 재산세과세대상 측량성과 및 물건조사를 기준으로 할 수 있다.

⑩ 부대·복리시설(부속 토지를 포함한다, 이하 이 호에서 같다)의 소유자에게는 부대·복리시설을 공급한다. 다만, 다음 각목의 1에 해당하는 경우에는 부대·복리시설의 소유자에게 1주택을 공급할 수 있다.

　가. 새로운 부대·복리시설을 공급받지 아니하는 경우로서 종전의 부대·복리시설의 가액이 분양주택의 최소분양단위규모 추산액에 총회에서 정하는 비율(정하지 아니한 경우에는 1로 한다)을 곱한 가액 이상일 것

　나. 종전 부대·복리시설의 가액에서 새로이 공급받는 부대·복리시설의 추산액을 차감한 금액이 분양주택의 최소분양단위규모 추산액에 총회에서 정하는 비율을 곱한 가액 이상일 것

　다. 새로이 공급받는 부대·복리시설의 추산액이 분양주택의 최소분양단위규모 추산액 이상일 것

　라. 조합원 전원이 동의한 경우

⑪ 종전의 주택 및 부대복리시설(부속되는 토지를 포함한다)의 평가는 창원시장이 선정한 1인 감정평가업자, 조합이 선정한 1인 감정평가업자로 2인 이상이 평가한 금액을 산술 평가한 금액으로 한다.

⑫ 분양예정인 주택 및 부대복리시설(부속되는 토지를 포함한다)의 평가는 감정평가업자 2인 이상이 평가한 금액을 산술 평가한 금액으로 한다.

　가. 창원시장이 선정한 1인 감정평가업자

　나. 조합이 선정한 1인 감정평가업자

⑬ 그 밖에 관리처분계획을 수립하기 위하여 필요한 세부적인 사항은 관계규정 등에 따라 조합장이 정하여 대의원회의 의결을 거쳐 시행한다.

도시정비와 동의율

도시의 정비사업 기본계획과 실행계획을 시행하기 위해서는 필연적으로 대상지각 토지등소유자의 자산을 포함하여야 한다. 이러한 각 토지등소유자의 자산은 헌법에서 보장하는 사유재산권으로 보호를 받는다. 헌법 제23조 ①항에서는 "모든국민의 재산권은 보장된다. 그 내용과 한계는 법률로 정한다."라고 규정함으로써이러한 사유재산권 보장을 뒷받침하고 있다. 이러한 사유재산권이 보장되는 상황에서 도시의 정비사업을 시행하기 위해서는 각 토지등소유자의 정비사업에 대한의사결정이 필요하다. 즉, 도시의 정비사업을 위한 기본계획과 실행계획의 시행을 위해서는 대상지 내 토지등소유자의 대상 정비사업에 대한 찬·반의 의사결정이 필요한 것이다.

도시의 정비사업은 그 시행을 통하여 여러 가지의 변화가 있겠지만 대상지 내토지등소유자는 그 자산변동에 가장 큰 관심을 두게 된다. 그러므로 이러한 자산변동을 수반하는 정비사업에 대한 토지등소유자의 의사결정은 궁극적으로 사유재산권을 행사하는 과정이라고 할 수 있다. 그러나 정비사업이 이러한 토지등소유자의 사유재산권만을 보장하기 위하여 전체의 동의를 전제로 진행한다면 그 시행은어려울 수도 있을 것이다. 어떠한 정비사업에 대한 각각 개인의 이해관계가 서로다름으로 인하여 전체의 동의를 구하는 것은 어렵기 때문이다. 이에 헌법 제23조③항에서는 "공공필요에 의한 재산권의 수용·사용 또는 제한 및 그에 대한 보상은 법률로써 하되, 정당한 보상을 지급하여야 한다."라고 규정함으로써 정비사업이 공공의 필요 때문에 진행될 경우 토지등소유자의 사유재산권을 제한하도록 하고 있다. 즉, 이러한 공공의 필요 사유재산권의 제한에 관한 규정은 공공의 필요때문에 도시의 정비사업이 진행될 경우 그 동의의 정도를 규정할 수 있는 근거가되는 것이다. 이러한 사유재산권 제한의 대표적인 제도가 수용과 매도청구이다.

아무리 좋은 도시의 정비목적과 실행계획이 수립되어 있다 할지라도 시행과정에서 대상지 내의 토지등소유자의 동의를 얻지 못한다면 궁극적으로 도시의 정비는 이루어지지 못할 것이다. 특히, 토지등소유자의 자산에 대한 변동이 수반되므로 인하여 더욱 동의 과정이 복잡하고 어려운 과정일 수 있으며, 이러한 과정이 토지등소유자들의 자체적인 기준에 맡겨진다면 많은 문제와 혼란을 발생시킬 수 있을 것이다. 이에 도시의 정비에 대한 모든 사업은 법률에 따라 동의에 대한 법률적 기준을 규정하고 있다.

가. 동의율의 연혁

이러한 정비사업에 대한 동의는 「조선토지개량령」과 「조선시가지계획령」에서 찾을 수 있다. 일제 식민지 상황에서 우리나라는 농촌의 경우 농지경지정리사업, 도시의 경우는 토지구획정리를 통한 개량사업으로 양분되어 정비사업이 진행되었다. 식민지 상황에서 실제적인 의도와 목적은 달랐지만, 형식적으로는 농지의 정리와 도시의 개량이었다.

농지정리의 경우 「조선토지개량령」을 근거로 하는 경지정리사업이 진행되었으며 이 정리사업 또한 당시 대상 농지를 소유한 토지등소유자의 사유재산권이 인정되었으므로 이에 대한 동의 과정을 「조선토지개량령」에 명시하고 있다. 「조선토지개량령」 제7조와 제8조에서 이와 같은 동의의 내용을 볼 수 있다. 제7조와 제8조를 살펴보면, 제7조 "토지의 소유자가 토지개량을 시행하고자 하는 때에는 사업계획서를 작성하여 관계인[99]의 동의를 얻고, 다수 공동으로 시행하고자 하는 경우에는 규약을 만들어 조선총독의 인가를 받아야 한다. 다만, 관계인의 동의를 얻기가 불가능할 때에는 그 이유를 구비한 서류를 첨부하여야 한다." 그리고 제8조 "②토지개량시행지구 변경의 인가를 받고자 하는 경우에 새롭게 토지개량시행지구에 편입되어야 하는 토지에 해당하는 때에는 관계인의 동의에 관한 전조의 규정을 준

---

99) 「조선토지개량령」 제3조 이 영에서 관계인이라 함은 토지개량시행지에 대하여 소유권 이외의 등기 권리를 가진 자를 말한다

용한다. ③채무의 분담에 관한 규약의 변경, 토지개량의 폐지 또는 토지개량시행지구 감소의 인가를 받고자 하는 경우에 토지개량으로 인하여 마련한 차입금이 있을 때에는 채권자의 동의를 얻을 것을 요한다. 다만, 동의를 얻기가 불가능할 때에는 그 이유를 구비한 서류를 첨부하여야 한다."와 같다. 즉, 농지 정리를 위한 토지개량을 시행할 경우 관계인에 대한 동의 얻도록 하고 있으며, 사업 시행의 주체 간 동의에 관하여는 규정하고 있지 않다. 이는 사업을 반대하는 토지등소유자는 근본적으로 사업시행자의 지위에 있을 수 없으므로 현재와 같은 대상지 내의 토지등소유자에 대한 동의의 정도가 필요치 않았다고 할 수 있다.

도시의 개량을 목적으로 1934년 제정된 「조선시가지계획령」은 1927년 먼저 제정된 「조선토지개량령」으로부터 많은 영향을 받는다. 「조선시가지개량령」 이전 시구개량사업 등 시가지개량사업이 여러 가지 방법으로 시행되고 있었으며 「조선시가지계획령」의 제정은 이러한 시가지 개량사업의 근거가 된다. 토지구획정리사업은 이러한 시가지개량의 주요한 수단이 되며 이 또한 각각 개인의 사유재산을 포함하므로 이에 대한 동의를 구해야 한다. 그러나 「조선시가지계획령」에서는 사유재산에 대한 동의 없이 조선총독부에 의한 일방적인 사업을 진행할 수 있도록 규정하고 있다. 이러한 내용은 「조선시가지계획령」 제44조에서 볼 수 있다. 제44조에서는 "①시가지계획으로서 결정한 토지구획정리에 대하여는 시행구역 안의 토지소유자는 조선총독이 지정하는 기한 내에 시행의 인가를 신청하여야 한다. ② 토지소유자가 전항의 규정에 의하여 토지구획정리의 시행인가를 신청하지 아니하거나 신청하더라도 내용이 부적당하다고 인정되는 때에는 조선총독은 행정청으로 하여금 토지구획정리를 시행하게 할 수 있다."라고 규정하고 있어 일방적으로 조선총독부가 토지구획정리사업을 시행할 수 있도록 하고 있다. 이는 「조선토지개량령」 제정 이전 시구개량사업진행 시 토지등소유자의 재산을 매입하는 과정에서 많은 분쟁과 기간의 소요 등으로 개량사업의 진행에 많은 문제가 발생했던 것의 반영이었던 것으로 보인다.

　　1962년 「도시계획법」 제정 이후 1971년 개정에서 도시재개발사업으로 분화되면서 동의 과정은 세부적이고 구체화 된다. 개정된 「도시계획법」 제32조에서는 시행청이 아닌 시행자가 시행할 경우의 동의 요건을 구체적으로 명시하고 있다. 제32조를 살펴보면 "제32조 (행정청이 아닌 시행자) 1. 특별법에 의하여 도시계획사업을 시행할 것을 사업목적으로 하거나 사업종목으로 하여 설립된 법인. 2. 재개발구역 안의 토지가 건축물의 소유자 또는 그들로 구성된 조합 및 법인. ②전항 각호의 자가 재개발사업을 시행하고자 할 때에는 재개발구역안의 토지의 총면적 및 건축물의 연면적의 각각 3분의 2이상에 해당하는 소유자의 동의를 얻어야 한다."와 같다. 일방적인 시행청 중심의 사업에서 시행청이 아닌 법인이나 조합의 시행을 구체화하는 동의 요건이라고 할 수 있다.

　　이러한 「도시계획법」상의 분화된 재개발사업에 관한 규정은 1976년 「도시재개발법」으로 독립 제정되면서 재개발사업에 관한 동의 조항은 더욱 세분화되고 구체화된다. 재개발사업을 위한 시행자 동의는 법 제14조에 규정하고 있으며 그리고 제23조에 총회 및 의결사항을 제정하여 사안별로 동의를 받도록 규정하고 있다. 이를 살펴보면 법 제14조 (토지등의 소유자의 동의) "① 제12조의 규정에 의한 시행인가를 신청하는 자(조합등)는 재개발구역안의 토지면적의 3분의 2이상과 토지소유자 총수의 2분의 1이상에 해당하는 자의 동의를 얻어야 한다. 다만, 토지소유자가 정당한 사유없이 동의에 불응함으로써 토지소유자 총수의 2분의 1이상에 해당하는 동의를 받지 못할 때에는 그 사유를 명기하여 관할재개발심의회의 확인을 받을 수 있으며, 이를 받은 때에는 토지소유자 총수의 2분의 1이상의 동의가 있는 것으로 본다. ②제1항의 경우에 토지상에 건축물이 있거나 건축물의 소유를 목적으로 하는 지상권자가 있을 때에는 당해 토지소유자 이외에 건축물의 소유자 또는 지상권자의 동의를 얻어야 한다. 다만, 이 경우에 토지소유자와 건축물의 소유자 또는 지상권자의 동의는 각각 당해 토지면적의 2분의 1에 해당하는 토지에 대한 동의로 계산한다."와 제23조 (총회 및 결의사항) "③다음 각호의 사항은 총회의 결

의를 거쳐야 한다[100]." 그리고 시행령 제27조 (투표권의 수 및 결의방법) "①총회
의 의사는 정관이 특히 정한 경우 외에는 조합원 과반수의 출석과 출석조합원 과
반수의 찬성으로 의결한다."이다. 특히 독립된 「도시재개발법」에서 총회의 의결사
항과 출석조합원 과반수의 결의방법은 정비사업 시행과정에 기본적인 규정으로서
현재까지 이어지고 있다.

2003년 「도시재개발법」의 재개발과 주택법의 재건축 등을 포함하여 제정된 「도
시및주거환경정비법」에서는 「도시재개발법」의 동의내용을 그대로 반영하고 주택
법의 재건축 동의내용과 조합설립 전 추진위원회의 구성에 대한 동의율을 추가로
규정하고 총회 결의사항 등을 보완하면서 정비사업에 대한 동의내용들을 더욱 세
분화하고 확대하였다.

그 구체적인 내용을 살펴보면 추진위원회의 경우 제13조 (조합의 설립 및 추진
위원회의 구성) ①항 "조합을 설립하고자 하는 경우에는 토지등소유자 2분의 1이
상의 동의를 얻어 위원장을 포함한 5인 이상의 위원으로 조합설립추진위원회를
구성하여 건설교통부령이 정하는 방법 및 절차에 따라 시장·군수의 승인을 얻어
야 한다."로 추가되었고 조합설립의 경우도 주택재개발사업과 주택재건축사업을
분리하여 규정하였다. 그 내용으로는 주택재개발사업 및 도시환경정비사업은 "토
지등소유자의 5분의 4이상의 동의"를, 주택재건축사업은 "주택단지안의 공동주택
의 각 동(복리시설의 경우에는 주택단지안의 복리시설 전체를 하나의 동으로 본
다)별 구분소유자 및 의결권의 각 3분의 2이상의 동의와 주택단지안의 전체 구분

---

100) 1. 정관의 변경
　　　 2. 사업시행계획의 변경
　　　 3. 자금의 차입과 그 방법·이율 및 상환방법
　　　 4. 경비의 수지예산
　　　 5. 예산으로 정한 사항 이외에 조합원의 부담이 될 계약
　　　 6. 부과금의 금액 또는 징수방법
　　　 7. 관리처분계획
　　　 8. 제43조의 규정에 의한 보류지등의 처분방법
　　　 9. 기타 대통령령 또는 정관이 정하는 사항

소유자 및 의결권의 각 5분의 4이상의 동의"를 얻어야 했다. 현재의 규제보다는 강화된 규제로서 도심지 내 주택공급 기능의 강화를 위한 제도적 완화가 이루어지고 있다고 할 수 있다.

총회의 의결사항 등에서는 "철거업자·시공자·설계자의 선정 및 변경, 정비사업전문관리업자의 선정 및 변경" 등이 추가되었다.

이후 도시의 정비사업이 도시재생사업, 도시재정비촉진사업, 소규모주택정비사업 그리고 노후계획도시정비사업 등으로 분화되면서 각각의 법률에 근거한 동의율이 제정되어 오고 있다. 「도시및주거환경정비법」에 근거한 동의율도 정부의 정책에 따라 변화를 계속하여 오고 있다.

현재의 「도시및주거환경정비법」의 주요한 동의율 규정은 조합설립의 경우 재개발사업은 "토지등소유자의 4분의 3이상 및 토지면적의 2분의 1이상의 토지소유자의 동의"를, 재건축사업의 경우는 "주택단지의 공동주택의 각동(복리시설의 경우에는 주택단지의 복리시설 전체를 하나의 동으로 본다)별 구분소유자의 과반수 동의와 주택단지의 전체 구분소유자의 100분의 70이상 및 토지면적의 100분의 70이상의 토지소유자의 동의를 받아야 한다."라고 규정하고 있으며, 총회의 의결방법에서도 전자적 방법의 의결권을 행사할 수도 있는 조항이 신설되었으며, "총회의 의결은 조합원의 100분의 10이상이 직접 출석, 시공자의 선정을 의결하는 총회의 경우에는 조합원의 과반수가 직접 출석하여야 하고, 창립총회, 시공자 선정 취소를 위한 총회, 사업시행계획서의 작성 및 변경, 관리처분계획의 수립 및 변경을 의결하는 총회 등 대통령령으로 정하는 총회의 경우에는 조합원의 100분의 20이상이 직접 출석"이라고 규정함으로써 직접 출석조항[101]이 추가되었다.

---

101) 「도시및주거환경정비법」 제45조(총회의 의결)

[표6-1] 동의관련주요 연혁

구분	동의관련내용
조선토지개량령 (1927)	• 관계인의 동의 • 차입금이 있을 때는 채권자의 동의
조선시가지계획령 (1934)	• 조선총독부가 토지구획정리사업을 시행
도시계획법 개정 (1971)	• 조합등-재개발구역안의 토지의 총면적 및 건축물의 연면적의 각각 3분의 2이상에 해당하는 소유자의 동의
도시재개발법 (1976)	• 조합등-재개발구역안의 토지면적의 3분의 2이상과 토지소유자 총수의 2분의 1이상에 해당하는 자의 동의 • 총회의 의사는 정관이 특히 정한 경우 외에는 조합원 과반수의 출석과 출석조합원 과반수의 찬성으로 의결

도시및주거환경정비법
(2003)
	• 추진위원회토지등소유자 2분의 1이상의 동의
	• 조합설립
	  - 주택재개발사업 및 도시환경정비사업: 토지등소유자의 5분의 4이상의 동의
	  - 주택재건축사업·주택단지안의 공동주택의 각 동(복리시설의 경우에는 주택단지안의 복리시설 전체를 하나의 동으로 본다)별 구분소유자 및 의결권의 각 3분의 2이상의 동의와 주택단지안의 전체 구분소유자 및 의결권의 각 5분의 4이상의 동의
	• 총회의결 사항
	  철거업자·시공자·설계자의 선정 및 변경, 정비사업전문관리업자의 선정 및 변경"등 추가

도시및주거환경정비법
(2025)
	• 조합설립
	  - 재개발사업·토지등소유자의 4분의 3이상 및 토지면적의 2분의 1이상의 토지소유자의 동의
	  - 재건축사업·주택단지의 공동주택의 각동(복리시설의 경우에는 주택단지의 복리시설 전체를 하나의 동으로 본다)별 구분소유자의 과반수 동의와 주택단지의 전체 구분소유자의 100분의 70이상 및 토지면적의 100분의 70이상의 토지소유자의 동의
	• 총회의 의결방법(신설)
	  - 전자적 방법 의결권 행사
	  - 총회의 의결은 조합원의 100분의 10이상이 직접 출석
	  - 시공자의 선정을 의결하는 총회의 경우에는 조합원의 과반수가 직접 출석

이렇듯 시행상에서 동의율은 무엇보다 토지등소유자의 직접적인 자산과 연계되어 있으므로 그 동의율에 대하여 법률적 기준을 수립하는 것이 당연하다고 할 수 있다. 그러나 기본계획이나 실행계획은 계획수립의 주체가 정부이며 시행계획도 아니며 토지등소유자에게 시행계획과 같은 직접적인 영향을 미치지 않으므로 인하여 토지등소유자의 참여가 이루어지지 않았다. 그러나 시대적 상황이 변화면서 이러한 기본계획과 실행계획에 대한 주민들의 참여 요구가 많아지며 주민들이 기본계획이나 실행계획을 직접 제안하는 제도가 만들어졌다.

2013년에 제정된 「도시재생활성화및지원에관한특별법」에서는 그동안 정부가 주도해 온 기본계획이나 실행계획에 대한 주민제안을 제도화하였다. 그 내용을 보면 제18조 (주민 제안) "①주민(이해관계자를 포함한다. 이하 같다)은 전략계획수립권자에게 도시재생활성화지역의 지정 또는 변경을 제안할 수 있다."라고 명시하고 있어 주민들이 도시재생활성화지역의 지정을 제안할 수 있도록 하고 있다. 「도시및주거환경정비법」에서도 2018년 2월 9일 전면개정하면서 토지등소유자의 3분의 2의 동의를 얻어 정비계획에 대한 입안 제안[102]을 할 수 있도록 하였다.

나. 주요 단계별 동의율

도시의 정비사업의 시행단계는 각 정비사업의 종류별로 조금의 차이는 있지만, 시행자구성, 사업시행계획수립, 처분계획, 이주·철거, 분양·착공 그리고 준공 순으로 이어진다. 이러한 시행의 단계 중 실질적으로 가장 중요한 단계는 시행자

---

102) 도시및주거환경정비법 제14조(정비계획의 입안 제안)

를 구성하는 단계이다.

이는 정비사업의 시행은 민간이 주체가 되어 진행되는데 정비사업 대상지에는 다수의 토지등소유자가 거주하고 있어 이러한 모든 토지등소유자가 각각 시행자가 되면 정비사업 진행 과정에서 많은 어려움과 혼란이 발생할 수 있을 것이며 이로 인하여 정비사업의 시행은 그 진행이 어려울 수도 있기 때문이다.

이렇듯 대상지 다수의 토지등소유자가 존재할 경우 대상지에 대한 정비사업을 시행하기 위하여 다수의 토지등소유자를 대표할 수 있는 단체를 구성하여 시행하도록 하고 있다[103]. 이렇게 구성된 단체는 정비사업의 시행자로서 정비사업의 처음 시행단계부터 청산까지 구성원의 중요한 관심사인 처분계획을 포함하여 모든 과정에 대하여 권한과 책임을 갖게 된다. 그러므로 이러한 정비사업의 시행자로서 토지등소유자의 대표인 단체를 구성하는 단계는 법률적으로 엄격하게 그 구성요건을 규제하고 있다.

일반적으로 정비사업의 시행을 조합방식으로 진행하고 있어 이러한 단체를 조합이라고 명명하고 있다. 시행자로서 조합의 설립에 대한 동의 요건은 앞서 기술하였듯이 정비사업에 대한 전체 과정을 관리하고 책임져야 하므로 그 기준이 다른 동의 요건에 비하여 높으며 엄격하다.

대표적으로 「도시및주거환경정비법」의 조합설립요건이 있다. 이는 「도시및주거환경정비법」이 도시 관련 정비의 근거법이었던 「도시재개발법」을 통합하였고, 대부분의 도시 내에서 이루어지는, 주택을 공급하기 위한 사업인 재개발사업과 재건축사업에 대한 기본적인 근거법이었기 때문이다. 그러나 2003년 이후 분화된 도시의 정비사업에 관한 법률 등에 의하여 조합의 설립요건이 조금씩 다르게 규정되기도 한다.

이후 사업시행계획수립, 처분계획 수립을 위한 조합 구성원의 동의가 법률적으로 규정되어 있으며, 각각의 사안에 대하여는 총회의 의결을 받도록 규정하고 있다.

「도시및주거환경정비법」에 의한 조합의 설립요건에 대하여 살펴보면 일반적으

---

103)　일부의 정비사업은 토지등소유자가 직접시행할 수도 있다

로 조합의 설립을 위하여 추진위원회를 구성[104]하여야 하며 이후 조합을 설립할 수 있다. 추진위원회를 구성하기 위한 동의 요건은 "토지등소유자 과반수의 동의"를 받아야 한다. 이후 조합설립에 대해서는 재개발사업은 "토지등소유자의 4분의 3이상 및 토지면적의 2분의 1이상의 토지소유자의 동의"를 그리고 재건축사업은 "주택단지의 공동주택의 각 동(복리시설의 경우에는 주택단지의 복리시설 전체를 하나의 동으로 본다)별 구분소유자의 과반수 동의[105]와 주택단지의 전체 구분소유자의 100분의 70이상 및 토지면적의 100분의 70이상의 토지소유자의 동의"를 받아야 한다.

2017년 「도시및주거환경정비법」으로부터 분화된 「빈집및소규모주택정비에관한특례법」과 2023년 제정된 「노후계획도시정비및지원에관한특별법」에서의 조합설립 요건은, 「빈집및소규모주택정비에 관한특례법」의 경우 가로주택정비사업은 "토지등소유자의 10분의 8이상 및 토지면적의 3분의 2이상의 토지소유자 동의와 공동주택은 각 동(복리시설의 경우에는 주택단지의 복리시설 전체를 하나의 동으로 본다)별 구분소유자의 과반수 동의를, 그 외의 토지 또는 건축물은 해당 토지 또는 건축물이 소재하는 전체 토지면적의 2분의 1이상의 토지소유자 동의"를, 소규모재건축사업은 "주택단지의 공동주택의 각 동(복리시설의 경우에는 주택단지의 복리시설 전체를 하나의 동으로 본다)별 구분소유자의 과반수 동의와 주택단지의 전체 구분소유자의 4분의 3이상 및 토지면적의 4분의 3이상의 토지소유자 동의"를, 소규모재개발사업은 "토지등소유자의 10분의 8이상 및 토지면적의 3분의 2이상의 토지소유자 동의"를 받아야 한다고 규정하고 있다. 「노후계획도시정비및지원에관한특별법」은 기본적으로 「도시및주거환경정비법」의 조합설립요건을 따르도록 하고 있지만, 통합조합을 위한 조합설립요건을 따로 두고 있다. 「노후계획도시정비및지원에관한특별법」 제19조에서는 "토지등소유자의 과반수가 동의"한 경

---

104)　공공지원을 하려는 경우에는 추진위원회를 구성하지 아니할 수 있다

105)　복리시설로서 대통령령으로 정하는 경우에는 3분의 1이상으로 한다

우, 특별정비구역[106] 내의 토지등소유자 또는 토지등소유자가 노후계획도시정비사업을 추진하기 위하여 조합을 설립할 수 있도록 하고 있다.

이러한 시행자로서 토지등소유자를 대표하는 조합설립이 완료되고 나면 주요한 단계는 사업시행계획수립과 관리처분계획의 단계이다. 사업시행계획과 관리처분계획은 조합설립 이후의 단계로서 토지등소유자의 총회에서 의결하게 되어 있다.

「도시및주거환경정비법」의 경우 "사업시행계획서의 작성 및 변경, 관리처분계획의 수립 및 변경은 조합원 과반수의 찬성으로 의결한다. 다만, 정비사업비가 100분의 10이상 늘어나는 경우에는 조합원 3분의 2이상의 찬성으로 의결"하도록 하고 있다. 이외의 사항[107]들에 대해서는 총회에서 의결하도록 하고 있으며, 총회의 의결방법, 서면 또는 전자적 방법에 따른 의결권 행사 및 본인 확인방법 등에 필요한 사항은 정관으로 정하도록 하고 있다. 총회의 의결은 법 또는 정관에 다른 규정이 없으면 "조합원 과반수의 출석과 출석조합원의 과반수 찬성"으로 의결하도록 하고 있다.

「도시재정비촉진을위한특별법」과 「도시재생활성화및지원에관한특별법」 경우는

---

106) 특별시장·광역시장·특별자치시장·특별자치도지사·시장 또는 군수가 노후계획도시정비사업을 하기 위하여 지정·고시하는 구역을 말한다

107) 1. 정관의 변경

2. 자금의 차입과 그 방법·이자율 및 상환방법

3. 정비사업비의 세부 항목별 사용계획이 포함된 예산안 및 예산의 사용내역

4. 예산으로 정한 사항 외에 조합원에게 부담이 되는 계약

5. 시공자·설계자 및 감정평가법인등(제74조 제4항에 따라 시장·군수등이 선정·계약하는 감정평가법인등은 제외한다)의 선정 및 변경. 다만, 감정평가법인등 선정 및 변경은 총회의 의결을 거쳐 시장·군수등에게 위탁할 수 있다.

6. 정비사업전문관리업자의 선정 및 변경

7. 조합임원의 선임 및 해임

8. 정비사업비의 조합원별 분담내역

10의2 조합의 해산과 조합 해산 시의 회계보고

11. 청산금의 징수·지급

12. 비용의 금액 및 징수방법

13. 그 밖에 조합원에게 경제적 부담을 주는 사항 등 주요한 사항을 결정하기 위하여대통령령또는 정관으로 정하는 사항

기본적으로 정부가 주도하여 이루어지는 사업으로서 「도시재정비촉진을위한특별법」상 재정비촉진지구와 재정비촉진계획의 수립은 정부가 수립하는 계획으로서 기본계획과 실행계획에 속하는 영역으로, 공람 등을 제외하면 민간의 동의율과는 크게 관계가 없다고 할 수 있으며, 재정비촉진계획에 의한 재정비촉진사업은 각 개별법률을 따르도록 하고 있어[108] 「도시재정비촉진을위한특별법」상 시행계획에 대한 동의를 규정하고 있지 않다.

「도시재생활성화및지원에관한특별법」의 경우에도 도시재생전략계획 수립이나 도시재생활성화계획등을 정부의 주관으로 수립하도록 되어 있어 이 또한 「도시재정비촉진을위한특별법」과 같이 기본계획과 실행계획의 성격을 갖으며 시행단계에서의 동의율은 각각의 개별법을 따르도록[109] 하고 있다. 다만, 도시재생사업 시행자의 하나로서 마을기업, 사회적기업, 사회적협동조합 등 지역 주민 단체를 규정하고 있는데 사회적협동조합의 경우 "협동조합 기본법" 제2조 3호에 따라 "창립총회의 의사는 창립총회 개의 전까지 발기인에게 설립동의서를 제출한 자 과반수의 출석과 출석자 3분의 2이상의 찬성으로 의결한다."로 규정하고 있다.

[표6-2] 도시및주거환경정비법상 단계별 동의율

구분	동의관련내용
조합설립 추진위원회	• 토지등소유자 2분의 1이상의 동의
조합설립[110]	• 재개발사업:토지등소유자의 4분의 3이상 및 토지면적의 2분의 1이상의 토지소유자의 동의 • 재건축사업:주택단지의 공동주택의 각동(복리시설의 경우에는 주택단지의 복리시설 전체를 하나의 동으로 본다)별 구분소유자의 과반수 동의와 주택단지의 전체 구분소유자의 100분의 70이상 및 토지면적의 100분의 70이상의 토지소유자의 동의

---

108) 도시재정비촉진을 위한 특별법 제2조(정의) 2

109) 도시재생활성화및지원에관한특별법 제2조(정의) 7

110) 재개발사업·재건축사업의 공공시행자, 지정개발자가 있는 경우는 조합을 설립하지 않는다

사업시행계획	• 조합원의 100분의 20이상이 직접 출석 • 조합원 과반수의 찬성으로 의결
관리처분계획	• 조합원의 100분의 20이상이 직접 출석 • 조합원 과반수의 찬성으로 의결. 다만, 정비사업비가 100분의 10이상 늘어나는 경우에는 조합원 3분의 2이상의 찬성
기타 총회의결사항	• 총회의 의결은 조합원의 100분의 10이상이 직접 출석 • 시공자의 선정을 의결하는 총회의 경우에는 조합원의 과반수가 직접 출석 • 창립총회, 시공자 선정 취소를 위한 총회, 대통령령으로 정하는 총회의 경우에는 조합원의 100분의 20이상이 직접 출석 • 법 또는 정관에 다른 규정이 없으면 조합원 과반수의 출석과 출석조합원의 과반수 찬성으로 의결

* (정비계획 입안 제안) 토지등소유자 또는 추진위원회는 정비계획의 입안을 제안하려는 경우 토지등소유자의 3분의 2이하 및 토지면적 3분의 2 이하의 범위 시·도조례로 정하는 비율 이상의 동의를 받아야 함

[표6-3] 빈집및소규모주택정비에관한특례법상 단계별 동의율

구분	동의관련내용
조합설립 추진위원회	• 필요없음
조합설립[111]	• 가로주택정비사업: 토지등소유자의 10분의 8이상 및 토지면적의 3분의 2이상의 토지소유자 동의와 공동주택은 각 동(복리시설의 경우에는 주택단지의 복리시설 전체를 하나의 동으로 본다)별 구분소유자의 과반수 동의, 그 외의 토지 또는 건축물은 해당 토지 또는 건축물이 소재하는 전체 토지면적의 2분의 1이상의 토지소유자 동의 • 소규모재건축사업: 주택단지의 공동주택의 각 동(복리시설의 경우에는 주택단지의 복리시설 전체를 하나의 동으로 본다)별 구분소유자의 과반수 동의와 주택단지의 전체 구분소유자의 4분의 3이상 및 토지면적의 4분의 3이상의 토지소유자 동의 • 소규모재개발사업:토지등소유자의 10분의 8이상 및 토지면적의 3분의 2이상의 토지소유자 동의

---

111) 토지등소유자, 소규모주택정비사업의 공공시행자, 지정개발자는 조합을 설립하지 않는다

건축심의	• 사업시행자가 토지등소유자인 경우에는 주민합의서에서 정하는 토지등소유자의 동의 • 사업시행자가 조합인 경우에는 조합 총회에서 조합원 과반수의 찬성으로 의결. 다만, 정비사업비가 100분의 10이상 늘어나는 경우에는 조합원 3분의 2이상의 찬성으로 의결 • 사업시행자가 지정개발자인 경우에는 토지등소유자의 과반수 동의 및 토지면적 2분의 1이상의 토지소유자의 동의
사업시행계획 (관리처분계획포함)	• 관리처분계획을 포함하여 수립 • 건축심의 동의로 대체
기타 총회의결사항	• 총회의 소집 절차·시기 등은 정관으로 정함

[표6-4] 노후계획도시정비및지원에관한특별법상 단계별 동의율

구분	동의관련내용
조합설립추진위원회 조합설립 사업시행계획 관리처분계획 기타 총회의결사항	• 「도시및주거환경정비법」의제 「노후계획도시정비및지원에관한특별법」제14조

[표6-5] 도시재정비촉진을위한특별법과 도시재생활성화및지원에관한특별법상 단계별 동의율

구분	동의관련내용
조합설립추진위원회 조합설립 사업시행계획 관리처분계획 기타 총회의결사항	• 각 개별법률에 따름 「도시재정비촉진을위한특별법」 제2조(정의) 2. 「도시재생활성화및지원에관한특별법」 제2조(정의) 7.

　이러한 동의 과정에서 주요하게 살펴보아야 할 부분이 정관의 중요성이다. 정관은 조합설립 시 제출해야 할 필요 항목이며, 정관은 조합의 조직, 기관, 활동, 조합원의 권리의무관계 등 단체법적 법률관계를 규율하는 것으로서 공법인인 조합

과 조합원에 대하여 구속력을 가지는 자치법규[112]라고 판시하고 있다. 이에 정관의 변경은 "조합원의 3분의 2이상의 찬성"으로 의결[113]해야 하며, 총회의 의결방법, 서면 또는 전자적 방법에 따른 의결권 행사 및 본인 확인방법 등이 정관에 위임되어 있다. 정비사업의 시행단계에서 주요한 과정은 법률에 따라 규정되고 있으나 그 외의 총회의 의결이나 방법 등의 구체적인 내용은 정관에 위임하여 진행하고 있어 정비사업의 동의에 관한 구체적인 내용에 대하여는 정관을 살펴보아야 한다. 서울특별시에서는 2024년 11월 7일 공공지원 정비사업조합 표준정관 제정 고시하였다.

다. 수용·사용과 매도청구

다수의 대상지 주민이 존재하는 도시의 정비사업은 정비사업에 대한 서로 다른 의견들이 존재한다. 이러한 의견들이 상반될 경우 정비사업의 시행은 지연되거나 시행될 수 없다. 이러한 상황이 계속될 경우 정비사업을 진행해야 하는 단체 즉, 조합을 설립할 수 없으므로 앞서 기술했던 동의 요건으로 조합을 설립하고 시행을 하여야 한다. 그러나 정비사업에 동의하지 않는 토지등소유자의 경우 헌법으로 보장된 재산권의 침해를 받는다고 생각할 수 있다. 이에 헌법에서는 공공의 필요에 의해서 사유재산권을 제한할 수 있다고 하였고 도시의 정비사업에서 대표적인 사유재산권의 제한이 수용·사용과 매도청구제도이다.

수용·사용이란, 「공익사업을위한토지등의취득및보상에관법률」 제4조(공익사업) "이 법에 따라 토지등을 취득하거나 사용할 수 있는 사업은 다음 각호의 어느 하나에 해당하는 사업이어야 한다."와 제4조의2(토지등의 수용·사용에 관한 특

례의 제한) "①이 법에 따라 토지등을 수용하거나 사용할 수 있는 사업은 제4조 또
는 별표에 규정된 법률에 따르지 아니하고는 정할 수 없다."를 종합하여 보면 제4
조에서 "이 법에 따라 토지를 취득하거나 사용할 수 있는…."으로 되어 있으며 제
4조의2에서는 "이 법에 따라 토지등을 수용하거나 사용할 수 있는…."의 문구로
되어 있어 수용이 곧 토지를 취득하는 것으로 해석할 수 있다. 그리고 제19조 (토
지등의 수용 또는 사용) "① 사업시행자는 공익사업의 수행을 위하여 필요하면 이
법에서 정하는 바에 따라 토지등을 수용하거나 사용할 수 있다."라고 규정하고 있
어 공익사업을 위해서는 법에 따라 토지를 취득하거나 사용할 수 있는 것이다.
「공익사업을위한토지등의취득및보상에관법률」에 따라 재개발사업은 공익사업으
로 분류되어 있어 공익사업을 위한 토지 등의 취득 및 보상에 관한 법률에 따라 재
개발사업에 동의하지 않는 토지등소유자의 토지의 취득 및 사용이 가능하다.

　매도청구제도란 주택건설이나 재건축사업에 있어 건축에 반대하는 토지등소유
자들의 소유권을 확보하기 위한 것으로서, 사업시행자가 사업 시행에 동의하지 않
은 자의 토지 및 건물의 매도를 구하는 제도를 말한다. 매도청구권은 형성권으로
서 상대방의 동의 없이 행사자의 일방적 의사표시에 의하여 매매계약과 동일한 법
률관계가 발생한다[114]. 이러한 매도청구권은 「도시및주거환경정비법」에서 구 주택
건설촉진법은 「집합건물의소유및관리에관한법률」 제48조의 매도청구권 조항이
그대로 적용되었다. 그 후 「도시및주거환경정비법」에서는 「집합건물의소유및관리
에관한법률」에서 규정하고 있는 재건축결의라는 표현을 사용하고 있지 않고 있는
바, 사업시행자는 주택재건축사업을 시행함에 있어 위 「집합건물의소유및관리에
관한법률」상의 재건축결의 여부와 상관없이 조합 설립에 동의하지 아니한 자의 토
지 및 건물에 대하여는 「집합건물의소유및관리에관한법률」 제48조의 규정을 준용

---

114)　성중탁, 주택재개발사업과 주택재건축사업의 법적쟁점 비교 고찰, 人權과 正義 = Human rights and
　　　 justice, 2013, p.14

하여 매도청구를 할 수 있다[115]고 본다는 것이다.

즉, 수용·사용과 매도청구제도는 공익사업이라고 할 수 있는 도시의 정비사업을 위하여 정비사업에 동의하지 않는 토지등소유자의 재산권을 제한할 수 있는 제도로서 사용되고 있다.

다만,「도시및주거환경정비법」의 경우 재개발사업과 재건축사업이 동일한 법률 내에서 동일한 정비사업으로 규정되고 있음에도 불구하고 정비사업에 동의하지 않는 토지등소유자들의 재산권을 제한하는 방식에 있어 수용·사용과 매도청구제도로 나누어진 것에 대한 논란[116]이 있다.

「도시재정비촉진을위한특별법」과 「도시재생활성화및지원에관한특별법」에 있어 수용·사용과 매도청구에 관련하여서는「도시재정비촉진을위한 특별법」에서는 시행단계에서 각각의 개별법에 의해 시행되므로 관련조항에 따라 수용·사용과 매도청구제도를 적용할 수 있으며,「도시재생활성화및지원에관한특별법」도 이와 유사하며 도시재생혁신지구에서는 「도시재생활성화및지원에관한특별법」 제55조의3(토지등소유자에 대한 현물보상)에 따른 현물보상 조항이 명시되어 있어 이를 수용·사용으로 볼 수 있다.

수용·사용과 매도청구의 과정은 그 시작 시점이 중요한데 수용·사용의 경우「공익사업을위한 토지등의취득및보상에관한법률」에는 제28조(재결의 신청) "①제26조에 따른 협의가 성립되지 아니하거나 협의를 할 수 없을 때에는 사업시행자는 사업인정고시가 된 날부터 1년 이내에 대통령령으로 정하는 바에 따라 관할 토지수용위원회에 재결을 신청할 수 있다."라고 규정하고 있으며 「도시및주거환경

---

115)   송현진·유동규, 재개발, 재건축 이론과 실무, 법률출판사, 2010, p.469-470

116)   재건축사업의 경우 재건축에 동의하지 않는다는 이유로 수용 또는 사용하도록 하는 것은 불합리하고, 이는 헌법 제23조 제1항에서 규정하고 있는 국민의 재산권에 대한 존속보장 조항을 중대하게 제한 내지 침해할 수 있다는 점을 감안하여 수용·사용에 대한 적용을 제한한 것으로 보는 견해가 있음. 그러나 재건축사업에서는 수용·사용이 아닌 이름만 바뀐 형태로 사법상 매도청구제도라는 실질적인 강제취득 수단을 두고 있다는 점에서 미동의자의 재산권 보호 차원에서 입법자가 특별히 수용·사용제도를 재건축사업에서 인정하지 않았다는 위 논리는 타당하지 않다고 보는 견해가 있음

정비법」에 의한 재개발사업의 수용 · 사용 사업인정 시점은 사업시행계획인가 고시가 있을 때로 하고 있다.

재건축사업의 매도청구 시점의 경우, "재건축사업의 사업시행자는 사업시행계획인가의 고시가 있은 날부터 30일 이내에 조합설립에 동의하지 아니한 자, 사업시행자 지정에 동의하지 아니한 자에게 조합설립 또는 사업시행자의 지정에 관한 동의 여부를 회답할 것을 서면으로 촉구하여야 하며, 촉구를 받은 토지등소유자는 촉구를 받은 날부터 2개월 이내에 회답하여야 하며, 이 기간 내에 회답하지 아니한 경우 사업시행자는 그 기간이 만료된 때부터 2개월 이내에 조합설립 또는 사업시행자 지정에 동의하지 아니하겠다는 뜻을 회답한 토지등소유자와 건축물 또는 토지만 소유한 자에게 건축물 또는 토지의 소유권과 그 밖의 권리를 매도할 것을 청구할 수 있다."라고 하고 있다.

라. 동의율과 비례율의 관계

도시의 정비사업에서 동의율은 정부에 의해 수립된 기본계획과 실행계획을 시행하기 위한 전제조건이다. 그러나 동의 여부에 대해서는 법률적 규제조건이 아닌 토지등소유자의 의사결정에 맡기고 있다. 이는 도시의 정비사업이 다수의 토지등소유자의 자산을 기반으로 진행되기 때문이다. 즉, 정비계획이 토지등소유자 각각 개인의 의사결정에 의해 진행된다고 하는 것을 의미한다.

정비계획이 도시주거환경개선과 주거생활의 질을 높이고 부가적으로 도심지 내 주택공급에도 중요한 기능을 가지는 공적인 계획임에도 그 시행의 결정 주체는 사적인 토지등소유자가 되는 것이다. 그러므로 공공의 의사결정이라고 할 수 있는 기본계획과 실행계획 그리고 계획의 시행단계에서 최종적으로 정비사업으로 인한 자산증감을 고려해야 하는 토지등소유자의 사적인 의사결정 간에는 서로 상충의 관계가 존재할 수 있다.

이에 정부가 주도하는 기본계획과 실행계획이 주거환경개선 주택공급 등 주요한 공적 기능을 전제로 그 실현이 꼭 이루어져야 한다면, 사적 영역의 토지등소유자의 의사결정은 중요하다고 할 수 있다. 특히, 토지등소유자의 사적 측면에서 정비사업이 최종적으로 그 이익의 분배를 고려해야 한다면 그 이익의 분배 기준이 되는 비례율(분담금)과의 관계가 중요하다고 할 수 있다.

「도시및주거환경정비법」에 의하면 정비사업은 정비구역지정, 조합설립인가 그리고 사업시행계획인가 및 관리처분인가 동의 과정에서 분담금을 산정하도록 규정하고 있다. 이는 토지등소유자 각각 개인의 자산증감에 대하여 분담금을 통하여 알 수 있고 이를 고려한 동의 여부 의견을 표시하라는 의미로 해석할 수 있다. 정비사업에 있어 분담금은 비례율(AGR)을 통하여 산정된다. 앞서 비례율과 사업성에서 기술하였듯이 비례율은 기본적으로 정비사업 완료 후 종후가치(V_1)가 종전가치(V_0)와 사업비(C)를 충당할 수 있는지에 대한 지표이다.

$$\bullet \ AGR = \frac{V_1 - C}{V_0}$$

비례율 1은 종후가치가 종전가치와 사업비의 합과 동일한 것을 뜻한다. 즉 토지등소유자 개인은 종후가치를 통하여 종전가치를 확보하고 사업비를 충당하게 된다. 이는 다음의 수식으로 표현된다.

$$\bullet \ V_o = V_1 - C \,, \ V_1 = V_o + C$$

비례율이 1보다 작다는 것은 동일한 산식기준으로 종전가치의 감소를 의미한다. 비례율 1이나 1보다 큰 것에 비하여 분담금이 증가하는 것이다. 합리적인 의사결정 과정에서 종전가치가 감소하는 토지등소유자의 정비사업에 대한 동의는 이루어지지 않는다고 가정할 수 있을 것이다. 앞서 비례율과 사업성을 기술하면서 보이지 않는 비례율(Invisible AGR)을 기술하였다. 이 보이지 않는 비례율은 현재 산정된 비례율이 1보다 크지 않을 때도 향후 종후가치의 상승을 고려하여 잠재적 비례율이 1보다 크게 된다는 기대의 비례율이다.

• Invisible 비례율

$$= \left(\frac{\text{예측된자산가치}\,(F \times V_1) - \text{총사업비}\,(Ca)}{\text{총종전자산가치}\,(Vo)} \right) \times 100$$

$$= \left(\frac{F \times V_1 - Ca}{Vo} \right) \times 100$$

이러한 보이지 않는 비례율이 작동할 경우 비례율이 1보다 크지 않을 때도 도시의 정비사업 시행과정에서 토지등소유자는 동의를 할 수 있을 것이다. 이러한 현상은 실제 설문 조사 과정에서 나타나고 있다.

필자가 전국 조합원 291명을 대상으로 하여 조사(2025년 3월)한 설문 조사 결과에서 비례율이 1보다 낮은 조합원이 정비사업에 동의하겠다고 하는 비율이 24.7%로 나타났다.

[표6-6] 정비사업에 동의하기 위한 비례율

구분	빈도	백분율(%)
80% 미만	16	5.5
80% 이상 90% 미만	21	7.2
90% 이상 100% 미만	35	12.0
100% 이상 110% 미만	127	43.6
110% 이상 120% 미만	51	17.5
120% 이상	41	14.1

또한, 정비사업의 시행과정에서 현재의 비례율보다 낮아질 때도 동의하겠다는

비율은 비례율이 1보다 낮아지는 경우 동의하겠다는 비율보다 더 높게 나타났다〈표6-7〉. 이러한 이유로는 향후 주택가격의 상승 〈표6-8〉을 그 이유로 고려하고 있는 것으로 나타났으며, 이는 현재 진행되는 정비사업의 비례율이 1 정도임을 고려한다면 앞서 기술한 보이지 않는 비례율이 작동하고 있다는 것을 알 수 있을 것이다.

[표6-7] 현재 비례율보다 낮아질 때 동의율

구분	빈도	백분율(%)
5% 미만까지	111	38.1
5% 이상 10% 미만	93	32.0
10% 이상 15% 미만	20	6.9
15% 이상 20% 미만	6	2.1
20% 이상	8	2.8
현재보다 낮아지면 미동의	53	18.2

[표6-8] 현재 비례율이 낮아짐에도 동의하는 이유

구분	빈도	백분율(%)
향후 주택가격 상승	154	64.7
주거환경개선 필요	64	26.9
이 지역에 계속 거주	20	8.4

동의율은 기본적으로 비례율과 높은 상관관계를 가지고 있다고 볼 수 있다. 비례율이 높으면 동의율도 높아지게 된다. 반대로 비례율이 낮으면 동의율도 낮아지게 된다. 이러한 비례율의 기준을 종전가치를 유지하거나 상승시킬 수 있는 1이상으로 가정할 수도 있는 것이나 설문 조사 결과에서 보듯이 반드시 비례율이 1이상인 경우에 동의한 것만은 아니다. 이는 비례율이 1미만일 경우에도 사회적 상황에 따라 향후 종후가치의 상승이 이루어질 수 있다고 판단된 경우 정비사업에 동의할

수 있다는 것이다.

동의율과 비례율은 이러한 여러 가지 다양한 변수 속에서 상호 간 영향을 미치며 작동한다.

제7장

도시정비의 종류와 절차

가. 도시정비사업의 종류

도시정비사업이란 2003년 「도시및주거환경정비법」 제정 당시 "이 법에서 정한 절차에 따라 도시기능을 회복하기 위하여 정비구역 안에서 정비기반시설을 정비하고 주택 등 건축물을 개량하거나 건설하는 주거환경개선사업, 주택재개발사업, 주택재건축사업, 도시환경정비사업의 사업을 말한다."라고 규정하고 있다. 당시 「도시재개발법」과 「도시저소득주민의주거환경개선을위한임시조치법」 그리고 재건축을 통합하여 제정함으로써 도심지 내 모든 사업을 통합 관리하는 목적으로 제정됨으로써 도심지 내 도시정비사업을 규정하였다. 그러나 이후 「도시재정비촉진을위한특별법(2005)」 등이 제정되면서 도시정비사업의 범위가 확장 분화되었다. 이에 도심지 내 도시를 정비하는 전체 사업을 의미했던 도시정비사업은 단순히 주거환경개선사업, 재개발, 재건축사업만을 포함하는 의미로 축소되었으며 도시재생사업, 도시재정비촉진사업, 노후계획도시정비사업, 소규모주택정비사업, 빈집정비사업 등으로 분화하게 된다. 그러나 기본적으로는 이러한 모든 사업은 도시를 개량하기 위한 도시정비사업으로 볼 수 있다.

1) 도시정비사업의 분화

도시정비는 1934년 「조선시가지계획령」에 의한 도시 개량을 목적으로 하는 토지구획정리사업으로부터 연원했다고 할 수 있으며 이후 1962년 일단의 불량지구 정비란 용어로 사용되어 오다가 1971년 「도시계획법」이 개정되면서 재개발이라는 용어가 등장하게 된다. 1976년 「도시재개발법」이 제정되면서 도심지 내 도시정비사업은 재개발이라는 이름으로 통합된다. 이후 저소득층과 재건축의 내용을 통합하면서 2003년 「도시재개발법」에 의한 재개발사업은 도시정비사업으로 통합된다. 즉 도심지 내 도시의 정비는 모두 도시정비사업으로 통합된 것이다. 그러나 이후 정부가 바뀜에 따라 도심지 내 정책에 대한 대책들이 변화하면서 도시재정비촉진사업(2005), 도시재생사업(2013), 소규모주택정비사업(2017), 빈집정비사업(2017), 노후계획도시정비사업(2023) 등으로 분화하게 된다. 이후 도시정비사업의 의미는 「도시및주거환경정비법」상의 도시정비사업으로 축소된다고 할 수 있다.

[표7-1] 도시정비사업의 분화

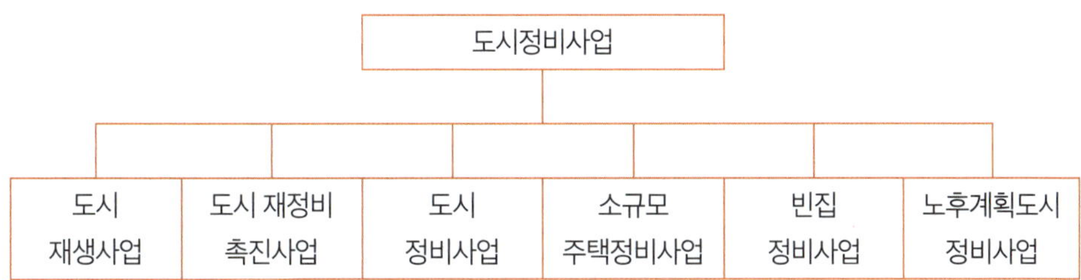

2) 정비사업의 종류

도시정비사업의 분화된 사업들은 사회가 발전하고 도시의 경계가 확대되면서 일반적으로 광역적 도시정비를 위한 형태로 규정된다. 일반적으로 단일구역으로 지정되는 도시정비사업, 소규모주택정비사업과는 다르게 대상 구역을 단일구역이 아닌 광역적인 지구로 지정함으로써 아래 표에서 보는 것처럼 그 지구에서 시행할 수 있는 여러 가지의 도시정비와 관련된 사업들을 포함하고 있다.

[표7-2] 도시재생사업의 종류

구분	도시재생사업의 종류
도시재생사업	• 국가 차원에서 지역발전 및 도시재생을 위하여 추진하는 일련의 사업 • 지방자치단체가 지역발전 및 도시재생을 위하여 추진하는 일련의 사업 • 주민 제안에 따라 해당 지역의 물리적·사회적·인적 자원을 활용함으로써 공동체를 활성화하는 사업 • 「도시및주거환경정비법」에 따른 정비사업 및 「도시재정비 촉진을 위한 특별법」에 따른 재정비촉진사업 • 「도시개발법」에 따른 도시개발사업 및 「역세권의 개발 및 이용에 관한 법률」에 따른 역세권개발사업

	• 「산업입지 및 개발에 관한 법률」에 따른 산업단지개발사업 및 산업단지 재생사업 • 「항만 재개발 및 주변지역 발전에 관한 법률」에 따른 항만재개발사업 • 「전통시장 및 상점가 육성을 위한 특별법」에 따른 상권활성화사업 및 시장정비사업 • 「국토의 계획 및 이용에 관한 법률」에 따른 도시·군계획시설사업 및 시범도시(시범지구 및 시범단지를 포함) 지정에 따른 사업 • 「경관법」에 따른 경관사업 • 「빈집 및 소규모주택 정비에 관한 특례법」에 따른 빈집정비사업 및 소규모주택 정비사업 • 「공공주택 특별법」에 따른 공공주택사업 • 「민간임대주택에 관한 특별법」에 따른 공공지원민간임대주택 공급에 관한 사업 • 「전통시장 및 상점가 육성을 위한 특별법」에 따른 상업기반시설 현대화사업 • 「국가통합교통체계효율화법」에 따른 복합환승센터 개발사업「관광진흥법」에 따른 관광지 및 관광단지 조성사업 • 「물류시설의 개발 및 운영에 관한 법률」 제2조 제10호에 따른 도시첨단물류단지개발사업 • 「공사중단 장기방치 건축물의 정비 등에 관한 특별조치법」 제2조 제2호 마목 및 바목에 따른 정비사업
도시재생 인정사업	• 「빈집 및 소규모주택 정비에 관한 특례법」에 따른 빈집정비사업 및 소규모주택 정비사업 • 「공공주택 특별법」에 따른 공공주택사업. 이 경우 같은 법 제2조 제3호 가목의 사업은 같은 법 제7조 제1항에 따라 소규모 주택지구로 지정된 경우에 한정 • 「민간임대주택에 관한 특별법」에 따른 공공지원민간임대주택 공급에 관한 사업. 이 경우 같은 법 제33조 제1항에 따라 촉진지구로 지정한 경우에 한정 • 도시재생기반시설 설치·정비 사업 • 도시의 기능을 향상시키고 고용기반을 창출하기 위하여 필요한 건축물의 건축, 리모델링, 대수선 • 「국유재산법」 제57조부터 제59조까지 및 제59조의2에 따라 시행하는 개발사업 • 「공사중단 장기방치 건축물의 정비 등에 관한 특별조치법」 제2조 제2호 마목 및 바목에 따른 정비사업 • 「도시및주거환경정비법」 제2조 제2호 가목·나목에 따른 주거환경개선사업·재개발사업(재개발사업의 경우 같은 조 제10호에 따른 토지주택공사등이 단독 또는 공동으로 시행하는 경우로 한정) 및 같은 법 제26조 제1항 제1호에 따라 긴급하게 시행하는 정비사업

- 「산업입지 및 개발에 관한 법률」 제2조 제11호에 따른 산업단지 재생사업(같은 법 제39조의12에 따라 지정된 재생사업 활성화구역에서 시행하는 사업만 해당)
- 「장기공공임대주택 입주자 삶의 질 향상 지원법」 제10조의2에 따라 주택을 건설·공급하는 사업
- 「주택도시기금법」 제9조 제2항 제2호의2에 따라 주택도시기금의 출자·융자를 받은 위탁관리 부동산투자회사가 실시하는 부동산 매입사업

[표7-3] 도시재정비촉진사업의 종류

구분	도시재정비촉진사업의 종류
도시재정비 촉진사업	• 「도시및주거환경정비법」에 따른 주거환경개선사업, 재개발사업 및 재건축사업, 「빈집 및 소규모주택 정비에 관한 특례법」에 따른 가로주택정비사업, 소규모재건축사업 및 소규모재개발사업 • 「도시개발법」에 따른 도시개발사업 • 「도시재생 활성화 및 지원에 관한 특별법」에 따른 주거재생혁신지구의 혁신지구재생사업 • 「공공주택 특별법」에 따른 도심 공공주택 복합사업 • 「전통시장 및 상점가 육성을 위한 특별법」에 따른 시장정비사업 • 「국토의 계획 및 이용에 관한 법률」에 따른 도시·군계획시설사업

[표7-4] 노후계획도시정비사업의 종류

구분	노후계획도시정비사업의 종류
노후계획도시 정비사업	• 「도시및주거환경정비법」에 따른 재개발사업 및 재건축사업 • 「주택법」에 따른 리모델링사업 • 「공공주택 특별법」에 따른 공공주택사업 • 「도시개발법」에 따른 도시개발사업 • 「국토의 계획 및 이용에 관한 법률」에 따른 도시·군계획시설사업 • 「대도시권 광역교통 관리에 관한 특별법」 제2조 제2호 각 목의 광역교통시설을 확충하기 위한 사업 • 「국가통합교통체계효율화법」에 따른 복합환승센터 개발사업 • 「스마트도시 조성 및 산업진흥 등에 관한 법률」에 따른 스마트도시건설사업 • 「역세권의 개발 및 이용에 관한 법률」에 따른 역세권개발사업 • 그 밖에 특별시장·광역시장·특별자치시장·특별자치도지사·시장 또는 군수가 노후계획도시정비기본계획의 시행에 필요하다고 인정하는 사업

[표7-5] 도시정비사업과 소규모주택정비사업의 종류

구분	도시정비사업과 소규모주택정비사업의 종류
도시정비사업	• 주거환경개선사업 • 재개발사업 • 재건축사업
소규모주택정비사업	• 자율주택정비사업 • 가로주택정비사업 • 소규모재건축사업 • 소규모재개발사업

이에 「도시및주거환경정비법」이나 「빈집및소규모주택정비에관한특례법」과는 다르게 「도시재생활성화및지원에관한특별법」, 「도시재정비촉진을위한특별법」에서는 도시재생혁신지구, 주거재생혁신지구, 재정비촉진지구등 광역적인 형태로 규정하고 있다.

[표7-6] 도시 정비 관련 법률별 지구·구역

구분	지구·구역
도시재생활성화 및 지원에관한특별법	• 도시재생혁신지구 • 주거재생혁신지구
도시재정비촉진을 위한 특별법	• 재정비촉진지구 　- 주거지형 　- 중심지형 　- 고밀복합형
노후계획도시정비 및 지원에 관한특별법	• 노후계획도시특별정비구역
도시및주거환경정비법	• 정비구역
빈집및소규모주택정비에 관한 특례법	• 사업시행구역

즉, 도시재생사업, 도시재정비촉진사업 그리고 노후계획도시정비사업은 그 목적에서 볼 수 있듯이 사회적, 경제적, 광역적, 체계적인 도시정비를 목적으로 함으로써 그 범위를 광역적으로 구분하고 그 지구에서 발생할 수 있는 다양한 사업

을 규정한 것이라고 할 수 있다.

3) 주요 정비사업의 종류

2003년 「도시및주거환경정비법」이 제정된 이후 도시의 정비사업에 대한 많은 분화가 있었으나 도시의 정비사업의 주요한 부분을 규정하고 있는 것은 2003년 이전 도시 전체의 개량과 정비를 규제하고 있었던 「도시재개발법」을 포함하는 「도시및주거환경정비법」이다.

1966년 「도시계획법」으로부터 「토지구획정리사업법」이 분화된 이후 「도시재개발법」이 도심지 내의 개량과 주택공급에 관한 규정으로서 존재하였으며 「도시및주거환경정비법」은 이러한 「도시재개발법」의 내용을 대부분 포함하고 있으므로, 도심지 내 불량한 주거환경을 개량하고 주택을 공급하는 내용으로 구성되어 있다.

실제로 도시의 정비사업은 대부분은 도심지 내에서 이루어지는 사업이며 주택의 공급과 관련이 있으므로 「도시및주거환경정비법」을 근거로 하여 준용하거나 인용하여 이루어진다고 할 수 있다. 이에 이러한 「도시및주거환경정비법」에서 규정하고 있는 주요한 사업 즉, 재개발, 재건축에 대하여 살펴볼 필요가 있다. 또한, 「도시및주거환경정비법」등을 근거로 하여 정부나 지자체에서 동일 법률 내에서 다른 명명으로 진행되고 있는 정비사업에 대해서도 그 특징과 내용에 대해서 살펴본다.

가) 재개발 재건축사업

재개발, 재건축사업은 도심지 내 도시기능의 회복이 필요하거나 주거환경이 불량한 지역을 계획적으로 정비하고 노후·불량건축물을 효율적으로 개량하고 부가적으로 주택의 공급을 위한 「도시및주거환경정비법」을 근거로 하는 사업[117]이다. 「도시재생활성화및지원에관한특별법」, 「도시재정비촉진을위한특별법」에 근거한

---

117)　주거환경개선사업도 있으나 이는 자력 재개발에 가까운 사업으로 재개발, 재건축사업보다 많이 시행되지는 않는다

도시재생혁신지구, 주거재생혁신지구, 재정비촉진지구(주거지형, 중심지형, 고밀 · 복합형) 등은 정부에 의하여 광역적으로 지정되더라도 이러한 지구 내 구체적인 사업 방식은 관련법에 따라 진행하게 되어 있으며 이중 도심지 내 주택공급에 관한 대부분 사업은 「도시및주거환경정비법」에 따른 재개발 재건축사업[118]이다.

재개발, 재건축은 도심지 내 노후 · 불량건축물의 개량과 주택공급을 위한 구체적인 사업이라고 할 수 있다. 이에 재개발, 재건축사업을 시행하기 위해서는 법률에서 규정하고 있는 도심지 내 노후 · 불량건축물의 기준[119]을 충족하여야 한다. 특히 재건축사업은 재건축진단 과정이 있어 사업시행계획인가전까지 재건축진단을 완료[120]하여야 한다.

이러한 재개발, 재건축사업은 필요시 공공이 공공재개발, 공공재건축을 시행할 수 있도록 규정하고 있다. 이러한 공공재개발, 재건축은 실질적인 사업성의 문제로 재개발, 재건축 시행이 어려움으로 인하여 노후한 도시의 정비가 현실적으로 어려운 지역에 공공이 개입하여 시행하는 방식이라고 할 수 있다. 이러한 공공재개발, 재건축은 사업성을 높이기 위하여 일반적인 재개발, 재건축보다 용적률이 높게 설정되기도 한다.

재개발, 재건축사업의 시행을 위한 시행자는 조합, 공공[121] 그리고 지정개발자(일반적으로 신탁업자)이다. 조합을 설립하여 추진하는 경우 조합설립추진위원회를 먼저 구성하여야 하나 사업 시행을 공공이 지원하는 경우 추진위원회를 설립하지 않고 조합을 설립할 수 있다.[122] 공공이나, 지정개발자의 경우에는 추진위원회

---

118) 2018년 2월 「도시및주거환경정비법」이 개정되면서 도시환경정비사업과 주택재개발은 모두 재개발사업으로 통합되었다. 그러나 서울특별시는 서울특별시의 도시환경정비사업의 특수성을 고려하여 2018년 7월 서울특별시 도시정비조례를 개정, 재개발사업을 도시정비형재개발사업과 주택정비형재개발사업으로 구분하여 운영하고 있다

119) 도시및주거환경정비법 시행령 별표1

120) 도시및주거환경정비법 제12조(재건축사업을 위한 재건축진단)

121) 시장 · 군수 등이나 토지주택공사 등

122) 제31조(조합설립추진위원회의 구성 · 승인) 제6항

나 조합설립이 필요하지 않으며 공공시행자는 주민대표회의를, 지정개발자의 경우는 총회의 성격을 띠는 토지등소유자전체회를 구성해야 한다.

조합설립추진위원회의 경우 비법인사단으로 인정 여부가 법률적으로 논쟁[123]이 되어 오고 있으며 이에 따른 추진비용의 회계 처리에 대한 문제도 논쟁이 되고 있다. 현재의「도시및주거환경정비법」에서는 조합을 유일한 법인으로 규정하고 있으며, 조합설립추진위원회는 법인격을 부여하지 않고 있다. 이에 조합설립추진위원회의 재원조달과 이를 정산하는 과정이 조합설립 후에 추인의 과정을 거치고 있어 만약 조합이 설립되지 않는다면 조합설립추진위원회에서 사용한 비용의 처리가 불투명해지게 되는 상황이 도래할 수 있다.

조합설립 후 조합은 건설회사(시공사)를 선정하게 되며, 재개발, 재건축사업에 있어 재원조달 등 건설회사(시공사)의 역할이 중요하므로 인하여 건설회사(시공사)선정에 대하여는 법률적으로 규정[124]하고 있다.

사업 시행에 있어 재개발, 재건축사업은 법률적 기준인 임대주택 건립비율과 주택 규모별 비율 기준[125]에 따라 주택을 건립하여야 하며, 재개발사업은 수용·사용권을 그리고 재건축사업은 매도청구권을 행사하게 된다.

일반적으로 재개발사업에 동의하지 않거나 분양신청을 하지 않는 토지등소유자를 청산조합원으로 분류하며, 재건축사업의 경우는 청산자로 분류한다. 이는 재개발사업은 구역 내의 토지등소유자는 동의 여부와 관계없이 모두 조합원으로 간주하나, 재건축사업은 동의하지 않는 토지등소유자는 조합원으로 간주하지 않기 때문에 이러한 명칭의 차이가 발생한다.

이후 비례율 등을 통한 관리처분계획을 수립하여 토지등소유자가 원하는 평형에 대한 분담금 등과 입주할 주택 등의 수를 계획한다. 관리처분계획수립의 과정

---

123) 대법원 2009.1.30., 선고 2008두14869판결, 대법원 2021.6.10., 선고 2021다214876 판결

124) 서울특별시 공공지원 정비사업 시공자 선정기준

125) 도시및주거환경정비법 제10조(임대주택 및 주택규모별 건설비율)

에서 가장 중요한 사안은 본계약이라고 할 수 있다. 일반적으로 조합설립 이후 관리처분계획수립 전까지 약 5년 정도가 소요되는데 이 기간의 공사비상승에 대한 토지등소유자의 비대칭적 정보전달의 부족으로 인하여 건설회사(시공사)와 조합 즉, 토지등소유자 간의 갈등이 많이 발생한다. 이러한 갈등이 지속될 경우 전체적인 사업소요 기간이 장기화되기도 한다.

이러한 본계약을 거쳐 관리처분인가, 이주, 철거와 분양 그리고 착공과 입주의 과정을 거친다.

나) 가로주택정비사업

가로주택정비사업은 노후·불량건축물이 밀집한 가로구역에서 종전의 가로를 유지하면서 소규모로 주거환경을 개선하려는 목적으로 2012년 시행되었다. 당시는 「도시및주거환경정비법」에 의하여 규제되었으며 대상지 범위[126]는 10,000㎡ 이내로 한정하였고 조합설립을 위한 추진위원회 설립이 필요 없도록 절차를 간소화하였다. 이렇듯 가로주택정비사업은 노후·불량건축물이 밀집한 지역에 종전 도로를 유지하면서 작은 블록 단위로 주택을 재정비해 주거환경을 개선하는 사업으로 대규모 재개발사업의 대안으로 도입된 제도였으나 도입 당시 조합설립을 위한 동의율이 토지등소유자의 10분의 9[127]이상 및 토지면적의 3분의 2이상, 층수를 7층까지로 제한하는 등 엄격한 조건 등으로 기대보다 활성화되지 못하였다. 이러한 문제점이 제기되면서 2014년 5월 조합설립을 위한 동의율이 80%로 완화되었다.

이러한 상황에서 「도시및주거환경정비법」이 대규모 정비사업 위주로 주요 내용이 구성되어 있고, 가로주택정비사업 등 소규모 정비사업과 관련된 사항이 있으나 사업 활성화를 위한 지원규정은 미흡하고, 다수의 저소득층이 단독·다세대주택

---

126)   도시정비법시행령 제1조의2(가로구역의 범위 등)

127)   소규모 구역에서는 소수 반대자의 영향력이 상대적으로 크기 때문에 분쟁을 줄이고 강제력 있는 추진을 위해 높은 동의율의 규제가 필요했을 것으로 추정됨

에 거주하고 있다는 점에서 소규모주택 정비에 대한 공공의 다각적 지원이 요구됨
에 따라 2018년 「빈집및소규모주택 정비에관한특례법」이 제정되었으며 현재에 이
르고 있다.

이 법에서는 정비사업을 빈집정비사업, 자율주택정비사업, 가로주택정비사업,
소규모재건축사업, 소규모재개발사업으로 나누고 있으며, 다른 사업에 비하여 가
로주택정비사업이 활성화되어 있다. 대상 구역의 경우 제정 당시와는 크게 차이가
없으며 일부 요건에 따라 20,000㎡[128]까지 시행할 수 있다.

현재의 가로주택정비사업의 조합설립을 위한 동의율[129]은 토지등소유자의 4분
의 3이상 및 토지면적의 3분의 2이상의 토지소유자 동의로 완화되었으며 특히,
관리처분계획의 절차를 사업시행계획과 통합[130]하여 진행하게 함으로써 다른 정
비사업과는 다르게 정비사업에 소요되는 기간을 단축하고자 하였다.

사업시행방식은 재개발, 재건축과 유사하며 조합이 아닌 공공이나 지정개발자
가 시행할 수 있으며 미동의자의 경우는 매도청구를 할 수 있도록 하고 있다.

다) 노후계획도시정비사업

우리나라는 도심지 내 가로주택정비사업이나, 재개발, 재건축사업 그리고 도시
재생혁신지구, 주거재생혁신지구, 재정비촉진지구(주거지형, 중심지형, 고밀·복
합형) 등을 통하여 도시의 정비를 시행했으나 1기 신도시와 같은 대규모의 단지만
을 정비하기 위한 제도적인 장치가 마련되어 있지 않았다. 물론 단지 개별적으로
가로주택정비사업이나, 재건축사업 등을 적용하여 진행할 수 있지만, 기존의 노
후계획도시 단지들이 지구단위계획에 의하여 건립되어 있으므로 인하여 이를 정
비하기 위해서도 이러한 노후계획도시를 지구단위계획을 통한 광역적이고 체계적

---

128) 빈집및소규모주택정비에관한특례법 시행령 제3조(소규모주택정비사업 대상 지역) ①, 2

129) 빈집및소규모주택정비에관한특례법 제23조(조합설립인가 등)

130) 빈집및소규모주택정비에관한특례법 제30조(사업시행계획서의 작성) ① 10. 분양설계 등 관리처분계획

으로 정비해야 할 필요가 요구되었다.

이에 정부는 2023년 「노후계획도시정비및지원에관한특별법」을 제정하고 노후계획도시정비에 대한 근거를 마련하였다. 이 법률이 지향하는 정비의 논리는 통합개발이다. 통합적으로 개발함으로써 광역적이며 도시기능 강화를 위한 다양한 시설들을 개별적인 단지별로 개발하는 것보다 효율적이고 경제적으로 개발할 수 있다는 것이다. 이는 법률 제11조(노후계획도시특별정비구역의 지정) ①항 "1. 양호한 정주환경 확보를 위하여 일정 폭원 이상의 도로 등으로 구획된 일단(一團)의 토지 내의 단독·공동주택단지 등을 통합적으로 정비할 필요가 있는 구역"으로 규정된 것에서 볼 수 있다.

이러한 통합개발을 유도하기 위해서 이 법률에서는 노후계획도시정비를 위한 특별정비구역으로 지정되면 용적률·건폐율 등 도시·건축규제와 재건축진단 규제 등의 완화가 적용된다. 이러한 도시·건축 규제 등의 완화로 발생하는 이익에 대하여 공공기여를 규정하고 있으며, 도시의 정비사업에서 공공기여가 구체적으로 규정된 것은 「노후계획도시정비및지원에관한특별법」이 처음[131]이라고 할 수 있다.

노후계획도시의 경우 대부분 아파트로 이루어져 있으므로 이러한 규제는 「도시및주거환경정비법」의 규제를 준용하여 진행된다. 그러나 통합조합설립의 경우는 조합원 과반수 이상으로 조합을 설립할 수 있다[132].

노후계획도시정비는 1기 신도시의 선도지구지정을 시작으로 진행되고 있으며 이주대책이나 통합개발을 위한 통합관리처분 등에 대한 다양한 의견들이 나타나

---

131) 일반적으로 공공기여는 국토계획법 제52조의2를 근거로 삼는다. 그러나 국토계획법 제52조의2에서는 공공기여라고 명시하고 있지 않으며, 「노후계획도시정비및지원에관한특별법」과 「도심복합개발지원에관한법률」에서 공공기여가 규정되고 있다

132) 노후계획도시정비및지원에관한특별법 제19조(노후계획도시정비사업의 사업시행자)
② 지정권자는 제1항에도 불구하고 토지등소유자의 과반수가 동의한 경우에는 다음 각 호의 자를 단독 또는 공동으로 노후계획도시정비사업의 사업시행자로 지정할 수 있다
4. 특별정비구역 내의 토지등소유자 또는 토지등소유자가 노후계획도시정비사업을 추진하기 위하여 설립한 조합

고 있다. 이는 향후 노후계획도시정비를 진행하는 데 있어 사업 지연의 주요한 변수가 될 수 있을 것이다.

4) 법률과 다른 이름의 도시정비사업

「도시및주거환경정비법」에 근거한 정부별 그리고 지자체별로 다른 명명으로 진행되는 도시정비사업이 존재한다. 특히, 국토교통부의 뉴빌리지 사업과 서울특별시의 휴먼타운 2.0, 신속통합기획 그리고 모아타운 등이 대표적인 사례이다. 뉴빌리지 사업과 서울특별시의 휴먼타운 2.0 그리고 모아타운 등은 「빈집및소규모주택정비에관한특례법」에 근거한 소규모주택정비를 위하여 정책 목적상 명명된 이름이며 신속통합기획 또한 「도시및주거환경정비법」에 근거한 법률적 명칭인 정비지원계획[133]의 다른 이름이다. 휴먼타운 2.0, 모아타운 그리고 신속통합기획 등은 서울특별시에서만 운영하는 사업이며 다른 지자체에서는 적용 대상이 아니다. 다만, 국토교통부에서 진행하고 있는 뉴빌리지 사업은 전국 대상이 된다. 물론 이러한 사업들은 법률이 허용한 범위 내에서 그리고 정부나 지자체에 의하여 여러 가지 제안된 내용을 법률개정을 통해서 시행된다. 그러므로 이러한 사업들에 관한 내용이나 법률적 규제는 별도로 관련 내용을 파악하여야 한다. 그러나 기본적으로는 관련된 법률의 테두리 내에서 시행된다고 할 수 있다.

---

133) 정비지원계획(신속통합기획) : 정비계획 수립 단계에서 서울특별시가 공공성과 사업성의 균형을 이룬 가이드라인을 제시하고, 신속한 사업추진을 지원하는 공공지원계획. 정비지원계획(신속통합기획)은 구역 규모, 현황 등을 고려, 서울특별시장이 별도방침으로 정비지원계획(신속통합기획) 제외 또는 간소화 대상 등을 따로 정하여 운영할 수 있다

사업명칭	법률적명칭	대상지역
뉴빌리지(2024.3.19)	소규모주택정비	전국
휴먼타운 2.0(2024.3.5.)	소규모주택정비	서울특별시
모아타운(2022.1.13.)	소규모주택정비	서울특별시
신속통합기획(2021.9.23.)	정비지원기획	서울특별시

나. 도시정비의 절차

다양한 구성요소들에 의하여 형성 발전되는 도시를 정비하는 것은 각각 개인의 자산을 정비하는 것과는 다르다. 각각의 구성요소 간 복잡하게 얽혀있는 이해관계로 인하여 개인 간에 이를 조정하고 통합하는 것은 어려운 일이다. 이에 개인 자산의 변화를 수반하는 도시정비는 공공의 개입이 필수적이며 공공의 개입은 법률로서 나타난다.

도시의 정비는 다른 형태의 정비와 같이 그 시작과 끝이 존재한다. 시작과 끝의 존재는 그사이에 많은 일(Event)들이 존재한다는 것이며 자연스럽게 일들 간에 절차가 존재하게 된다. 도시정비와 관련된 법률은 이러한 절차들을 규정하는 법률이라고 할 수 있다. 즉, 도시정비에 관련한 행위들은 임의적인 행위가 아닌 법률에 따른 절차적 행위인 것이다. 그러므로 도시정비의 행위에 절차적 하자가 있으면 이는 법률적으로 그 행위에 대한 정당성을 부여받지 못하며 향후 진행에 대한 문제가 발생하게 된다.

도시정비 절차와 관련된 법률은 일반적으로 계획단계와 시행단계로 나누어진다. 계획단계는 주민제안제도가 있기는 하지만 주로 공공에 의하여 이루어지며 시행단계 또한 공공이 시행할 수도 있지만 주로 민간에 의해서 진행된다. 주로 공공이 진행하는 계획단계는 기본계획과 정비계획수립 및 정비구역지정 등과 관련된 내용이다. 이러한 계획단계에서는 용적률, 건폐율, 고도제한 등과 같은 물리적 조건이 규정되며 이는 시행단계의 토지등소유자의 자산가치 변화에 큰 영향을 미치게 된다.

주로 민간에 의하여 진행되는 시행단계는 민간이 수립된 계획을 시행하기 위한 시행 주체로서 법인격을 갖게 되며 사업자로서 등록하게 된다. 이에 시행단계에서는 도시정비에 사업이라는 용어가 붙게 되며 시행과정에서는 도시정비사업이라고 명명하게 된다. 이러한 시행과정에서는 토지등소유자의 분담금이나 동의율 등이 주요한 요소가 되며 이에 따라 도시정비사업이 진행되기도 중단되기도 한다.

[표7-8] 도시정비 계획단계와 시행단계

구분	절차	내용	
계획단계	공공 수립·집행	• 기본계획 수립 • 정비계획 수립 • 정비구역 지정	용적률등 물리적조건 규정
시행단계	민간 시행	• 추진위설립 • 조합설립 • 사업계획수립 • 관리처분계획수립 • 이주 및 철거 • 분양,착공 • 준공 및 입주	동의율 분담금 산정

1) 계획단계

도시정비의 계획단계는 도시정비를 시행하기 위한 준비 단계로서 도시정비시행을 위한 기본적이고 구체적인 규제(Guide Line)를 설정하는 단계이다. 특히, 도시의 여러 가지 상황과 조건 등을 조사하고 분석하여 도시정비 대상 구역으로 선정하는 것은 중요한 과정이다. 대상 구역으로의 선정은 향후 용적률, 건폐율, 고도제한 등의 물리적인 시행조건으로 이어지는 도시정비를 시행할 수 있는 전제조건이 되며 이는 도시정비가 이루어지므로 인하여 대상 구역에 살고 있는 토지등소유자들의 향후 자산변동에 큰 영향을 미치기 때문이다.

대상 구역은 정성적인 지표보다는 정량적인 지표에 따라 선정되는 경향성을 띠게 된다. 정량적 지표의 경우 그 지표 설정에 대한 기준이 명확하게 제시되는 반면 정성적인 지표의 경우 이에 대한 객관적인 기준 설정이 어렵기 때문이라고 할 수 있다. 특히, 토지등소유자의 자산변동에 큰 변화를 줄 수 있는 대상 구역의 선정이므로 대상 구역 기준에 대한 공개 요구가 빈번하며, 기준 설정이 모호할 경우 이에 대한 많은 불만이 표출되기도 하기 때문이다.

그러나 정성적인 기준에 가까운 내용이 중요하게 평가되는 경우도 있다. 주택 재건축 판정을 위한 재건축진단의 경우 정성적 지표에 가까운 주거환경 분야의 안정성, 편의성, 쾌적성, 거주성 등이 상대적으로 다른 물리적인 기준보다 높은 가중치를 갖는다.

[표7-9] 재건축진단 주거환경 분야 평가항목

평가부문	평가항목
안정성	• 소방활동 용이성
	• 침수피해 가능성
	• 단지 안정성
편의성	• 주차환경
	• 노약자 · 어린이 생활환경
	• 단지환경
쾌적성	• 에너지효율성
	• 세대간 소음
	• 공기의 질
거주성	• 주택 거주성
	• 단지 거주성

[표7-10] 재건축진단 가중치

구분	가중치
주거환경	0.4
건축마감 및 설비 노후도	0.3
구조 안전성	0.3

　계획단계에서는 이러한 대상구역 선정을 포함하는 기본계획수립 그리고 이를 기반으로 도시정비계획수립 및 지정 등의 과정이 이루어진다. 물론 도시정비와 관련된 각각 법률에 따라 절차나 용어적인 측면에서 조금씩 다르긴 하지만 기본적으로 계획단계에서는 기본계획수립 그리고 지역이나 지구 또는 구역의 지정이 이루어지게 된다. 또한, 새로운 제도의 시행이나 법률이 제정될 경우 이러한 제도의 실효성과 통일된 방향을 설정하기 위하여 구체적이고 통일적인 기본계획수립지침이나 관련 계획수립지침이 존재한다.

[표7-11] 도시정비관련법 계획단계 주요 내용

구분	계획단계
도시및주거환경정비법	• 도시주거환경정비기본계획 • 정비계획/구역지정
도시재정비촉진을 위한 특별법	• 재정비촉진지구 • 재정비촉진계획/구역지정
도시재생활성화 및 지원에 관한특별법	• 국가도시재생기본방침 • 도시재생전략계획 • 도시재생활성화계획/ • 지역 · 지구지정
집및소규모주택정비에 관한 특례법	• 빈집정비계획/구역지정 • 소규모주택정비관리계획/지역지정
노후계획도시정비 및 지원에 관한 특별법	• 노후계획도시정비기본방침 • 노후계획도시정비기본계획 • 노후계획도시특별정비계획/ • 구역지정

구분	내용
기본방침	• 국토교통부
↓	
기본계획	• 기본계획수립지침
↓	
실행계획	• 실행계획수립지침
↓	
지역·지구·구역지정	• 시장·군수

가) 기본방침

도시정비의 계획단계는 실질적으로 기본계획수립으로부터 시작된다고 할 수 있다. 기본계획은 추후 집행계획의 방침(Guide Line)의 역할을 한다. 그러나 새로운 제도의 시행 또는 법률 제정 이후 제도의 실효성을 확보하고 통일된 방향을 제시하거나, 지방정부나 관계기관의 계획수립을 유도할 필요가 있을 때 그리고 특정 현안에 대한 선도사업 유도 또는 국가 개입이 필요한 경우, 제도 운용의 틀을 제공하기 위해서 기본방침이 수립된다.

기본방침은 중앙정부가 수립하는 정책의 비전과 목표, 우선 추진 방향, 전국 또는 특정 유형의 도시 전반에 적용할 공통 원칙을 제시하는 전략적 틀(FrameWork)이라고 할 수 있다.

기본방침과 기본계획은 상호 보완적이면서도 위계적인 관계에 있으며, 정책의 방향성을 제시하는 상위 전략과 그 방향에 따라 실제로 실행 가능한 내용을 구체화하는 기본계획이라는 점에서 역할과 기능이 다르다고 할 수 있다.

도시정비와 관련한 기본방침은 「도시재생활성화및지원에관한특별법」에서의 국가도시재생기본방침과 「노후계획도시정비및지원에관한특별법」에서의 노후계획도시정비기본방침이 있다. 두 가지의 기본방침 모두 신규 법률 제정 당시 제도 운용의 틀 제공 등의 목적으로 수립된 것이다. 2013년 12월 제정된 「국가도시재생기본방침」은 당시 제정된 「도시재생활성화및지원에관한특별법」 제정에 따른 도시재생 전략계획 등의 수립을 위한 기본방침이다. 주요 내용은 전국적으로 확산되고 있는 도시 쇠퇴 문제에 대응하고, 도시의 자생력 회복과 지속 가능한 발전을 유도하기 위한 정책 방향과 전략을 제시하기 위한 것으로서, 지역 일자리 창출 및 도시경쟁 력 강화, 국민 삶의 질 향상 및 생활복지 구현, 쾌적하고 안전한 정주 환경 조성, 지역 정체성 기반의 문화 가치와 경관 회복, 주민역량 강화 및 지역공동체 활성화 등을 목표로 하고 있다. 또한, 주민, 지방자치단체, 국가, 기업, 도시재생 지원기 구 등의 도시재생 관련 주체들의 역할을 규정하고 있다. 도시재생전략계획 수립에 대해서는 진단, 전략, 기본구상, 활성화 지역, 우선순위, 추진체계, 재원조달 노 력, 자원·역량의 집중, 성과관리 항목의 방침을, 도시재생활성화계획 수립은 진 단, 전략, 사업의 발굴, 단위사업계획 수립, 다양한 수법 활용, 기반시설의 정비, 중앙부처 지원사업 활용, 재원조달 및 예산집행, 위험 관리, 주민 참여, 추진체계, 성과관리의 방침을 정하고 있다. 도시재생전략계획보다 도시재생활성화계획은 구 체적인 실행계획 성격으로서 기반시설정비 등 보다 구체적인 방침이 정해져 있는 것을 볼 수 있다.

2024년 11월 제정된 「노후계획도시기본방침」은 그해 제정된 「노후계획도시정비 및지원에관한특별법」에 따른 것이다. 그 주요 내용은 1기 신도시 및 택지개발지구 등 계획적으로 조성된 도시들이 20년 이상 경과되어 동시다발적으로 노후화됨에 따라, 이들을 광역적이고 체계적으로 정비하기 위한 종합적인 정책 방향과 전략을 제시하기 위한 것으로서 도시공간 재구조화를 통한 도시경쟁력 강화, 통합정비기 반의 도시·정주 환경 개선, 혁신기술이 주도하는 미래도시 전환, 체계적·단계 적 정비를 통한 시장 안정을 목표로 하고 있다. 노후계획도시정비기본계획의 수립 에 대해서는 기본계획의 시간적·공간적 범위에 관한 기준, 기본계획의 기초조사 기준, 노후계획도시의 계획인구 및 용도지역별 기준용적률 설정 기준, 기반시설 의 확충 및 개량 등 기반시설계획 수립기준, 광역교통 등 교통시설의 확충 및 개량계획 수립기준, 이주대책 및 부동산 가격 안정화 계획 수립기준, 자족 기능 확충 등 산업 · 경제 활성화 계획 수립기준, 공동주택단지의 정주 환경 향상 계획 수립기준, 저탄소 녹색도시로의 전환을 위한 추진계획 수립기준, 건설폐기물 및 자원순환 등에 관한 기준, 스마트도시 조성을 위한 추진계획 수립기준 등에 대한 방침을 정하고 있다.

일반적으로 기본방침은 관련 도시정비에 대한 광범위한 목표와 범위를 정하고 있으며 이러한 기본방침하에서 기본계획이 수립된다. 「도시및주거환경정비법」의 경우 법령[134]내에 도시 및 주거환경 정비를 위한 국가 정책 방향, 도시 · 주거환경 정비기본계획의 수립 방향, 노후 · 불량 주거지 조사 및 개선계획의 수립, 도시 및 주거환경 개선에 필요한 재정지원계획 등의 기본방침을 정하고 기본계획에 반영하도록 하고 있다. 「도시재정비촉진을위한특별법」이나 「빈집및소규모주택정비에관한특례법」에 관하여는 별도로 기본방침을 정하고 있지 않다. [135]

[표7-13] 도시정비 관련 기본방침의 내용

구분	목적	기본계획수립방침
국가도시 재생 기본방침	• 지역 일자리 창출 및 도시경쟁력 강화 • 국민 삶의 질 향상 및 생활복지 구현 • 쾌적하고 안전한 정주환경 조성, • 지역 정체성 기반의 문화 가치와 경관 회복 • 주민역량 강화 및 지역공동체 활성화	- 진단, 전략, 기본구상 - 활성화지역, 우선순위 - 추진체계, 재원조달 노력 - 자원 · 역량의 집중, 성과관리 항목

---

134) 도시및주거환경정비법 제3조(도시 · 주거환경정비 기본방침)

135) 「빈집및소규모주택정비에관한특례법」 제4조에서는 5년마다 빈집정비계획을 수립하여 시행하도록 하고 있다

| 노후계획
도시
기본방침 | • 도시공간 재구조화를 통한 도시경
  쟁력 강화
• 통합정비기반의 도시 · 정주 환경
  개선
• 혁신기술이 주도하는 미래도시 전환
• 체계적 · 단계적 정비를 통한 시장
  안정 | - 시간적 · 공간적 범위, 기초조사
- 계획인구/용도지역별 기준용적률 설정
- 기반시설의 확충 및 개량 등
- 기반시설계획
- 광역교통 등 교통시설의 확충 및 개량계획
- 이주대책 및 부동산 가격 안정화 계획 산업 · 경
  제 활성화계획
- 정주환경 향상 계획
- 저탄소 녹색도시 추진
- 건설폐기물 및 자원순환
- 스마트도시 조성 |
| 도시주거
환경정비
기본방침 | • 도시 및 주거환경 개선 | - 도시 및 주거환경 정비를 위한 국가 정책
- 도시 · 주거환경정비기본계획의 수립방향
- 노후 · 불량 주거지 조사 및 개선계획
- 도시 및 주거환경 개선에 필요한 재정지원계획 |

나) 기본계획

기본계획은 기본방침에 따른 특정 도시나 지역에 대해 장기적인 발전 방향을 제시하고, 이를 위해 필요한 공간구조, 토지이용, 기반시설, 환경보전 등의 종합적인 공간적 구상을 담는 계획이다. 기본계획은 구체적으로 공간적 발전의 구상을 제공하고, 행정상 상위계획에 속하며, 지역에 관련한 계획, 계획 사업의 타당성 확보 및 우선순위를 설정하며 정책 조정 및 통합의 의미를 갖는다. 또한, 상위계획으로서 관련 계획수립에 방향성과 지침을 제공하기도 한다.

이러한 기본계획은 사회 상황의 변화나 지역요구 등의 변화를 수용해야 하며 이를 반영하여 수립되어야 한다. 이에 기본계획은 이러한 변화를 반영하기 위하여 정기적으로 수립하도록 하고 있다.

도시재생전략계획과 노후계획도시정비기본계획 그리고 도시환경정비기본계획은 10년 단위로 수립하고, 필요한 경우 5년 단위로 타당성을 검토하여 그 결과를 기본계획에 반영하여야 하도록 하고 있다. 또한, 「빈집및소규모주택정비에관한특

례법」에서는 5년마다 빈집정비계획을 수립하여 시행하도록 하고 있다. 도시재정
비촉진을 위한 특별법에서는 지역의 상황에 따라 재정비촉진지구의 지정을 통하
여 도시정비를 진행하고 있어 정기적이지는 않지만, 촉진지구의 지정이 기본계획
의 역할을 하고 있다고 할 수 있다.

기본계획은 정부에 의해서만 수립할 수 있으며, 민간은 수립할 수 없다. 그러나
정부에 의해서 수립된 기본계획은 주민공람을 통하여 의견 청취를 법률적으로 규
정함으로써 민간(주민)의 간접적인 참여를 보장하고 있다.

이는 도시정비 관련 기본계획에서도 동일하게 적용하고 있으며, 민간이 공람 등
을 통하여 간접적으로 계획수립에 참여하고 있긴 하지만 정부에 의한 기본계획의
주도는 도시정비가 공공성에 기반한 과정이라는 것을 의미한다.

기본계획의 수립은 일반적으로 이를 수립하기 위한 수립지침이 존재하며 이 수
립지침에 의하여 수립된다.

[표7-14] 도시정비 관련 기본계획 수립지침

구분	기본계획	수립지침
도시재생활성화및 지원에관한 특별법	• 도시재생전략계획	도시재생전략계획가이드라인
노후계획도시정비 및 지원에관한 특별법	• 노후계획도시정비기본계획	노후계획도시정비기본방침내
도시및주거환경정비법	• 도시주거환경정비기본계획	도시주거환경정비기본계획 수립지침

도시 관련 법률의 기본계획의 내용은 대부분 유사한 내용으로 이루어져 있으며
기본계획의 대상이나 특성에 따라 달라진다.

도시재생전략계획의 경우 중앙정부와 지방정부의 제도적 지원을 중심으로의 이
루어지는 것을 알 수 있으며, 노후계획도시정비기본계획, 도시주거환경정비기본
계획, 도시재정비촉진지구는 이주와 건폐율, 용적률과 같은 대상 사업지에 거주

하고 있는 토지등소유자와 관련된 물리적 조건의 내용인 것을 알 수 있다. 이는 도시재생사업이 광역적으로 노후계획도시나 도시재정비촉진지구 그리고 재개발, 재건축을 포함하고 있으나 노후계획도시나 도시재정비촉진지구 그리고 재개발, 재건축과는 기본적인 방향에 있어 차이가 있다고 볼 수 있다.

[표7-15] 도시재생 전략계획의 내용

도시재생활성화및 지원에 관한 특별법	전략계획 내용
도시재생 전략계획	• 계획의 목표 및 범위 • 목표 달성을 위한 방안 • 쇠퇴진단 및 물리적, 사회적, 경제적, 문화적 여건 분석 • 도시재생활성화지역의 지정 또는 변경에 관한 사항 • 도시재생활성화지역별 우선순위 • 노면전차 등 대중교통시설 및 대중교통수단의 개선확충을 통한 도시재생활성화지역 간 또는 주변지역과의 연계방안 • 도시재생지원센터 구성 및 운영 방안 • 지방정부 재원조달 계획 • 지원조례, 전담조직 설치 등 지방자치단체 차원의 지원제도 발굴 • 그 밖에 전략계획수립권자가 도시재생을 위하여 수립하는 사업 계획

[표7-16] 노후계획도시정비기본계획의 내용

노후계획도시정비 및 지원에 관한 특별법	기본계획 내용
노후계획도시 정비기본계획	• 기본계획의 대상이 되는 노후계획도시의 공간적범위 • 기본계획의 목표 및 추진방향 • 기존 개발계획의 달성도와 미비점 평가 • 미래도시로의 전환, 도시기능 향상 및 정주여건 개선을 위한 공간구조 개선 계획 • 광역교통시설 및 기반시설 정비에 관한 계획 • 노후계획도시특별정비예정구역의 공간적 범위 등 지정에 관한 사항

	• 노후계획도시정비사업의 단계별 추진계획
	• 건폐율·용적률 등에 관한 건축물의 밀도계획
	• 공공주의 공급, 기반시설의 설치, 도시기능 향상에 필요한 부지의 확보 또는 시설의 설치, 제공, 그밖에
	• 필요한 비용의 부담 등 공공기여에 관한 사항
	• 노후계획도시정비선도지구의 지정계획
	• 이주대책 및 부동산가격 안정화 계획
	• 저탄소 녹색도시로의 전환을 위한 추진계획
	• 건설폐기물의 친환경적 처리 및 순환골재의 사용 등 재활용 촉진계획
	• 그 밖에 노후계획도시의 체계적 정비를 위하여 대통령령으로 정하는 사항

[표7-17] 재정비촉진지구의 내용

도시재정비촉진을 위한 특별법	재정비촉진지구 내용
도시재정비 촉진지구	• 재정비촉진지구의 명칭·위치 및 면적 • 재정비촉진지구의 지정 목적 • 재정비촉진지구의 현황(인구, 주택 수, 용적률, 세입자 현황 등) • 재정비촉진지구 개발의 기본 방향 • 재정비촉진지구에서 시행 중인 • 재정비촉진사업의 현황 • 개략적인 기반시설 설치에 관한 사항 • 부동산 투기에 대한 대책 • 그 밖에 대통령령으로 정하는 사항

[표7-18] 도시주거환경정비기본계획의 내용

도시 및 주거환경 정비법	기본계획 내용
도시주거환경 정비기본계획	• 정비사업의 기본방향 • 정비사업의 계획기간 • 인구·건축물·토지이용·정비기반시설·지형 및 환경 등의 현황 • 주거지 관리계획 • 토지이용계획·정비기반시설계획·공동이용시설 설치계획 및 교통계획 • 녹지·조경·에너지공급·폐기물처리 등에 관한 환경계획

- 사회복지시설 및 주민문화시설 등의 설치계획
- 도시의 광역적 재정비를 위한 기본방향
- 정비구역으로 지정할 예정인 구역의 개략적 범위
- 단계별 정비사업 추진계획
- 건폐율·용적률 등에 관한 건축물의 밀도계획
- 세입자에 대한 주거안정대책
- 그 밖에 주거환경 등을 개선하기 위하여 필요한 사항으로서 대통령령으로 정하는 사항

기본계획수립에 있어 가장 중요한 것은 수립의 내용을 기반으로 하여 대상지를 선정하는 것이다. 대상의 선정은 그곳의 사회적, 물리적 환경의 변화를 예고하는 것이며, 특히 그곳에 거주하고 있는 토지등소유자의 자산변동과도 연관되기 때문이다. 그러므로 도시정비와 관련한 기본계획에 있어 대상지의 선정은 민감한 사항이며 객관적이고 합리적으로 선정되어야 한다. 이에 각 기본계획의 대상지 선정기준은 여러 가지 상황과 조건을 고려하며 정성적인 기준보다는 정량적인 기준을 더 반영하여 선정하고 있다. 이는 정성적인 기준의 경우 그 판단 기준이 주관적일 수 있으며 이 경우 기본계획수립 과정에서 관련 토지등소유자의 부정적인 반응이 발생하여 진행 과정에 문제가 발생할 수 있기 때문이다.

도시전략계획에 의한 도시재생활성지역의 선정은 도시재생전략수립가이드라인에서 그 기준을 정하고 있다. 가이드라인에서는 대상지역의 선정을 "기초조사 및 쇠퇴현황 분석을 토대로 도시지역 전체 또는 일부를 전략계획 수립 대상지역 범위로 설정할 수 있으며, 일정구역(읍면동) 단위로 설정할 수 있다."라고 명시하고 있다. 기초조사는 해당 도시의 인문사회 현황(관련계획, 인구, 자원특성, 공간구조, 토지이용 등), 산업경제 현황(산업특성, 근린서비스, 상권 등), 물리환경 현황(건축물, 기초생활 인프라, 유휴 공공자산 등) 등 일반현황을 조사하여, 향후 도시재생을 통하여 도시의 경제·사회·물리적 구조가 어떻게 변화할 것인지 방향을 설정하고 쇠퇴원인과 지역의 문제를 해결하는 데 활용될 수 있도록 하며, 기초조사

를 통하여 도시재생사업의 주체가 될 수 있는 주민조직, 상인조직, 지역 소재 기업체, 시민단체, 지역공동체 등 인적자원과 도시의 경제·산업적 특징, 문화유산, 산업유산 등 도시재생의 소재 및 자원으로 활용 가능한 지역자원 등을 조사·파악할 수 있도록 하였다.

[표7-19] 전략계획 공간범위 설정 예시

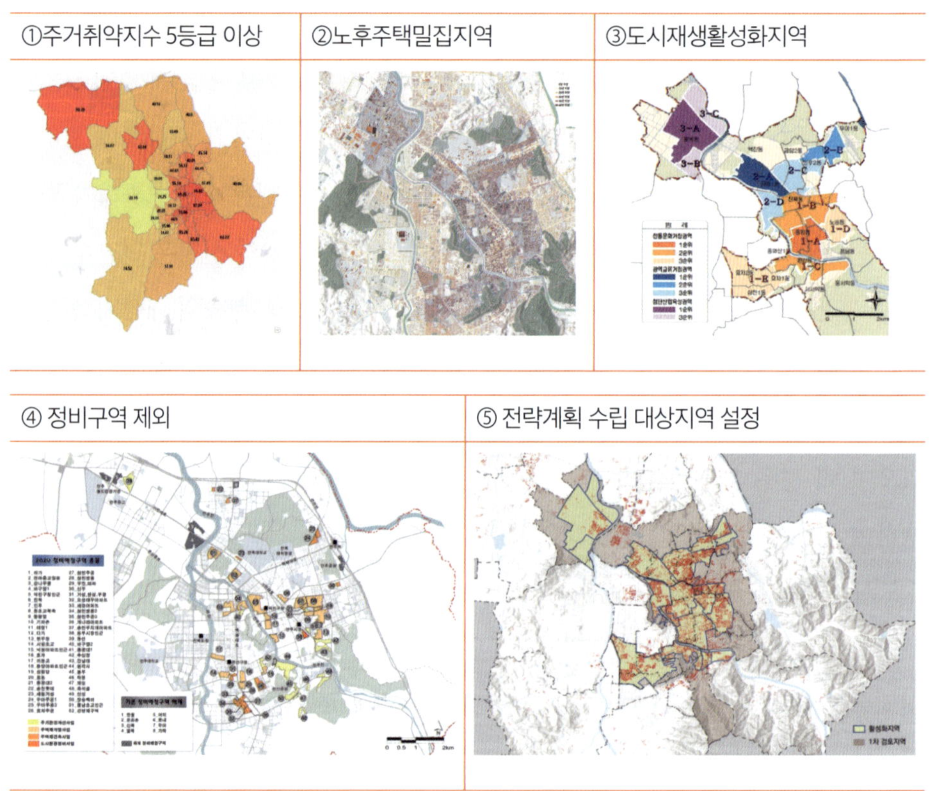

(출처 : 도시재생전략계획가이드라인)

이는 기본계획 내용에서 살펴보았듯이 다른 법률과는 다른 특징을 나타내는 조사라고 할 수 있다. 쇠퇴현황의 분석은 기초조사, 관련계획분석, 사업추진성과 분석 등을 종합하여 지역의 쇠퇴 현상을 객관적으로 파악하고 원인을 분석하며, 쇠퇴원인은 외곽개발로 인한 인구유출, 사업구조 변화에 의한 산업쇠퇴, 전통산업의 쇠퇴와 고령화에 의한 자연발생적 쇠퇴 등 지자체 도시규모와 사회경제 변화 상황에 따라 차이가 있을 수 있으므로 쇠퇴원인을 객관적으로 파악하여 지역활성화를 위한 도시재생의 비전과 방향을 설정하는 근거로 활용할 수 있도록 하였다.

노후계획도시는 법률에서 "대규모 주택공급 등을 목적으로 택지개발촉진법에 따른 택지개발사업 등 대통령령으로 정하는 사업에 따라 조성 후 20년 이상 경과하고 면적이 대통령령으로 정하는 바에 따라 100만 제곱미터 이상인 지역"으로 노후계획도시정비대상을 규정하고 있다. 특히 기본계획의 내용에서 노후계획도시특별정비예정구역의 공간적 범위 등은 노후계획도시정비 대상지를 기본적으로 단일단지보다는 단지간 통합으로 지향하고 있다.[136]

재정비촉진지구는 주거지형, 중심지형, 고밀·복합형으로 구분하여 지정되며, 주거지형은 노후·불량 주택과 건축물이 밀집한 지역으로서 주로 주거환경의 개선과 기반시설의 정비가 필요한 지구, 중심지형은 상업지역, 공업지역 등으로서 토지의 효율적 이용과 도심 또는 부도심 등의 도시기능 회복이 필요한 지구, 고밀·복합형은 주요 역세권, 간선도로의 교차지 등 양호한 기반시설을 갖추고 있어 대중교통 이용이 용이한 지역으로서 도심 내 소형주택의 공급 확대, 토지의 고도 이용과 건축물의 복합개발이 필요한 지구로 구분한다. 재정비촉진지구의 대상 면적은 10만 제곱미터 이상으로 하며 고밀·복합형 재정비촉진지구를 지정하는 경우에는 "주요 역세권 또는 간선도로 교차지 등으로부터 역세권[137]의 역 500m 이

---

136) 노후계획도시정비및지원에관한특별법 제11조(노후계획도시특별정비구역의 지정) 1. 양호한 정주환경 확보를 위하여 일정 폭원 이상의 도로 등으로 구획된 일단(一團)의 토지 내의 단독·공동주택단지 등을 통합적으로 정비할 필요가 있는 구역

137) 1. 「철도의 건설 및 철도시설 유지관리에 관한 법률」에 따라 건설·운영되는 철도 또는「도시철도법」에 따라 건설·운영되는 도시철도가 2개 이상 교차하는 역세권
2. 「철도의 건설 및 철도시설 유지관리에 관한 법률」에 따라 건설·운영되는 철도, 「도시철도법」에 따라 건설·운영되는 도시철도 또는 버스전용차로가 설치된 간선도로가 3개 이상 교차하는 역세권 또는 간선도로 교차지

내로 한다.”라고 규정하고 있다.

「도시및주거환경정비법」에서는 「도시ㆍ주거환경정비기본계획수립지침」에서 “정비예정구역의 지정기준을 「도시및주거환경정비법」 시행령 별표1에 따른다.”라고 명시하고 있다. 그 주요 내용은 주거환경개선사업의 경우 「개발제한구역의지정및관리에관한특별조치법」에 따른 개발제한구역으로서 “그 구역지정 이전에 건축된 노후ㆍ불량건축물의 수가 해당 정비구역의 건축물 수의 50퍼센트 이상인 지역, 재개발사업을 위한 정비구역의 토지면적의 50퍼센트 이상의 소유자와 토지 또는 건축물을 소유하고 있는 자의 50퍼센트 이상이 각각 재개발사업의 시행을 원하지 않는 지역, 철거민이 50세대 이상 규모로 정착한 지역이거나 인구가 과도하게 밀집되어 있고 기반시설의 정비가 불량하여 주거환경이 열악하고 그 개선이 시급한 지역, 기존 단독주택 재건축사업 또는 재개발사업을 위한 정비구역 및 정비예정구역의 토지등소유자의 50퍼센트 이상이 주거환경개선사업으로의 전환에 동의하는 지역”이며, 재개발사업의 경우는 “노후ㆍ불량건축물의 수가 전체 건축물의 수의 60퍼센트 이상인 지역이며, 노후ㆍ불량건축물의 연면적의 합계가 전체 건축물의 연면적의 합계의 60퍼센트 이상이거나 건축물이 과도하게 밀집되어 있어 그 구역 안의 토지의 합리적인 이용과 가치의 증진을 도모하기 곤란한 지역, 해당 지역의 최저고도지구의 토지면적이 전체 토지면적의 50퍼센트를 초과하고, 그 최저고도에 미달하는 건축물이 해당 지역 건축물의 바닥면적합계의 3분의 2이상인 지역 등”으로 규정하고 있으며, 재건축사업의 경우는 “노후ㆍ불량건축물로서 기존 세대수가 200세대 이상이거나 그 부지면적이 1만 제곱미터 이상인 지역, 셋 이상의 「건축법 시행령」 별표 1 제2호 가목에 따른 아파트 또는 같은 호 나목에 따른 연립주택이 밀집되어 있는 지역으로서 「도시및주거환경정비법」 제12조에 따른 재건축진단 실시 결과 전체 주택의 3분의 2이상이 재건축이 필요하다는 판정을 받은 지역으로서 시ㆍ도조례로 정하는 면적 이상인 지역등”으로 규정하고 있다.

「빈집및소규모주택정비에관한특례법」에서는 자율주택정비사업, 가로주택정비사업, 소규모재건축사업, 소규모재개발사업으로 구분하여 대상지[138]를 선정하고 있으며 그 주요 대상지 선정기준은 자율형주택사업의 경우 "노후 · 불량건축물의 수가 해당 사업시행구역의 전체 건축물 수의 100분의 60이상, 기존주택이 단독주택인 경우 10호, 그리고 연립주택인 경우는 20세대 미만"으로 규정하고 있으며 지역 여건 등을 고려하여 해당 기준의 1.8배 이하의 범위에서 시 · 도조례로 그 기준을 달리 정할 수 있다. 가로주택정비사업은 "해당 사업시행구역의 면적이 1만 제곱미터 미만이나 지역 여건 등을 고려하여 시 · 도조례로 정하는 경우에는 1만3천 제곱미터 미만으로 할 수 있고, 사업시행구역이 소규모주택정비관리지역인 경우이거나 일정 요건을 갖춘 경우에는 2만 제곱미터 미만이나 4만 제곱미터 미만으로 할 수 있다. 또한, 노후 · 불량건축물의 수가 해당 사업시행구역 전체 건축물 수의 100분의 60이상이며 기존주택의 호수 또는 세대수가 기존주택이 모두 단독주택인 경우 10호, 공동주택인 경우 20세대 이상"이어야 한다.

소규모재건축사업은 "해당 사업시행구역의 면적이 1만 제곱미터 미만이며, 노후 · 불량건축물의 수가 해당 사업시행구역 전체 건축물 수의 100분의 60이상이고, 기존주택의 세대수가 200세대 미만"이어야 한다.

소규모재개발사업은 "해당 사업시행구역의 면적이 5천 제곱미터 미만이며 노후 · 불량건축물의 수가 해당 사업시행구역의 전체 건축물 수의 100분의 60이상"이어야 한다.

각각의 도시정비 관련 법률에 따른 대상지의 선정은 그 관련 법률에 따라서 구체적으로 규정[139]하고 있으며 여기에서는 대표적인 대상지 선정 규정을 설명하였다.

기본계획과 관련한 대상지는 「도시재생활성화및지원에관한특별법」, 「노후계획도시정비및지원에관한특별법」, 「도시재정비촉진을위한특별법」, 「도시및주거환경정비법」 그리고 「빈집및소규모주택 정비에관한특례법」의 순으로 광역적으로부터

---

138)　빈집 및 소규모주택 정비에 관한 특례법 시행령 제3조 (소규모주택정비사업 대상 지역)

139)　대상지 선정의 전체적이고 구체적인 기준은 관련 법률 통하여 확인할 수 있다

구체적인 기준으로 규정되는 것을 알 수 있다. 이는 도시정비를 광역적으로부터 세부적으로 규정함으로써 도시의 정비를 그물망처럼 촘촘하게 규정하여 도시정비의 사각지대가 발생하지 않도록 하려는 의도라고 할 수 있다.

[표7-20] 기본계획별 대상지역 선정기준

구분	대상지역 선정기준
도시재생전략계획	• 기초조사 및 쇠퇴현황 분석을 토대로 도시지역 전체 또는 일부를 전략계획 수립 대상지역 범위로 설정
노후계획도시 정비기본계획	• 조성 후 20년 이상 경과하고 면적이 100만 제곱미터 이상인 지역
도시재정비촉지구	• 10만제곱미터 이상, 고밀·복합형 재정비촉진지구는 역세권 500 미터 이내
도시주거환경 정비기본계획	• 주거환경개선사업 • 재개발사업 • 재건축사업
소규모주택 정비계획[140]	• 자율형주택사업 • 가로주택정비사업 • 소규모재건축사업 • 소규모재개발사업

다) 실행계획

기본계획이 방향과 지침을 위한 계획이라면 실행계획들은 이러한 기본계획들을 집행하고 실행하기 위한 계획이라고 할 수 있다. 이에 실행계획들은 기본계획보다 실제 실행을 위한 구체적인 내용을 포함하여 수립되며, 특히 대상지 내 개발을 위한 구체적인 내용을 포함하므로 인하여 대상지 내의 토지등소유자들에게 직접적인 영향을 미치게 된다.

이에 수립권자 이외에 제안수립이 불가능한 기본계획과는 달리 관련 법률에 따

---

140) 「빈집및소규모주택정비에관한특례법」에서는 기본계획수립을 규정하고 있지 않으며 소규모주택정비계획 그리고 소규모주택정비관리계획을 수립하고 있다

라 실행계획은 대상지역의 토지등소유자가 수립을 제안할 수도 있다. 기본계획과 같이 실행계획과 관련해서도 수립지침이 존재하는데 실행계획은 기본계획을 실행하기 위한 구체적이고 직접적인 단계이기 때문에 기본계획 수립지침보다 실행계획수립지침은 구체적이고 실제적인 내용을 담도록 하고 있다.

[표7-21] 실행계획 민간제안

구분	민간제안
도시재생활성화및 지원에관한특별법	• 제19조(도시재생활성화계획의 수립) ②항
노후계획도시정비및 지원에관한특별법	• 제11조(노후계획도시특별정비구역의 지정) ②항
도시재정비촉진을 위한 특별법	• 제9조(재정비촉진계획의 수립등) ⑦항
도시및주거환경정비법	• 제14조(정비계획의 입안제안)
빈집 및 소규모주택 정비에 관한 특례법	• 제43조의2(소규모주택정비 관리계획의 수립) ①항

[표7-22] 도시정비 관련 실행계획 수립지침

구분	실행계획	수립지침
도시재생활성화 및 지원에관한특별법	도시재생 활성화 계획	• 도시경제기반형 도시재생활성화계획 수립 및 사업시행가이드라인 • 근린재생형 활성화계획수립 가이드라인
노후계획도시정비 및 지원에관한특별법	노후계획도시 특별정비계획	• 노후계획도시 특별정비계획 수립지침
도시재정비촉진을 위한 특별법	도시재정비 촉진계획	• 도시재정비촉진계획 수립지침
도시및주거환경정비법	도시주거환경 정비계획	• 도시주거환경정비계획 수립지침
빈집 및 소규모주택 정비에 관한 특례법	소규모주택 정비 관리계획	• 소규모주택정비관리계획 수립지침

각각의 기본계획에 따른 실행계획들의 내용은 큰 틀에서는 기본계획과 비슷하다고 할 수 있으나 용적률과 건폐율과 같은 구체적이고 수치적인 계획이 나타나게 된다.

[표7-23] 도시재생전략계획과 실행계획

전략계획내용	활성화계획내용
• 계획의 목표 및 범위 • 목표 달성을 위한 방안 • 쇠퇴진단 및 물리적, 사회적, 경제적, 문화적 여건 분석 • 도시재생활성화지역의 지정 또는 변경에 관한 사항 • 도시재생활성화지역별 우선순위 • 노면전차 등 대중교통시설 및 대중교통수단의 개선 확충을 통한 도시재생활성화지역 간 또는 주변지역과의 연계방안 • 도시재생지원센터 구성 및 운영 방안 • 지방정부 재원조달 계획 • 지원조례, 전담조직 설치 등 지방자치단체 차원의 지원제도 발굴 • 그 밖에 전략계획수립권자가 도시재생을 위하여 수립하는 사업 계획	- 계획의 목표 - 도시재생사업의 계획 및 파급효과 - 도시재생기반시설의 설치·정비에 관한 계획 - 기초생활인프라의 국가적 최저기준 달성을 위한 계획 - 공공 및 민간 재원 조달계획 - 예산 집행 계획· 도시재생사업의 평가 및 점검 계획 - 행위제한이 적용되는 지역 - 그 밖에대통령령으로 정하는 사항

[표7-24] 노후계획도시정비기본계획과 실행계획

기본계획내용	특별정비계획내용
• 기본계획의 대상이 되는 노후계획도시의 공간적 범위 • 기본계획의 목표 및 추진방향 • 기존 개발계획의 달성도와 미비점 평가 • 미래도시로의 전환, 도시기능 향상 및 정주여건 개선을 위한 공간구조 개선 계획 • 광역교통시설 및 기반시설 정비에 관한 계획	- 위치, 면적, 개발기간 등 특별정비계획의 개요 - 토지이용에 관한 계획 - 인구·주택 수용계획 - 교육시설, 문화시설, 복지시설 등 기반시설 설치 계획 - 공원·녹지 조성 및 환경보전 계획 - 교통계획

• 노후계획도시특별정비예정구역의 공간적 범위 등 지정에 관한 사항 • 노후계획도시정비사업의 단계별 추진계획 • 건폐율·용적률 등에 관한 건축물의 밀도계획 • 공공주의 공급, 기반시설의 설치, 도시기능 향상에 필요한 부지의 확보 또는 시설의 설치, 제공, 그 밖에 필요한 비용의 부담 등 공공기여에 관한 사항 • 노후계획도시정비선도지구의 지정계획 • 이주대책 및 부동산가격 안정화 계획 • 저탄소 녹색도시로의 전환을 위한 추진계획 • 건설폐기물의 친환경적 처리 및 순환골재의 사용 등 재활용 촉진계획 • 그 밖에 노후계획도시의 체계적 정비를 위하여 대통령령으로 정하는 사항	- 경관계획 - 특별정비구역의 경계 - 노후계획도시사업의 종류 - 노후계획도시정비사업별 용도지역을 변경하는 경우에는 그 변경계획 - 노후계획도시정비사업별 용적률·건폐율 및 높이 등에 관한 건축계획 - 공공기여 계획 - 기반시설 설치의 비용 분담계획 - 기반시설 설치비용을 민간투자사업으로 충당하는 경우에는 그 민간투자사업에 관한 계획 - 임대주택 건설 등 특별정비구역에 거주하는 세입자와 소규모 주택 또는 토지의 소유자의 주거대책 - 순환용 주택을 공급하는 경우에는 그 공급에 필요한 사항 - 단계적 사업추진에 관한 사항 - 녹색건축 등 건축물 에너지효율화 계획 - 건설폐기물의 친환경적 처리 및 순환골재의 사용 등에 관한 계획 - 그 밖에 노후계획도시정비사업을 추진하는 데 필요한 사항으로서 대통령령으로 정하는 사항

[표7-25] 재정비촉진지구와 실행계획

재정비촉진구내용	재정비촉진계획내용
• 재정비촉진지구의 명칭·위치 및 면적 • 재정비촉진지구의 지정 목적 • 재정비촉진지구의 현황(인구, 주택 수, 용적률, 세입자 현황 등) • 재정비촉진지구 개발의 기본 방향 • 재정비촉진지구에서 시행 중인 재정비촉진사업의 현황 • 개략적인 기반시설 설치에 관한 사항 • 부동산 투기에 대한 대책 • 그 밖에 대통령령으로 정하는 사항	- 위치, 면적, 개발기간 등 재정비촉진계획의 개요 - 토지 이용에 관한 계획 - 인구·주택 수용계획 - 교육시설, 문화시설, 복지시설 등 기반시설 설치계획 - 공원·녹지 조성 및 환경보전 계획 - 교통계획 - 경관계획 - 재정비촉진구역의 경계

	- 개별법에 따라 시행할 수 있는 재정비촉진사업의 종류
	- 재정비촉진사업별 용도지역 변경계획
	- 재정비촉진사업별 용적률·건폐율 및 높이 등에 관한 건축계획
	- 기반시설의 비용분담계획
	- 기반시설의 민간투자사업에 관한 계획
	- 임대주택 건설 등 재정비촉진지구에 거주하는 세입자 및 소규모의 주택 또는 토지의 소유자의 주거대책
	- 재정비촉진사업 시행기간 동안의 범죄예방대책
	- 순환개발 방식의 시행을 위한 사항
	- 단계적 사업 추진에 관한 사항
	- 상가의 분포 및 수용계획
	- 그 밖에 대통령령으로 정하는 사항

[표7-26] 도시주거환경정비기본계획과 실행계획

기본계획내용	정비계획내용
• 정비사업의 기본방향	- 정비사업의 명칭
• 정비사업의 계획기간	- 정비구역 및 그 면적
• 인구·건축물·토지이용·정비기반시설·지형 및 환경 등의 현황	- 토지등소유자 유형별 분담금 추산액 및 산출근거
• 주거지 관리계획	- 도시·군계획시설의 설치에 관한 계획
• 토지이용계획·정비기반시설계획·공동이용시설 설치계획 및 교통계획	- 공동이용시설 설치계획
• 녹지·조경·에너지공급·폐기물처리 등에 관한 환경계획	- 건축물의 주용도·건폐율·용적률·높이에 관한 계획
• 사회복지시설 및 주민문화시설 등의 설치계획	- 환경보전 및 재난방지에 관한 계획
• 도시의 광역적 재정비를 위한 기본방향	- 정비구역 주변의 교육환경 보호에 관한 계획
• 정비구역으로 지정할 예정인 구역의 개략적 범위	- 세입자 주거대책
• 단계별 정비사업 추진계획	- 정비사업시행 예정시기
• 건폐율·용적률 등에 관한 건축물의 밀도계획	- 정비사업을 통하여 공공지원민간임대주택을 공급
• 세입자에 대한 주거안정대책	- 그 밖에 정비사업의 시행을 위하여 필요한 사항으로서 대통령령으로 정하는 사항
• 그 밖에 주거환경 등을 개선하기 위하여 필요한 사항으로서 대통령령으로 정하는 사항	

구체적인 실행계획은 도시재생전략계획의 경우 도시재생활성화계획[141], 노후계획도시정비기본계획은 특별정비계획, 재정비촉진지구는 재정비촉진계획, 도시주거환경정비기본계획은 도시환경정비계획이 존재한다. 이러한 실행계획은 주민제안의 계획을 제외하고는 주민공람으로 대상지 토지등소유자의 간접적 참여를 보장하고 있다. 이후, 고시와 공고 절차를 거쳐 실행계획은 시행단계로 이어지게 된다.

[그림7-1] ○○구 정비계획 결정을 위한 경관계획

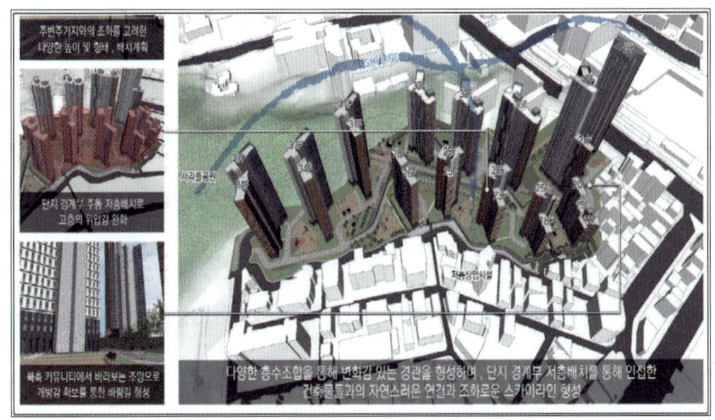

[그림7-2] ○○시 도시관리계획[정비계획] 결정 지형도면 고시도

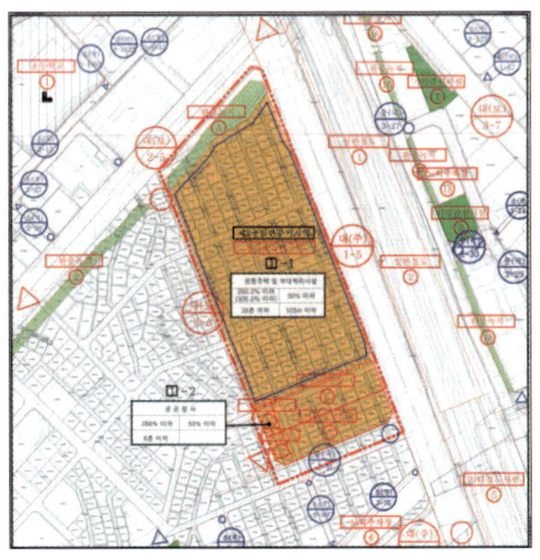

---

141)　도시경제기반형 활성화계획, 근린재생형 활성화계획으로 나눈다

라) 계획단계 소요기간

일반적으로 계획단계의 기본계획수립과 실행계획수립에 소요되는 기간은 정해져 있지 않다. 다만 기본계획의 경우 10년 단위로 수립하고, 필요한 경우 5년 단위로 타당성을 검토하여 그 결과를 기본계획에 반영하여야 하도록 하고 있다. 그러나 실행계획의 경우 각각의 기본계획에 따라 그 수립 내용과 절차 등이 서로 달라 소요기간이 별도로 정해져 있지 않다. 기본계획의 경우도 일반적으로 1년 이상의 조사와 검토 및 수립 기간이 소요되며 수립권자의 상황에 따라 그 기간이 달라질 수 있다.

서울특별시에서 진행하고 있는 정비지원계획인 신속통합기획의 사례에서 보면 도시환경정비기본계획의 실행계획인 정비계획 결정 및 구역지정까지의 절차에 소요되는 기간은 기존에 60개월 정도가 소요되는 것으로 명시하고 있으며 신속통합기획에서는 이를 24개월로 단축하여 시행하겠다고 하였다.

계획의 결정은 대상지와 그곳에 거주하고 있는 사람들에게 많은 사회적 경제적 영향을 미친다. 계획의 결정에 따른 용도의 결정, 그리고 용적률, 건폐율 등의 물리적 건축량의 결정은 대상지 토지등소유자의 자산에 많은 영향을 미치게 된다. 특히, 계획의 수립부터 결정되는 시간까지 대상지는 활성화나 쇠퇴의 영향을 받으며 일반적으로 토지등소유자의 자산가치가 증감하게 된다.

[표7-27] 정비계획수립·지정 소요기간(신속통합기획)

기존	주민제안 (자치구)	사전검토 (자치구)	사전타당성 조사 (자치구)	기초생활권 계획수립 (자치구)	정비계획 수립 (자치구)	정비구역 지정법정 절차	비고
소요기간	6개월		12개월	10개월	20개월	12개월	60개월
신속통합기획 (서울특별시)	주민제안 (자치구)	사전검토 (자치구)	공공기획+정비계획			정비구역지 정법정절차	
소요기간	4개월		14개월			6개월	24개월

(출처 : 서울특별시)

2) 시행단계

계획단계에서 기본계획 이후 실행계획이 확정되면 이 계획을 시행하기 위한 시행단계에 이르게 된다. 시행단계는 계획단계에서 확정된 내용을 추진하는 단계이다. 이에 시행단계에서는 실행계획을 추진하기 위한 의미로서 사업이라고 명명하게 된다. 그러나 실제 대부분 시행단계의 과정에서는 실행계획을 추진하는 의미로서의 사업보다는 법인세법[142]이나 소득세법[143]의 영향을 받는 사업의 의미로서 인식되고 있다. 이로 인하여 실제 시행단계의 추진 과정에서는 전자와 후자의 의미가 혼재되어서 인식되고 있다. 실제로 그 시행단계에서는 법률의 정함에 따라 법인세를 납부하기도 한다. 그러나 이러한 의미의 혼재와 관계없이 시행단계에서는 확정된 실행계획을 추진하는 의미로서 사업이라고 명명한다. 이러한 사업을 시행하기 위해서는 누가 시행할 것인가? 시행에 필요한 재원은 어떻게 할 것인가? 어떠한 과정으로 진행할 것인가?에 대한 결정이 필요하다고 할 수 있다.

이에 사업의 시행단계는 일반적으로 누가 사업을 진행할 것인가와 재원조달을 어떻게 결정할 것인지를 결정하기 위한 시행자 결정 과정인 토지등소유자를 중심으로 구성되는 조합설립이나 시행자 지정과 그리고 실행계획을 구체화하여 실제 공사를 어떻게 진행할 것인지를 위한 사업시행계획, 그리고 이를 기준으로 하여 토지등소유자의 자산을 배분하기 위한 처분계획 그리고 기존 거주지 철거를 위한 이주와 공사 및 완료 단계로 이루어진다. 도시재생사업이나 일부 주거환경개선사업처럼 이주가 이루어지지 않는 경우도 있다. 하지만 이처럼 구체적인 시행과정은 법률에 따라 그 명칭과 과정이 조금은 차이[144]가 있겠지만 본질적으로 도시정비의

---

142) 법인세법 제14조(각 사업연도의 소득) ① 내국법인의 각 사업연도의 소득은 그 사업연도에 속하는 익금(益金)의 총액에서 그 사업연도에 속하는 손금(損金)의 총액을 뺀 금액으로 한다

143) 소득세법 제19조(사업소득) ① 사업소득은 해당 과세기간에 발생한 다음 각 호의 소득으로 한다

144) 도시의 정비사업에 대한 구체적인 시행절차는 관련 시행법률에 따라 차이가 날 수 있다(재개발, 재건축과 가로주택정비사업, 소규모재개발, 재건축사업 등은 사업계획승인과 관리처분 등에서 절차상 차이가 있다)

시행과정은 이러한 과정을 거친다고 할 수 있다.

[표7-28] 시행단계

구분	내용
시행자구성	조합설립, 정부, 제3기관 등
	↓
구체적 실행계획인가	사업시행계획
	↓
자산배분	(관리)처분계획
	↓
이주	이주·철거
	↓
분양·착공	분양승인, 착공계
	↓
준공	준공, 조합해산

가) 토지등소유자

도시정비의 과정은 각각 개인의 정비와는 달리 도시에서 일어나는 정비이다. 또한, 각각 개인이 소유하고 있는 자산을 대상으로 한다. 이에 그 시행단계는 계획단계보다는 더 복잡하고 소요기간 또한 길다.

헌법[145]에서는 각각 개인의 재산권을 보장하고 있다. 그러므로 각각 개인의 재산을 대상으로 하는 도시정비사업은 당연히 그 대상지 개인들의 동의를 구하여야 한다.

이러한 측면에서 보면 기본적으로 계획을 시행할 수 있는 시행의 주체는 대상지의 토지 등을 소유하고 있는 각각 개인들이라 할 수 있다. 그러나 도시정비 실행계획에 대한 대상지 내 토지등소유자 의견은 다를 수 있으며 이 경우 도시정비를 위한 실행계획은 진행될 수 없다. 이 실행계획이 시행되지 못할 경우 도시의 주거

---

145)　헌법 제23조 ①항

환경이나 주거생활의 질은 계속하여 불량해지고 낙후되어 범죄 등 다양한 사회문제를 일으킬 수 있는 원인이 될 수 있다. 이는 각각 개인의 견해차로 인한 도시 전체 공공복리에 적합하지 않은 결과로 이어지는 것이다.

헌법에서는 각각 개인의 재산권을 보장하기도 하지만 공공복리에 적합하지 않을 경우 공공필요에 의한 재산권의 수용·사용 또는 제한하고 정당한 보상을 하도록 규정[146]하고 있다. 즉, 시행단계에서 실행계획에 동의하지 않는 각각 개인의 재산권을 제한하고 동의한 개인들로 진행할 수 있는 것이다. 물론 동의의 비율은 법률로 정하여 진행되고 있다.

결국, 기본적으로 천재지변과 같은 특수한 상황이 발생하지 않는다면 시행주체가 실행계획에 동의한 개인 즉 토지등소유자에 의해서 진행된다고 할 수 있다.

나) 재원(resource)

동의한 토지등소유자가 시행단계에서 사업을 진행하기 위해서는 필요인력 등을 포함하여 많은 재원이 필요하다. 이러한 재원을 어떻게 조달하느냐에 따라 다양한 시행방법이 존재한다. 기본적으로 시행단계에서 토지등소유자가 도시정비에 필요한 재원을 소유하고 있으면 법률적으로 정한 범위 내에서 실행계획을 시행할 수 있다. 그러나 이러한 재원조달의 어려움으로 인하여 정부나 제3기관 등으로부터 재원조달이 이루어지는 경우는 재원을 조달하는 기관이 그 실행계획의 시행을 할 수 있다. 물론 이러한 과정에서도 재원을 조달하는 기관은 사업을 진행하는 과정에서 토지등소유자의 의견을 반영하여 사업을 진행하도록 하고 있으나 토지등소유자는 사업주체 와는 다른 지위와 권한을 갖는다.

---

146)　헌법 제23조 ②항, ③항

사업시행주체	토지소유	재원조달
토지등소유자	○	○
정부, 제3기관(신탁사등)	×	○

다) 사업시행자(사업시행주체)

시행단계에서 사업시행주체는 토지 등 소유와 재원조달능력에 따라 달라진다. 그러나 정부나 제3기관 시행의 경우에도 토지등소유자의 동의를 원칙으로 하고 있다. 도시정비 관련 법률에 따른 사업시행자를 살펴보면 〈표7-30〉과 같다. 법률에 따른 시행자는 토지등소유자와 조합, 공공기관을 포함하는 정부, 신탁업자 그리고 부동산 투자회사 등 크게 세 부문으로 나누어지는 것을 알 수 있다. 물론 토지등소유자를 제외하고는 정부나 공공기관 제3기관 모두 토지등소유자의 동의를 전제로 한다.

[표7-30] 법률에 따른 사업시행자

구분	사업시행자
도시재생 활성화 및 지원에 관한 특별법	• 도시재생활성화지역 내의 토지 소유자 • 지방자치단체 • 대통령령으로 정하는 공공기관 • 지방공기업 • 마을기업, 사회적기업, 사회적협동조합 등 지역 주민 단체
도시재정비 촉진을 위한 특별법	• 재정비촉진사업은제2조 2호 각 목147)의 관계 법령에 따른 사업시행자가 시행

---

147) 가. 「도시및주거환경정비법」에 따른 주거환경개선사업, 재개발사업 및 재건축사업, 「빈집및소규모주택정비에관한특례법」에 따른 가로주택정비사업, 소규모재건축사업 및 소규모재개발사업
나. 「도시개발법」에 따른 도시개발사업
다. 「도시재생활성화및지원에관한특별법」에 따른 주거재생혁신지구의 혁신지구재생사업
라. 「공공주택 특별법」에 따른 도심 공공주택 복합사업
마. 「전통시장및상점가육성을위한특별법」에 따른 시장정비사업

노후계획도시정비 및 지원에 관한 특별법	• 특별정비구역 내의 토지등소유자 또는 토지등소유자가 노후계획도시정비사업을 추진하기 위하여 설립한 조합 • 지방자치단체 • 「공공기관의 운영에 관한 법률」에 따른 공공기관 중 대통령령으로 정하는 기관 • 지방공사 • 신탁업자 • 지방자치단체, 지방공사, 공공기관중 노후계획도시정비사업을 시행할 목적으로 총지분의 100분의 50을 초과하여 출자한 법인 • 그 밖에 대통령령으로 정하는 자
도시및주거환경정비법	• 조합 • 지방자치단체 • 토지주택공사등 • 민관합동법인 • 신탁업자 등
빈집 및 소규모주택 정비에 관한 특례법	• 토지등소유자 • 조합 • 시장·군수등 • 토지주택공사등 • 건설업자 • 등록사업자 • 신탁업자 • 부동산투자회사등

라) 조합의 설립 등

정부와 공공기관 제3기관의 경우 이미 그 단체가 법률적으로 형성되어 있다. 그러나 토지등소유자의 경우는 사업을 시행하기 위한 법률적 단체를 만들어야 한다. 물론 토지등소유자만으로 사업을 진행할 수도 있지만, 일반적으로 이러한 법률단체로서 조합을 구성하여 진행하게 된다. 조합은 법인과는 다른 개념이지만 법률에

바.「국토의계획및이용에관한법률」에 따른 도시·군계획시설사업

따라 법인격을 부여하기도 하며 법인세 납부 대상이 되기도 한다. 이러한 조합을 설립하기 위해서도 토지등소유자의 동의가 필요하다. 대표적으로 「도시및주거환경정비법」과 「빈집및소규모주택정비에관한특례법」에 따른 조합설립 동의 요건을 살펴보면 〈표7-31〉과 같다.

[표7-31] 조합설립 동의 요건

구분	조합설립동의 요건
도시및주거환경정비법	• 재개발 - 토지등소유자 4분의 3이상 및 토지면적의 2분의 1이상의 토지소유자의 동의 • 재건축 - 주택단지 공동주택의 각 동별구분소유자의 과반수 이상 148) 동의와 주택단지 전체 구분소유자의70% 이상 및 토지면적의 70% 이상의 토지소유자의 동의
빈집 및 소규모주택 정비에 관한 특례법	• 가로주택정비사업 - 토지등소유자의 10분의 8 이상 및 토지면적의 3분의 2 이상의 토지소유자 동의 - 사업시행구역의 공동주택은 각 동별구분소유자의 과반수 동의(공동주택의 각 동별구분소유자가 5명 이하인 경우는 제외) - 그 외의 토지 또는 건축물은 해당 토지 또는 건축물이 소재하는 전체 토지면적의 2분의 1 이상의 토지소유자 동의 • 소규모재건축 - 주택단지의 공동주택의 각동별구분소유자의 과반수 동의(공동주택의각동별구분소유자가 5명 이하인 경우는 제외) - 주택단지의 전체 구분소유자의 4분의 3 이상 및 토지면적의 4분의 3 이상의 토지소유자 동의 - 주택단지가 아닌 지역은 토지 또는 건축물 소유자의 4분의 3 이상 및 토지면적의 3분의 2 이상의 토지소유자의 동의 • 소규모 재개발 - 토지등소유자의 10분의 8 이상 및 토지면적의 3분의 2 이상의 토지소유자 동의

---

148) 대통령령 제30조(조합설립인가신청의 방법 등) ③ 법률로 정하는 날부터조합설립인가 신청일까지 복리시설의 구분소유자가 증가한 경우는 구분소유자의 동의를 3분의 1이상으로 한다

조합설립을 위한 동의 요건들은 각각의 법률에 따라 서로 다르며 조합설립 전 사업추진위원회[149]를 구성해야 하는 경우도 있다. 궁극적으로는 사업을 시행하기 위해서는 독립된 단체를 구성해야 하는 단계이다. 즉, 토지등소유자가 사업을 추진하기 위한 법률상 단체를 구성하는 단계인 것이다. 도시정비와 관련된 법률상에서는 대부분 조합을 설립하여 진행하도록 법률로 규정하고 있다. 특히, 도심에 주거공급의 중요 기능을 담당하고 있는 재개발, 재건축의 근거 법령인 「도시및주거환경정비법」에 의하면 공공이나 제3기관(신탁사 등)에서 시행하는 것을 제외하고 반드시 조합을 설립하여 시행하도록 하고 있다. 이 과정에서 조합설립에 동의하지 않는 토지등소유자의 경우는 공공복리를 위해서는 헌법 의한 재산권을 수용·사용 또는 제한하고 정당한 보상을 할 수 있다고 하고 있어 그 시행방안으로 수용[150]이나 매도청구[151]와 같은 절차를 규정하고 있다.

마) 사업시행계획

사업시행계획은 계획단계의 실행계획을 구체화하는 계획이다. 시행계획의 주요 내용은 실행계획에서 규정한 용적률, 건폐율, 고도제한 등의 물리적 건축 규제를 기준으로 하여 실제 착공을 위한 계획을 수립하는 것이며 수립의 주체는 사업시행자가 된다. 이 사업시행계획은 실행계획의 주체인 정부(인허가 관청)로부터 인가를 득해야 하며 이 과정에서 실행계획의 기준에 적합한지가 검토된다.

---

149) 도시및주거환경정비법 제31조(조합설립추진위원회의 구성·승인)

150) 「공익사업을위한토지등의취득및보상에관한법률」을 적용

151) 도시및주거환경정비법 제64조(재건축사업에서의 매도청구)

구분	사업시행계획의 내용
도시및주거 환경정비법	• 토지이용계획(건축물배치계획을 포함) • 정비기반시설 및 공동이용시설의 설치계획 • 임시거주시설을 포함한 주민이주대책 • 세입자의 주거 및 이주 대책 • 사업시행기간 동안 정비구역 내 가로등 설치, 폐쇄회로 텔레비전 설치 등 범죄예방대책 • 임대주택의 건설계획(재건축사업의 경우는 제외) • 국민주택규모 주택의 건설계획(주거환경개선사업의 경우는 제외) • 공공지원민간임대주택 또는 임대관리 위탁주택의건설계획 • 건축물의 높이 및 용적률 등에 관한 건축계획 • 정비사업의 시행과정에서 발생하는 폐기물의 처리계획 • 교육시설의 교육환경 보호에 관한 계획 • 정비사업비 • 정비사업의 종류·명칭 및 시행기간 • 정비구역의 위치 및 면적 • 사업시행자의 성명 및 주소 • 설계도서 • 자금계획 • 철거할 필요는 없으나 개·보수할 필요가 있다고 인정되는 건축물의 명세 및 개·보수계획 • 정비사업의 시행에 지장이 있다고 인정되는 정비구역의 건축물 또는 공작물 등의 명세 • 토지 또는 건축물 등에 관한 권리자 및 그 권리의 명세 • 공동구의 설치에 관한 사항 • 정비사업의 시행으로 법 제97조 제1항에 따라 용도가 폐지되는 정비기반시설의 조서·도면과 새로 설치할 정비기반시설의 조서·도면(토지주택공사등이 사업시행자인 경우만 해당) • 정비사업의 시행으로 법 제97조 제2항에 따라 용도가 폐지되는 정비기반시설의 조서·도면 및 그 정비기반시설에 대한 둘 이상의 감정평가법인등의 감정평가서와 새로 설치할 정비기반시설의 조서·도면 및 그 설치비용 계산서 • 사업시행자에게 무상으로 양여되는 국·공유지의 조서

- 「물의 재이용 촉진 및 지원에 관한 법률」에 따른 빗물처리계획
- 기존주택의 철거계획서(석면을 함유한 건축자재가 사용된 경우에는 그 현황과 해당 자재의 철거 및 처리계획을 포함)
- 정비사업 완료 후 상가세입자에 대한 우선 분양 등에 관한 사항

사업시행계획의 인가과정에서 중요한 사항은 사업시행계획 인가조건이다. 사업시행계획의 인가조건은 실행계획을 시행하기 위한 사업시행자에게 비용의 부담으로 작용하는 경우가 많다. 여러 가지의 사업시행계획 승인 조건이 있으며, 그중 대표적인 것이 무상귀속[152], 기부채납[153] 그리고 공공기여[154]이다. 물론 사업을 시행하는 과정에서 사업의 시행으로 인한 기반시설의 확충이나 필요한 임대주택 등의 건설이 필요하나 이에 대한 적정성을 두고 정부(인·허가 기관)와 사업시행자(조합, 제3기관 등) 간 견해 차이가 존재한다. 그리고 무상귀속과 기부채납, 공공기여에 대한 명확한 구분과 정의가 규정되어 있지 않아 이에 대한 해석과 적용에서도 다양한 의견들이 존재하고 있다.

바) 처분계획

실행계획을 시행하고 진행하는 과정에서 대상지의 토지등소유자의 처분계획은 중요한 과정이다. 시행과정에 참여한 토지등소유자의 주요한 관심은 여러 가지의 요소가 있겠지만 그 개인들의 자산증감이라고 할 수 있다. 이에 일반적으로 사업시행계획이 확정되고 나면 처분계획에 대한 토지등소유자들의 동의를 구하는 과

---

152) 도시및주거환경정비법제65조 (정비기반시설 및 토지 등의 귀속)

153) 공유재산및물품관리법 제2조 (정의), 국유재산법 제13조 (기부채납)

154) 국토의 계획 및 이용에 관한 법률 제52조의2

정이 진행된다. 일반적으로 처분계획은 환지방식(입체환지방식[155]), 수용방식[156] 그리고 혼용방식[157]등이 사용된다. 도시정비와 관련하여서는 수용과 환지가 혼용되는 방식이 사용되고 있다.

처분계획의 기본적인 원리는 시행이 완료된 후의 자산가치가 시행에 소요되는 비용을 충당한 후 자산가치와 종전의 자산가치와의 비교로 이루어진다. 만약 사업시행 완료 후 자산가치가 종전가치보다 크다면 시행계획에 동의하겠지만 그렇지 않은 경우는 이 시행계획에 동의하지 않을 것이다. 이러한 처분계획의 과정에서 소요되는 비용을 줄이기 위한 정부의 세제지원, 직접지원 같은 대책이나 방안이 수립되기도 한다. 처분계획의 방법은 주로 비례율[158]의 개념을 통하여 시행되고 있으며, 처분계획은 선물선납약정[159]등 여러 가지 이름으로 명명되고 있으나 대부분 관리처분계획으로 명명되고 있다.

사) 이주 및 철거

처분계획이 확정되고 나면 「도시및주거환경정비법」에 의한 주거환경개선사업이나 「도시재생 활성화및지원에관한특별법」에 따른 마을기업 등에 의한 도시재생사업 등 이주 과정이 필요 없는 사업들을 제외하고는 대상지에 거주하고 있던 토지등소유자들의 이주가 시작된다.

---

155) 환지방식으로 시행되는 사업에서 사업시행 이전의 토지의 위치·지적·이용상황·환경 등을 고려하여, 사업시행 이후 종전 토지소유자에게 새로이 조성되는 대지뿐만 아니라 건축물의 일부나 그 건축물이 있는 토지의 공유지분을 부여하는 개발방식을 말한다. 일반적인 환지가 토지만을 대상으로 하는 평면적 환지라고 한다면, 입체환지는 건축물과 토지를 모두 환지의 대상으로 한다는 점에서 입체적 환지로서 평면적 환지와 구분된다

156) 도시개발법 제22조(토지등의 수용 또는 사용)

157) 도시및주거환경정비법 제23조(정비사업의 시행방법) ①항, 3

158) 도시개발법시행규칙 제26조(환지계획에 포함되어야 하는 내용)
도시정비법시행규칙 제8조 ③항 조합설립 동의서(별지 제6호 서식)

159) 도심복합개발사업

이주와 관련하여 중요한 내용은 토지등소유자의 이주비 조달과 세입자의 이주이다. 토지등소유자의 이주는 기본적으로 토지등소유자의 자산을 담보로 하여 조달하며, 세입자의 경우는 「도시 및 주거환경정비법」에 의한 주거 이전비 등이 있다.

부동산 담보 등을 기준으로 하는 가장 대표적인 대출 규제 기준은 DTI, LTV, DSR 등이 있다.

DTI(Debt-to-Income Ratio, 총부채상환비율)는 연소득 대비 연간 대출 상환액이 차지하는 비율을 나타내는 지표이며, LTV(Loan-to-Value Ratio, 담보인정비율)는 부동산을 담보로 제공할 때, 해당 부동산의 가치 대비 대출 가능 금액을 나타내는 비율이다. 그리고 DSR(Debt Service Ratio, 총부채원리금상환비율)은 모든 대출(주택담보대출 + 신용대출 + 학자금대출 등)의 원리금 상환액이 소득 대비 차지하는 비율을 나타낸다.

이러한 대출 규제는 부동산시장이나 주택시장에 따라 변화하게 되며 이 규제의 변화에 따라 이주비 조달에도 직접적인 영향을 미치게 된다. 또한, 도시정비사업으로 인한 이주에 따라 주변의 전세가격과 주택가격에도 영향을 미치게 되어 기본계획과 실행계획에서 별도의 이주대책 수립을 규정하기도 한다. 세입자의 이주에 대하여는 주거 이전비 등이 있긴 하지만 여전히 사업시행자와의 이주에 대한 서로 다른 의견들이 존재하며 처분계획 이후에도 이주를 시행하지 않아 철거를 위한 행정대집행 등 사회적 이슈가 되기도 한다.

아) 분양 및 착공

이주와 철거가 완료된 후 처분계획에 따라 분양과 착공이 이루어진다. 처분계획에 따라 분양을 하지 않는 사업도 있지만, 일반적으로 분양의 과정을 거치게 된다. 분양은 최종적으로 분양승인의 과정을 거치게 되는데 이 과정에서 분양가에 대한 심의가 이루어지게 되며, 규제지역[160)에 따라 분양가 상한제 등의 규제가 있

---

160) 투기지역, 투기과열지역, 조정지역

으며 주변 지역의 분양가도 참고하게 된다.

분양승인 이후에는 건설회사(시공사)에 의한 착공이 이루어지게 된다. 도시정비로서 주거정비인 재개발, 재건축사업의 경우 일반적으로 착공 후 공사비의 인상 금지를 계약하고 있으나 착공 후 국제상황의 급변으로 인한 원자잿값 상승 등으로 공사비 인상을 요구하는 경우도 발생한다. 이 경우 사업시행자는 추가적인 공사비 상승의 재원조달을 위하여 추가로 일반분양가격을 상승시킬 수 있는 재분양승인이 현실적으로 불가능하므로 사업시행자의 추가적인 부담이 발생하게 된다. 그러나 사업시행자는 추가 부담금 납부에 대하여 부정적이며 이로 인하여 건설회사(시공사)와 사업시행자 간 공사비에 대한 분쟁이 발생하기도 한다.

자) 준공 및 조합해산

공사가 완료되면 준공인가를 받아야 한다. 그러나 도시정비와 관련한 공사는 다수의 토지등소유자와 주변의 여러 종류의 관련자들이 얽혀있어 이러한 관련자들과 소송 등 여러 문제가 발생할 경우 준공인가가 어려울 수도 있다. 궁극적으로는 이러한 문제가 해결되어야 하며, 이후 최종적으로 토지등소유자의 자산으로 공부(公簿)[161]에 등재될 수 있다. 이후 시행자가 정부나 제3기관이 아닌 조합 등의 경우에는 해산과정을 거치게 되며 실행계획을 시행하는 시행단계는 종료된다.

3) 시행단계 소요기간

시행단계의 소요기간은 계획단계보다 더 많이 소요되며 더 큰 영향을 미치게 된다. 이는 시행단계에서는 계획단계보다 더 많은 인력과 재원이 투입되기 때문이다. 특히 소요되는 재원 중 필요자금은 시간이 지남에 따라 금융비용을 발생시켜 시행사업에 대한 사업비 상승의 원인이 된다. 다수의 토지등소유자의 시행계획에 대한 의견의 달라질 경우 이를 통합하기 위한 시간이 필요하며 이는 수용이나 매

---

161) 토지이용계획확인서, 등기사항전부증명서, 건축물 관리대장, 토지대장

도청구 등을 통하여 법률적으로 보장하고 있다. 또한, 각각의 시행단계에서 토지등소유자들의 동의를 규정하고 있어 이러한 동의를 얻지 못할 경우 사업의 지연될 수 있고, 이 경우 사업 지연으로 인한 금융비용은 계속하여 발생하게 된다. 결국, 이러한 비용의 증가는 토지등소유자의 자산을 감소시키는 결과로 이어지며 실행계획의 시행이 이루어지지 않을 수도 있다. 이에 정부에서는 이러한 시행단계의 소요기간을 줄이기 위한 용적률 인센티브, 통합심의 등 다양한 정책들을 수립하여 진행하고 있다.

[표7-33] 재개발, 재건축 평균 소요기간

구분	정비구역지정	→	조합설립인가	→	사업시행인가	→	관리처분인가	→	착공	→	준공	비고
재개발[162]	1.2년		3.1년		1.4년		1.4년		2.6년			9.7년
재건축[163]	0.9년		1.8년		1.5년		1.1년		2.8년			8.1년

(출처:머니투데이, 2015. 08. 20.)

4) 절차의 중요성

계획단계든 시행단계든 도시정비와 관련해서는 그 절차가 중요하다. 그 단계에서 절차적 하자 발생할 경우 그 계획들은 실현되지 못한다. 정부가 주체가 되는 계획단계의 절차는 시행단계로 넘어가기 위한 공람, 위원회 의견 청취, 관련 부서 검토, 고시공고 등의 절차이다. 이러한 절차는 정부와 관련 기관에 의해서 엄격하게 지켜지고 있으며 절차적 하자가 있으면 시행단계로 넘어가지 않는 구조로 되어 있다.

그러나 시행단계에서는 민간이 주도하기 때문에 시행단계에서의 여러 가지 절

---

162)   2000년 이후 서울에서 구역지정 통과된 382개 재개발사업장 대상

163)   2000년 이후 서울에서 구역지정 통과된 163개 재건축사업장 대상

차적 하자가 있는 경우가 종종 발생하며 소송의 대상이 되기도 한다. 시행단계에서는 사안별로 진행단계마다 토지등소유자의 동의를 구하고 있으며, 이에 대한 동의절차를 규정하고 있다. 이러한 절차에 하자가 발생할 경우 이러한 절차적 하자로 인한 원인 무효의 상황이 발생하여 사업의 진행이 지연되며 다시 그 사안에 대한 절차적 정당성을 확보하여야 한다. 절차적 하자는 사업의 지연으로, 사업의 지연은 투입된 자금에 대한 금융비용의 발생으로, 금융비용의 발생은 토지등소유자의 부담으로 이어져 결국 실행계획을 시행할 수 없는 상황까지 이르게 될 수도 있다.

계획단계나 시행단계는 도지정비와 관련된 법률에 규정되어 있으며 관련 해석과 판례 자료도 다양한 검색 매체를 통하여 구할 수 있다. 시행단계에서의 작은 절차의 하자가 소송으로 이어져 시행단계의 전체 절차에 영향을 미치는 경우가 발생하고 있는 것도 현실이다. 그러므로 매 시행단계에서 법률절차에 따른 절차적 정당성을 확보하고 하자를 발생하지 않게 하는 것도 계획의 수립만큼이나 중요하다고 할 수 있다.

도시정비의 현상과 미래

도시의 정비는 「경국대전」, 「조선시가지계획령」, 「도시계획법」, 「도시재개발법」 그리고 「도시및주거환경정비법」 등 여러 가지 법령과 정부의 대책 등을 통해서 계속하여 진행되어 왔다. 이러한 과정에서 도시의 정비에 관하여 계획단계와 시행단계에서 많은 현상이 노출되었으며 이러한 현상들은 현재까지도 여러 가지 측면에서 발생하고 있다. 공공이 주관이 되는 계획단계에서부터 민간이 주체가 되는 시행단계까지 다양한 도시의 정비에 대한 현상들이 발생하고 있는 것이다. 각각의 주체로서 정부와 민간들은 이러한 현상에 대하여 대응하고 대책을 수립하면서 도시의 정비사업은 진행되고 있다.

공공은 기본계획과 실행계획의 수립단계에서 정비사업 진행을 위한 용적률 설정, 절차의 간소화 등을 통하여 지속해서 나타나는 현상에 대응하고 있으며, 민간 또한 정비사업에 참여와 이해로 정비사업에 동의를 높이는 시도를 계속하고 있다. 그러나 이러한 정부와 민간의 현상에 대한 대응에도 불구하고 정비사업을 진행하는 주체들 간의 새로운 갈등의 현상들이 나타나고 있다. 물론 이러한 현상들은 과거로부터의 현상과 완전히 단절된 상태에서 발생하는 것은 아니지만 과거와의 다른 현재 상황에서 발생하는 것이기 때문에 이러한 현상에 대해서도 과거의 대응을 참고하여 새로운 정비사업에 대한 현상에 대해서 미래적 관점에서 살펴보고 대응하여야 정비사업이 지속된다고 할 수 있으며 지속 가능한 도시를 발전시킬 수 있을 것이다.

가. 도시정비의 현상

1) 공사비 갈등

도시의 정비는 1983년 도입된 합동재개발방식의 도입을 통하여 정부의 용적률 정책과 대상지 주민의 토지제공 그리고 건설회사(시공사)의 자본과 기술을 투입하는 형태로 진행되어 왔다. 이러한 방식은 2003년 「도시및주거환경정비법」 이후 분화된 다양한 도시의 정비사업에서도 그 기본적 방식을 유지하고 있다. 이러한 합동재개발방식의 주요한 특징은 대상지 주민들이 종전 용적률과 계획된 용적률의 차이로 인한 건축물을 일반에 분양하여 건설회사(시공사)가 투입한 공사비를 변제하는 것이다. 당연하게도 이 과정에서 대상지 주민들의 자산가치는 상승하여야 한다. 만약, 종전 용적률과 계획된 용적률의 차이에 의한 건축물의 분양금액이 건설회사(시공사)의 공사비를 변제할 수 없다면 대상지 주민들의 종전자산의 추가적인 제공을 통하여 이를 변제해야 한다. 이로 인하여 대상지 주민들의 자산가치가 하락한다면 대상지 주민들과 건설회사(시공사) 간에 공사비로 인한 갈등이 발생할 것이다.

정비사업 공사비 갈등 '여전'…재개발·재건축 '발목'

부동산원 공사비 증액 검증 요청 34건…작년 전체 육박

조합 vs 시공사 갈등에 공사 지지부진…주택 공급도 차질

분쟁 조정 기능 강화 필요성 제기…도정법 개정안 발의

(출처 : 2025. 7. 10. 데일리안)

"공사비 더" vs "못믿어"…재건축 갈등 격화

잠실진주 계약 때보다 2배 올라

중견 건설사는 공사 중단도

부동산원, 공사비 검증 매년 증가

(출처 : 2025. 2. 7. 한국경제)

이러한 대상지 주민과 건설회사(시공사) 간의 공사비 갈등을 앞서 기술하였던 확장된 비례율 산식을 통하여 설명하면 F 용적률이며 사업비 변수

- 비례율 $(AGR) = \theta \times F \times \pi \times (1 - \alpha \times k)$

는 k[164]가 된다. 정부의 정책에 의하여 용적률 F가 고정되고 공사비가(사업비) 상승하게 되면 k값이 커지게 되어 $(1 - \alpha \times k)$가 작아지게 된다. $(1 - \alpha \times k)$ 값과 비례율 (AGR)은 비례관계이므로 비례율은 작아지게 된다.

즉 시간이 지나면서 저층 주택이나 저층 아파트의 정비가 완료되고 도시를 관리하는 측면에서 정부의 용적률 상승에는 한계가 있을 수밖에 없으므로 종전 용적률과 계획된 용적률(F)의 차이가 작아지게 되어 일반에 분양할 수 있는 양이 적어지게 되고 건설회사(시공사)의 공사비(k)는 계속 상승하게 되므로 대상지 주민의 공사비를 변제하기 위한 종전가치 (AGR)의 감소가 계속되면서 이로 인한 갈등이 발생하는 것이다.

이러한 용적률 증가의 한계나, 시간이 지남에 따라 물가가 상승하며 공사비 또한 상승하는 것은, 정보가 정기적으로 대상지 주민[165]에게 제공된다면 당연히 인지할 수 있는 것이다. 그렇다면 이러한 용적률의 한계, 정기적인 공사비의 증감으로 인한 공사비의 갈등은 줄어들 수 있을 것이다.

현재 법률적으로 대상지 주민에 대한 처분계획은 관리처분을 기준으로 하며 이외에 추정분담금을 알 수 있는 경우는 정비구역지정과 조합설립인가 시이다. 조합설립인가와 관리처분인가 사이의 기간은 5년 정도가 소요되며 이 기간에 대상지 주민은 매년 정기총회 등을 통하여 정비사업 시행에 참여할 수 있으나 물가지수 상승, 용적률의 변화, 설계안의 변화 등 추정분담금에 대한 정보는 접하기 어렵다. 그러나 정비사업에 참여하고 있는 건설회사(시공사)의 경우 전문적인 인력 등의 투입으로 용적률의 변화, 설계의 변화, 물가지수 상승 등 공사비상승에 관련한 정보에 대하여 지속해서 분석하고 파악하게 된다. 즉, 대상지 주민과 건설회사

---

164) $k = \dfrac{P_c(\text{연면적당 사업비})}{P_S(\text{분양면적당 분양가격})}$

165)   조합이 설립된 경우 조합원이라고 한다

(시공사) 간의 정보의 비대칭성이 발생하는 것이며, 이로 인한 공사비상승에 대한 상호 간 인식의 차이로 인하여 갈등이 심화된다고 할 수 있다.

2) 소요기간의 장기화

시간이 지나면서 도시의 정비사업에 대한 절차가 분화되면서 더욱 복잡해져 가고 있다. 계획단계에서 기본계획의 절차와 실행계획의 절차, 각 시행단계에서 동의율 절차 등 이러한 절차의 분화는 정비사업 소요기간의 장기화의 원인이 되어가고 있다. 특히 정부가 주체가 되는 계획단계보다는 동의율을 근간으로 하는 민간이 주체가 되는 시행단계에서 소요기간의 장기화의 경우가 대부분이라고 할 수 있다. 시행단계에서는 대상지 주민이 주체로서 단계별로 개인별 자산에 대한 증감에 대하여 관심이 높으며 이에 대한 동의의 기준이 각각 다르므로 소요기간의 장기화가 발생할 가능성이 크다고 할 수 있다.

이러한 시행단계에서도 특히 건설회사(시공사)와의 공사비 갈등은 소요기간 장기화의 주요한 원인으로 작용한다. 전쟁, 유가 상승 등 국제상황의 변화로 인하여 일반적인 공사비 증가상황과 다르게 공사비가 급등할 경우 건설회사(시공사)는 이에 대한 계약 이외의 추가적인 공사비를 요구하지만, 대상지 주민의 경우 용적률의 한계와 제도적인 한계[166]로 인하여 계약을 근거로 추가적 공사비 지급요구에 응하지 않는다. 이 경우 공사중단 등으로 소요기간이 장기화되며 소요되는 비용과 이자비용의 증가를 가져옴으로써 사업비의 증가, 즉 비례율의 감소로 이어져 대상지 주민들의 자산감소로 이어진다.

또한, 시행단계별 대상지 주민의 동의율에 의한 소요기간의 장기화도 발생한다. 추진위원회를 구성하고 조합설립인가를 받기 위한 동의는 아래 표와 같이 일반적으로 0.9~1.2년이 소요되지만 정비사업을 추진하는 단체와 의견이 다른 단체가 존재할 경우 이 기간은 더 장기화된다. 특히, 각각 개인의 자산증감과 직접 관계

---

166) 분양승인이 완료되면 수 분양자들에게 다시 상승한 분양가로 분양승인을 받는 것은 현실적으로 어렵다

있는 처분계획 수립 시 대상지 주민들이 이러한 처분계획에 동의하지 않을 경우 소요기간의 장기화는 계속하여 발생하게 된다.

[표8-1] 재개발, 재건축 평균 소요기간

구분	정비 구역 지정	→	조합 설립 인가	→	사업 시행 인가	→	관리 처분 인가	→	착공	→	준공	비고
재개발[167]	1.2년		3.1년		1.4년		1.4년		2.6년			9.7년
재건축[168]	0.9년		1.8년		1.5년		1.1년		2.8년			8.1년

(출처:머니투데이, 2015. 08. 20.)

3) 초기 투입비용

정비사업 시행을 위하여 초기에 투입되는 재원조달의 과정은 중요한 과정이다. 「도시및주거환경정비법」을 기준으로 하여 정비사업에 투입되는 비용과 정산은 조합설립인가 이후로 되어 있다. 조합은 법인격을 가지며 투입된 비용은 법인으로서 조달과 정산을 할 수 있다. 조합설립 전 초기투입비용은 대상지 주민들이나 공공지원 등 자체적으로 조달하도록 하고 있으나 실질적으로 공공지원이나 대상지 주민들에 의하여 조달되는 경우는 많지 않다.

이는 초기에 투입되는 소요비용이 아래 그래프에서 보는 것처럼 전체 사업비의 1~2% [169]를 차지함으로써 대상지 주민들이 부담하기에는 높은 비용[170]이며, 공공지원의 경우에도 모든 정비사업의 초기투입비용을 지원하는 데에는 재정적 한계가 있을 수 있기 때문이다.

---

167) 2000년 이후 서울에서 구역지정 통과된 382개 재개발사업장 대상
168) 2000년 이후 서울에서 구역지정 통과된 163개 재건축사업장 대상
169) 실제 진행된 28 PJ를 기준으로 산정함
170) 추정분담금 산정을 위해서는 개략적인 설계안 작성 비용, 동의서 징구등 추진위원회의 초기 소요비용

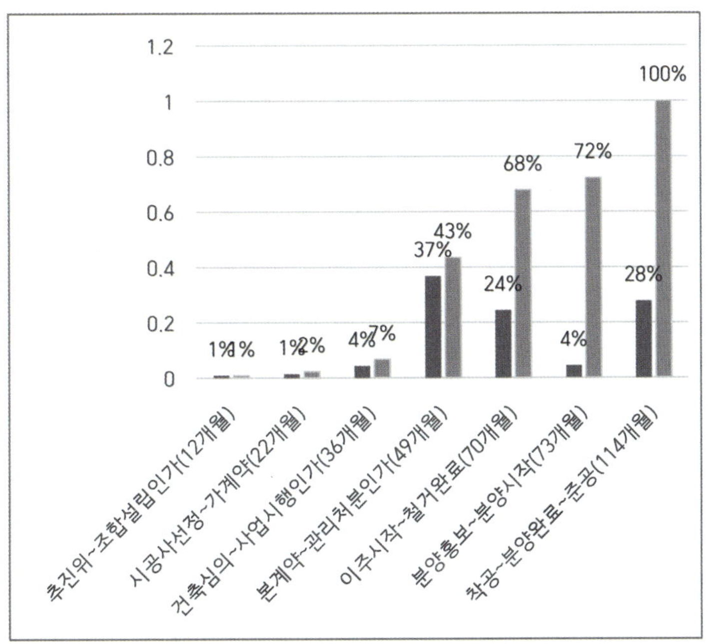

현재 이러한 초기 투입비용은 조합설립인가 후 추인 등을 통하여 정산과정을 거치고 있지만 이에 대한 구체적인 조달과 정산과정은 명확하게 규정되어 있지 않고 있으며 법률상 추진위원회는 법인으로 인정받지 못하며 비법인사단에 대한 논란[171]이 계속되고 있다.

---

171)　1) "정비사업전문관리업자의 선정은 도시정비법에서 추진위원회의 기능 중 하나로 규정되어 있으므로, 이를 가리켜 추진위원회 업무 범위를 초과한 것으로 승계가 제한된다고 할 수 없다"고 판시하는 등(전주지방법원 2021. 5. 27. 선고 2020구합2827 판결)
2) 추진위원회 단계 주민총회 및 창립총회 결의만 있을 뿐 조합설립인가처분을 받아 설립등기를 마친 후 개최된 총회에서 추인하는 결의가 없었던 이상 용역계약 중 추진위원회 업무에 관한 것을 제외한 나머지 부분은 무효라고 판시하였다. 그리고 위 서울고등법원 판결은 대법원에서 심리불속행 기각으로 확정되었다(대법원 2021. 6. 10. 선고 2021다214876 판결)

4) 조합원분양가 설정

도시 및 주거환경정비사업을 기준으로 하여 시행단계의 처분과정에서 정비사업의 시행자로서 참여한 대상지의 주민들에 대한 건축시설의 분양가격 산정이 관심의 대상이 되고 있다. 재개발, 재건축 정비사업의 경우 관리처분계획수립의 과정에서 일반분양가격과 조합원분양가격의 차이를 두는 것이 일반화되어 있다. 이러한 일반분양가격과 조합원분양가격에 대한 차등적용의 일반화는 법률적 규정 없이 시행자에 의해서 임의로 결정된다.

일반적으로 상품의 가격을 결정하면서 법률적 규정이 있기는 하지만 기본적으로 생산자가 자본을 투입하여 생산하여 상품을 공급하는 주체로서 상품의 가격 결정을 할 수 있는 것처럼, 조합이 가격 결정의 주체로서 조합원분양가격을 설정한다. 그러나 여러 가지 목적으로, 시장에 공급되는 일반분양가격과 과도한 차이로 조합원분양가를 설정할 경우 생산원가, 세금 등과 같은 논란이 발생할 수 있다. 그러나 이러한 조합원분양가에 대한 구체적인 규제가 존재하지 않고 있는 것이 현상이다. 실제로 조합원분양가의 차등적용은 조합원의 종전가치에 변화를 주지 않는다.

비례율 식을 통하여 설명하면 분양가격 V_1을 조합원분양가격 V_i와 일반분양가격 V_i로 나누고 두 개의 가격이 동일하고 비례율이 100%라고 가정하면 비례율 산식은 아래와 같다.

- $2 \times V_i - V_o = C$ 〈식1〉

그리고 조합원분양가격이 일반분양가격의 85%이고 비례율이 90%라고 가정할 경우 비례율 산식은 아래와 같다.

- $1.85 \times V_i - 0.9 \times V_o = C$ 〈식2〉

〈식2〉의 경우 조합원분양가격이 일반분양가격보다 낮으므로 조합원들은 시장에 일반분양가격으로 매각할 것이므로 〈식2〉의 $1.85\,V_i$는 결국 $2\,V_i$가 되며 정비사업비 C가 고정되어 있으므로 〈식2〉의 종전가치는 $0.9\,V_o$에서 V_o가 되어 결국 조합원의 종전가치에 변화가 없게 된다.

5) 노후계획도시 통합정비

2023년 제정된 「노후계획도시정비및지원에관한특별법」은 노후된 계획도시를 대규모 블록 단위 통합정비, 역세권 복합·고밀개발, 광역교통시설 등 기반시설 확충, 이주단지 조성 등 도시기능 강화를 등을 위한 다양한 목적을 가지고 제정되었다. 이 법률에 대상이 되는 노후계획도시는 전국적으로 108개 단지가 해당한다.

이러한 노후계획도시정비의 가장 주요한 방향은 단지 간 통합정비[172]이다. 단지 간 통합정비를 통하여 슈퍼블록 단위 커뮤니티 공간재구성, 학교재배치를 통한 공동주택 밀도 향상, 역세권 중심의 복합거점개발 등으로 통합단지의 정비를 목표로 하고 있다. 이러한 통합정비의 구상과 방향성은 지구단위계획을 통하여 건설된 노후계획도시를 광역적이고 체계적으로 정비하기 위한 도시정비의 새로운 시도로 볼 수 있다. 그러나 사업 진행 과정에서 대상지 주민 간 처분계획과 관련한 여러 가지 갈등의 문제가 그 주요한 쟁점이 되어 가고 있다.

---

[172] 노후계획도시정비및지원에관한특별법 제11조(노후계획도시특별정비구역의 지정) ①항 1. 양호한 정주환경 확보를 위하여 일정 폭원 이상의 도로 등으로 구획된 일단(一團)의 토지 내의 단독·공동주택단지 등을 통합적으로 정비할 필요가 있는 구역

노후계획도시특별법 적용대상지
※지자체가 특별법상 노후계획도시 요건에 부합하는 지역을 대상으로
기본계획을 수립할 경우 특별법 적용가능
단일 80만~100만㎡
단일 100만㎡ 이상
2개 이상 연접·인접 100만㎡ 이상
*는 배후지
경기
수원매탄1, 수원정자, 수원천천2
용인수지, 용인수지2, 평택안중,
하남신장, 고양중산, 의정부송산,
오산운암, 고양행신
구리 교문 토평 인창일대, 용인
기흥일대, 평택 비전 합정일대,
수원 권선 매탄일대, 평택 송탄일대
고양일산, 성남분당, 부천중동,
안양평촌, 군포산본, 수원영통,
부천상동, 광명하안, 고양화정,
광명철산, 의정부금오, 고양능곡,
안양포일, 안산반월국가산단*
강원
원주 단계
춘천 퇴계 후평 석사일대
원주구곡, 원주단관,
강릉교동2
인천
만수일대, 부평일대
구월, 연수, 계산
서울
가양
개포, 목동, 고덕, 상계,
중계, 중계2, 수서, 신내
충청
대전중리, 정주하복대,
정주분평
청주 가경복대 산남일대,
대전관저 원내일, 천안
쌍용 백석, 정주 봉명
운천일대, 중주 금릉일대
대전노은, 대전문산,
대전둔산2, 대전송천,
청주용암, 청주용암2,
오창과학일반산단*
전라
익산등2, 전주서신2,
대불국가산단*
전주 서신 서곡일대,
군산나운 조촌일대,
광주 상무 운남 금호일대,
전주 삼천효자일대,
순천조례 금당 연향일대
광주상무, 광주하남,
광주문, 광주일곡,
광주풍암, 전주아중,
목포하당, 여수문수여서
제주
연동, 서귀포서호
일도
경상
대구상인, 대구대곡, 대구동서변,
대구월배, 대구시지, 양산서장
부산 만덕 화명 금곡일대, 울산
태화 삼호 옥동일대, 부산 다대
일대, 부산 개금 학장 주례,
대구 범물 지산 안심 일대,
대구 용산 월성 송연일대,
구미 옥계 구평일대, 경산 사동
옥산 백천 임당일대, 김해 내동 구산
부산해운대1·2, 부산화명2,
대구질곡, 내정서, 내구질곡3,
울산화봉, 김해장유, 김해내외,
김해북부, 창원국가산단*
적용 대상
30곳
5곳
5곳
9곳
15곳
16곳
25곳
3곳
자료: 국토교통부
The JoongAng

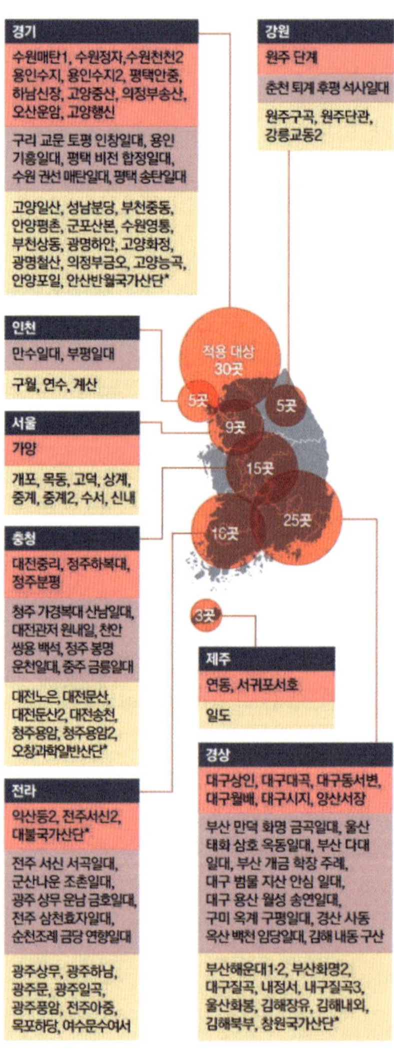

(출처: 국토교통부)

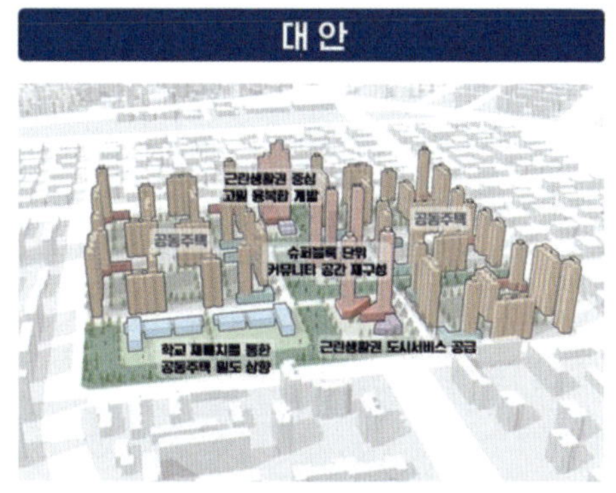

(출처:국토교통부)

(출처:국토교통부)

재개발, 재건축사업에 있어 1개 단지의 관리처분에 과정에서도 조합원 간 자산의 증감에 대한 첨예한 대립이 발생하는 경우가 많이 발생하는 상황에서 처분계획이 더욱 복잡할 수 있는 단지 간 통합정비는 시행과정에서 많은 어려움이 발생할 수 있다는 것이다.

이를 확장된 비례율 산식을 통하여 설명하면

- 비례율 $(AGR) = \theta \times F \times \pi \times (1 - \alpha \times k)$

(1) 서로 다른 기존 용적률의 경우

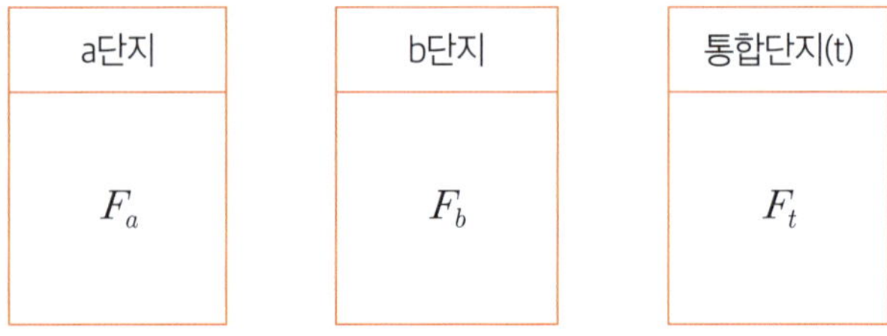

용도지역 차이[주거지역(1종, 2종, 3종), 준주거지역 등]에 따라 $F_a \neq F_b$가 발생할 수 있으며 이로 인하여 $F_a > F_t$ or $F_a \leq F_t$, $F_b > F_t$ or $F_b \leq F_t$가 발생할 수 있다. 이러할 경우 통합정비 시의 용적률에 의한 비례율과 개별단지별로 개발할 경우의 용적률에 의한 비례율이 단지별로 다르게 된다.

(2) 서로 다른 종전가치의 경우

통합정비의 경우 개별단지 간 위치나 단지의 상황이 조건에 따라 $\pi_a \neq \pi_b$가 발생할 수 있으며 $\pi_a > \pi_t$ or $\pi_a \leq \pi_t$, $\pi_b > \pi_t$ or $\pi_b \leq \pi_t$가 발생할 수 있다. 이러한 통합정비 시의 종전가치에 의한 비례율과 단지별 정비 시 종전가치에 의한

---

173) $\pi = \dfrac{P_s(\text{분양면적당 분양가격})}{P_{lf}(\text{용적률산정면적 기준 대지가격})}$

비례율이 각각 다르게 된다.

(3) 서로 다른 사업비의 경우

통합정비의 경우 개별단지의 물리적 환경이나 도로상황 등의 조건에 따라 사업비의 차이가 있을 수 있다. 이 경우 $k_a \neq k_b$가 발생할 수 있으며 $k_a > k_t$ or $k_a \leq k_t$, $k_b > k_t$ or $k_b \leq k_t$가 발생할 수 있다. 통합정비 시의 사업비와 각 단지로 정비를 시행할 경우의 사업비 차이에 의하여 통합정비 시의 비례율과 단지별로 정비를 진행할 경우의 비례율이 각각 다르게 된다.

나. 도시정비의 미래적 관점

1) 공사비 갈등의 미래적 관점

공사비는 대상지 주민의 분담금과 직접적인 관련이 있다. 앞서 공사비 갈등에서 기술하였던 것처럼 공사비의 상승은 분담금의 상승을 의미한다. 현행 「도시및주거환경정비법」상에서 대상지 주민(토지등소유자)의 구체적인 추정분담금의 산정[175]

---

174) $k = \dfrac{P_c(\text{연면적당 사업비})}{P_s(\text{분양면적당 분양가격})}$

175) 도시및주거환경정비법 제9조(정비계획의 내용) 제1항 2의 2, 토지등소유자별 분담금 추산액 및 산출근거, 도시및주거환경정비법 시행규칙 제8조(조합설립인가 등) 제3항, 별지 제6호 서식 조합설립동의서 내 II. 동의 내용 중 다목-나목(공사비 등 정비사업에 드는 비용)에 따른 비용의 분담, 도시및주거환경정

은 관리처분인가 과정에서다. 정비구역의 지정과 조합설립인가 시 추정분담금을 산정하게 되어 있으나 이 시기는 정비계획을 기준으로 하는 구체적인 건축설계안이나 사업시행계획인가의 인가조건 그리고 건설회사(시공사)와의 계약조건 등의 반영이 어려움으로 인하여 사업시행계획인가의 구체적인 도면, 인가조건 그리고 건설회사(시공사)와의 계약 등이 반영된 관리처분인가 시의 추정분담금과는 차이가 있을 수 있다.

아래 표에서 보는 것처럼 정비구역지정에서 관리처분인가까지는 4.2~5.7년, 관리처분인가에서 준공까지는 3.9~4년의 기간이 소요된다. 이 기간에 정기적인 총회를 통하여 여러 가지 사항들이 보고되기는 하지만 실질적이고 구체적인 분담금에 관한 정보는 관리처분인가의 과정에서다. 정비사업에 소요되는 8.1~9.7년 동안 대상지 주민의 분담금에 관한 실질적이고 구체적인 정보는 유일하게 관리처분인가 과정에서다. 시간이 지남에 따른 물가의 변동은 정부가 발표하는 지수(소비자물가지수, 생산자물가지수, 건설공사비지수 등)를 통하여 확인할 수 있으며, 대상지 주민의 요구에 따른 설계변경이나 마감자재, 공법변경 등은 설명회나 SNS 등을 통하여 제공할 수 있고, 이로 인한 추정분담금 변동을 산정하여 제공할 수 있다. 그러나 일반적으로 이러한 지수의 변동이나 설계안의 변경에 따른 추정분담금 변화는 정비사업을 진행하는 과정에서 정기적으로 제공되는 경우는 많지 않다. 이는 건설회사(시공사)에서 제공하는 공사비의 변경내용, 설계안의 구체적인 변경내용 그리고 사업시행인가 조건 등의 예측 불가능성이 있기 때문일 것이다. 그러나 건설회사(시공사)의 경우 관련 지수나 설계안변경, 마감자재 변경 등에 관하여 전문적이고 체계적인 정보의 접근과 지속적인 관리로 대상지 주민의 추정분담금을 예측하고 관리할 수 있다.

협상의 과정은 합의에 이르는 과정이며 이 과정은 상대에게 합리적인 논거와 사

비법 제74조(관리처분계획의 인가 등) 제1항 6호 정비사업비의 추산액 및 그에 따른 조합원 분담 규모 및 분담 시기

실의 제시를 통하여 이루어진다. 만약 협상 당사자 간의 협상을 위한 동일한 정보를 인지하고 있지 못하거나 서로 다르게 인지하고 있다면 협상은 합의에 이르지 못할 것이며 이로 인하여 갈등이 발생할 수 있을 것이다.

정비사업에 있어서 협상의 주체인 대상지 주민(조합 등)과 건설회사(시공사) 간에는 앞서 기술하였던 것처럼 물가지수 변동, 설계안변경 그리고 마감자재 변경 등에 대한 정보의 비대칭이 존재한다. 이러한 정보의 비대칭으로 인하여 공사비와 관련한 조합 등과의 협상은 합의를 이르는 데 기간이 장기화되는 경우가 많이 발생한다. 만약, 공사비 등의 변화 등 추정분담금에 관련한 주요 요인들의 정보를 정기적으로 제공하고 이에 따른 추정분담금을 법률적이고 정기적으로 제공함으로써 정비사업에 대한 정보를 대상지 주민과 건설회사(시공사) 간에 대칭화한다면 대상지 주민들이 이러한 상황변화에 대하여 정기적으로 인지하게 됨으로써 공사비로 인한 갈등은 완화될 가능성 크다고 할 수 있을 것이다.

2) 소요기간의 장기화 미래적 관점

시간이 흐름에 따라 도심지 내의 주택공급을 위한 택지 고갈의 대안으로서 정비사업의 하나인 재개발, 재건축사업에 관한 관심이 커지게 되면서 도심지 내 정비사업에 대한 다양한 정책과 대책이 수립되어 오고 있다. 이러한 정책이나 대책들은 주택가격안정 등의 이유로 인하여 그 공급의 시기를 예측하고 공급하는 것이 주요한 과정이다. 그러나 기본적으로 도심지 내의 정비사업은 시행단계에서 대상지 주민의 개인 자산에 대한 동의를 전제하는 것이므로 소요기간을 예측하는 것은 어렵다고 할 수 있다.

특히, 대표적인 정비사업인 재개발, 재건축사업의 경우는 그 절차와 단계가 많고 복잡하여 소요기간 장기화의 원인으로 알려져 있다. 정비구역지정과 추진위원회 구성 그리고 조합설립인가 시의 중복된 동의율, 사업시행인가와 관리처분인가 중복성 그리고 건설회사(시공사) 간 본계약과 공사비의 갈등 등이 대표적인 예이다. 이러한 모든 과정에서 대상지 주민(토지등소유자)의 동의[176]를 받아야 하며 그렇지 못한 경우 정비사업은 진행은 그 단계에서 중단되게 된다. 이러한 정비사업 소요 기간의 장기화는 정부의 입장에서는 도심지 내 주택공급에 대한 예측 가능성을 낮게 하며 정비사업지 내의 대상지 주민에게는 정비사업의 장기화에 따른 사업비와 이자 비용의 상승 등으로 부담금이 증가하는 결과로 이어진다.

　정비구역지정, 추진위원회 구성과 조합설립인가의 경우 동의 요건을 제외한 그 내용적인 측면에 있어 크게 다르지 않다. 다만, 추진위원회 구성 시 구체적인 분담금 추산액 및 산출근거의 내용이 들어가 있지 않으나 실제로 추진위원회 동의서 징구 시 추정분담금을 산정하므로 내용적인 면에 있어서는 거의 동일하다고 할 수 있다. 또한, 조합이 법인으로 인정받기 위한 정관을 비롯한 사전준비사항이 필요하다고는 하지만 이 또한 정비구역지정단계나 추진위원회의 구성과정에서 작성 준비할 수 있는 사항이다.

[표8-2] 정비구역, 추진위원회, 조합설립인가 신청 주요 내용

구분	신청내용	동의요건
정비구역지정[177]	• 정비사업의 명칭 • 정비구역 및 그 면적 • 토지등소유자 유형별분담금 추산액 및 산출근거 • 도시·군계획시설의 설치에 관한 계획 • 공동이용시설 설치계획 • 건축물의 주용도·건폐율·용적률·높이에 관한 계획 • 환경보전 및 재난방지에 관한 계획 • 정비구역 주변의 교육환경 보호에 관한 계획 • 세입자 주거대책 • 정비사업시행 예정시기등	• 토지소유자50% 이상, 토지면적 1/2이상(서울특별시기준)

---

176)　도시및주거환경정비법 제31조(조합설립추진위원회의 구성·승인) ③(추진위원회의 구성에 동의한 토지등소유자는 조합의 설립에 동의한 것으로 본다)에 따라 동의서 징구단계를 간소화하기도 함

177)　도심및주거환경정비법 제14조(정비계획의 입안 제안) ①, 도심및주거환경정비법시행령 제12조(정비계

추진위원회구성	• 운영규정 • 토지등소유자의 명부 • 토지등소유자의 동의서 • 추진위원회 위원장 및 위원의 주소 및 성명 • 추진위원회 위원 선정을 증명하는 서류 • 추진위원회가 승인된 구역경계의 위치 및 구역면적 • 추진위원회 위원장 및 위원의 성명 및 주소 • 토지등소유자의 수	• 토지등소유자 과반수의 동의
조합설립[178]	• 정관 • 조합원 명부 및 해당 조합원의 자격을 증명하는 서류 • 공사비 등 정비사업에 드는 비용을 기재한 토지등소유자의 조합설립동의서 및 동의사항을 증명하는 서류 • 창립총회 회의록 및 창립총회참석자 연명부 • 토지·건축물 또는 지상권을 여럿이서 공유하는 경우에는 그 대표자의 선임 동의서 • 창립총회에서 임원·대의원을 선임한 때에는 선임된 자의 자격을 증명하는 서류 • 건축계획(주택을 건축하는 경우에는 주택건설예정세대수를 포함한다), 건축예정지의 지번·지목 및 등기명의자, 도시·군관리계획상의 용도지역, 대지 및 주변현황을 기재한 사업계획서	• 재개발 - 토지등소유자의 4분의 3 이상 및 토지면적의 2분의 1이상의 토지소유자의 동의 • 재건축 - 주택단지의 공동주택의 각 동별 구분소유자의 과반수 동의 주택단지의 전체 구분소유자의 100분의 70이상 및 토지면적의 100분의 70이상의 토지소유자의 동의

이에, 만약 조합설립 시의 동의요건을 전제로 정비구역을 지정한다고 하더라도 정비사업 시행과정에서 그 내용상 크게 다르지 않을 수 있을 것이다. 이렇게 정비구역, 추진위원회, 조합설립인가가 통합되면 현재 소요되는 0.9~1.2년 정도의 소요기간이 단축될 것이다.

재개발, 재건축사업에 있어 사업시행계획인가와 관리처분인가의 경우에도 현재

획의 입안 제안) ①

178) 도시및주거환경정비법 제35조(조합설립인가 등)

「빈집및소규모주택정비에관한특례법」에서는 통합하여 시행되고 있으며 관련법제
안 등 관련 논의가 진행되고 있다.

그러나 이러한 인가과정의 통합도 중요하지만, 실질적으로 이러한 단계에서 소
요기간을 단축할 수 있는 통합과정이 필요하다. 사업시행계획인가와 관리처분인
가 사이에서 소요기간을 장기화시키는 주요한 요인은 설계변경과 본계약 협상이
다. 건설회사(시공사)를 선정한 후 사업시행인가를 위하여 건설회사(시공사)와 조
합은 설계변경, 마감재의 변경 등의 협상을 진행하며 이러한 협의 사항들에 대한
합의가 이루어지지 않으면 정비사업 기간은 장기화될 수 있다. 또한, 위의 사항을
합의하여 사업시행계획인가를 받은 경우에도 사업시행계획인가조건등을 반영한
공사비의 산정과 이에 따른 본계약의 협상이 합의에 이르지 못하면 정비사업 기간
은 장기화되며 앞서 기술한 공사비의 갈등이 발생할 수 있다. 이 시기의 소요기간
단축에 대한 주요한 내용은 사업시행계획인가와 관리처분인가 통합심의도 중요하
지만 사업시행계획인가를 위한 설계변경과 이로 인한 본계약의 협상 기간을 어떻
게 줄이냐가 관건일 것이다.

이를 위하여 예를 들면 조합설립인가 후 건설회사(시공사) 선정 시 사업시행계
획인가를 위한 설계안과 본계약서를 제출하여 입찰하게 하고 건설회사(시공사) 선
정 후 이 설계안과 본계약서를 기준으로 하여 관리처분계획을 수립하고 인가를 신
청한다면 사업시행계획인가를 위한 설계변경 협의 기간과 본계약[179]의 협의 기간
을 단축할 수 있을 것이다.

---

179)　물론, 사업시행계획인가시 발생하는 인가조건 등의 반영은 추후에 반영할 수 있도록 하는 계약서의 내
　　　용이 필요할 것이다

구분	정비구역지정	→	조합설립인가	→	사업시행계획인가	→	관리처분인가	→	착공	→	준공	비고
재개발[180]	1.2년				3.1년		1.4년		1.4년		2.6년	9.7년
재건축[181]	0.9년				1.8년		1.5년		1.1년		2.8년	8.1년

구분	정비구역지정	→	조합설립인가	→	건설회사(시공사)선정	→	사업시행계획인가	→	착공	→	준공	비고
소요기간장기화 미래적 관점	-				0.5~0.7년		0.9~1년		1.1년		2.8년	5.3~5.6년

3) 초기 투입비용의 미래적 관점

도시의 정비사업을 시행하면서 초기 투입비용은 주요한 역할을 한다. 「도시및주거환경정비법」을 기준으로 하여 공공지원 등의 제도가 있지만, 정상적인 법인으로 인정받는 조합설립인가 전까지의 초기 투입비용은 공사를 제외한 전체사업비의 1~2%를 차지한다. 1천억의 사업비를 기준으로 하여 10~20억 정도의 초기비용이 소요된다. 이러한 초기비용은 「도시및주거환경정비법」을 기준으로 한다면 기본적으로 대상지 주민들이 소용 비용을 부담하며, 조합설립 후 추인과정을 통하여 정산하게 된다. 그러나 이러한 대상지 주민에 의한 재원조달의 과정은 공공의 지원이나 신탁방식의 지정개발을 제외하면 현실적으로 시행되는 경우가 많지 않은 게 현실이다. 대부분 추진위원회 구성 후 선정된 설계사와 정비전문관리업체의 입찰

---

180) 2000년 이후 서울에서 구역지정 통과된 382개 재개발사업장 대상
181) 2000년 이후 서울에서 구역지정 통과된 163개 재건축사업장 대상

보증금으로부터 대여를 통하여 재원을 조달하게 되지만 이 또한 추진비용을 충당하기에 부족한 수준이며, 그나마 추진위원회 구성 이후에 가능한 재원조달 방법이다. 정비구역지정으로부터 추진위원회 구성 전까지 동의서 징구, 추정분담금 산출을 위한 개략적인 설계안작성 등에 소요되는 비용은 조달이 불가능하며 추진 주체 각각의 개인 비용으로 충당하는 경우가 대부분이다. 공공지원이나 신탁방식에서도 이러한 초기 투자비용에 대한 지원은 재원의 한계가 있을 수 있어 모든 초기 사업에 지원하기는 어려운 상황이라고 할 수 있다.

이에 이러한 상황과 관련하여 초기 투자비용의 미래적 관점에서 보면 정비구역지정 시 건설회사(시공사) 선정으로 인한 입찰보증금 등으로 직접적인 재원조달이 가능한 건설회사(시공사) 선정까지 정부의 보증으로 REITs와 같은 투자기관을 선정하여 초기 투입비용에 투자할 수 있도록 하고, 이러한 투자 기간에 대한 법률적, 제도적인 뒷받침이 이루어진다면 초기 투자비용에 대한 미래적 관점에서 건설회사(시공사) 선정 전까지 초기에 발생할 수 있는 여러 가지의 어려움을 해결할 수 있을 것이며, 더 생산적이고 공개적이며 투명한 정비사업 진행이 될 수 있을 것이다.

4) 조합원분양가 설정의 미래적 관점

도시의 정비사업은 노후·불량한 지역을 개량하고 환경의 질을 높이는 것이다. 이러한 과정에서 정부가 직접 개입하지 않고 민간의 투자 그리고 자본과 기술에 의해서 정비사업이 진행될 경우 궁극적으로는 정비사업 완료 후 가치(V_1)가 종전자산가치(V_o)를 유지하면서 사업비(공사비 포함)(C)를 충당하는 구조이어야 한다. 이를 수식으로 나타내면 아래와 같다.

- $V_1 - V_o = C$ 〈식1〉

$$\bullet \quad \frac{V_1 - V_o}{C} = 1 \quad \langle 식2 \rangle$$

종후가치 V_1은 분양가격을 의미하므로 조합원분양가격(V_j)과 일반분양가격(V_i)으로 나눌 수 있다. 이를 〈식2〉에 대입하면 〈식3〉이 된다.

$$\bullet \quad \frac{(V_j + V_i) - V_o}{C} = 1 \quad \langle 식3 \rangle$$

$g = \dfrac{V_j}{V_i}$(조합원분양가할인율)라고 한다면 일반적으로 $(0 < g \leq 1)$가 되며 〈식3〉은 아래와 같이 〈식4〉가 된다.

$$\bullet \quad \frac{(g \times V_i + V_i) - V_o}{C} = 1 \quad \langle 식4 \rangle$$

〈식4〉는 〈식2〉에서 볼 수 있듯이 비례율이 100%인 경우의 산식이다. 비례율(AGR)을 r이라고 하면 〈식4〉는 아래와 같이 변환할 수 있다.

$$\bullet \quad \frac{(g \times V_i + V_i) - r \times V_o}{C} = 1 \quad \langle 식5 \rangle$$

〈식5〉에서 만약 $g > 1$ 되면 g값은 $(0 < g \leq 1)$이므로 다른 변수가 고정된다면 g값은 낮아져야 하며 r값 또한 낮아져야 한다. 이는 사업비를 충당하기 위하여 종전의 자산가치와 조합원분양가할인율의 관계를 나타내는 것으로 조합원분양가 산정의 미래적 관점에서 종전자산가치를 유지하는 $r = 1$일 때의 조합원분양가 할인율 g값을 산정해야 할 것이며 $r = 1$일 때 g값이 1보다 크다면 이는 일반분양가격보다 더 높은 가격으로 조합원에 분양해야 하므로 정비사업 진행이 타당하지 않다고 할 수 있다. 반대의 경우로 g값이 1보다 낮은 경우 r값이 1보다 낮게 된다면 즉 종전자산가치(V_o)가 감소한다면 이러한 정비사업 또한 타당하지 않다고 할 수 있다.

5) 노후계획도시의 통합정비의 미래적 관점

노후계획도시정비의 주요한 방향은 통합정비이다. 단지 간 통합정비를 통하여 대규모 블록개발, 역세권 복합·고밀개발 등 광역적이고 체계적인 정비를 시행하고자 하는 것이다. 그러나 이러한 통합정비의 기본계획과 실행계획이 수립된다고 할지라도 시행단계에서 단지 간 처분계획에 대한 동의가 이루어지지 않는다면 노후계획도시 통합정비는 이루어지기 어려울 것이다.

노후계획도시에 건립된 단지들은 단지 간 건립된 용적률, 평형과 위치, 근린시설 등 주변 환경의 차이로 인한 각각 다른 가격을 형성하고 있다. 인접하여 위치하고 있는 경우라도 역과 학교와의 거리, 주변 근린생활의 위치 등에 따라 또한 그 가격이 달라진다.

정비사업은 시행단계에서 궁극적으로 대상지 각각의 개인의 자산증감과 밀접하게 관계되어 있으며 이러한 자산증감에 대한 대상지 각각 개인의 동의를 전제로 진행된다. 통합정비의 방향성이 광역적이고 체계적인 도시의 정비를 위해 꼭 필요하다 할지라도 대상지 주민의 동의를 얻지 못한다면 진행될 수 없다. 1개 단지의 처분과정에서도 각각 개인의 자산증감에 대하여 첨예하게 대립하며 동의를 구하는 과정이 어려운 게 현실이다. 그런데 처분계획에 있어 서로 다른 조건을 가진 2개 이상 단지의 처분계획은 더욱 어려울 수 있다. 이러한 상황이 계속될 경우 독립적으로 개발을 요구하는 단지가 나타날 수 있으며 이 경우 통합정비의 의미는 퇴색될 수 있을 것이다.

이에 노후계획도시 통합정비의 미래적 관점에서 보면 단지 간 주요한 조건의 차이인 용적률, 종전가치, 사업비 등에 대하여 법률적 관리처분의 기준을 수립해야 한다. 통합개발 시와 단지 간 기존 용적률 차이의 보정, 통합시의 감정평가와 단지별 감정평가의 차이가 존재할 경우의 보정, 통합정비와 단지별 정비 시 사업비 차이의 보정 그리고 입체환지로 사라졌던 제자리 환지의 기준 등에 대한 것이다.

이러한 내용은 다양한 모형실험이나 모의 설계과정을 통하여 구체화시키는 노력이 필요하며 다양한 형태(대규모 블록, 역세권, 단독주택과 아파트의 통합 등)의 통합정비에 따른 처분계획의 기준 또한 필요한 것이다. 이러한 정부에 의한 처분계획 수립이 지연되거나 시행되지 않고 기존 법률에 따라 민간이 결정할 수 있도록 할 경우 노후계획도시의 통합정비는 장기화될 가능성이 크다 하겠다.

다. 한국의 도시정비

자연발생적이기도 하지만 도시는 계획과 개발 그리고 관리와 정비를 통하여 지속해서 발전한다. 우리나라의 도시는 지역, 지구, 구역의 지정을 통하여 용적률과 건폐율 등을 설정하고 건축물의 건축 제한 등에 관하여 규제한다. 지역설정은 중첩되지 않으며 크게 도시지역, 관리지역, 농림지역, 자연환경보전지역으로 나눈다. 도시지역은 다시 주거지역, 상업지역, 공업지역, 녹지지역으로 나뉘며 주거지역과 상업지역 공업지역 그리고 녹지지역은 다시 제1종전용주거지역, 제2종전용주거지역, 제1종일반주거지역, 제2종일반주거지역, 제3종일반주거지역, 준주거지역, 중심상업지역, 일반상업지역, 근린상업지역, 유통상업지역, 전용공업지역, 일반공업지역, 준공업지역, 보전녹지지역, 생산녹지지역, 자연녹지지역으로 나눈다. 도시의 이러한 제도를 용도지역제라고 명명하기도 하며 Zoning이라고 부르기도 한다. 이러한 용도지역제는 도시를 평면적으로 규제하며 여기에 해당하지 않는 지역은 존재하지 않는다. 도시의 정비도 이러한 평면적 규제인 용도지역제 안에서 시행되며 기본적으로 이러한 평면적 규제를 벗어날 수 없다.

[그림8-5] 정비예정구역 지정 개념도

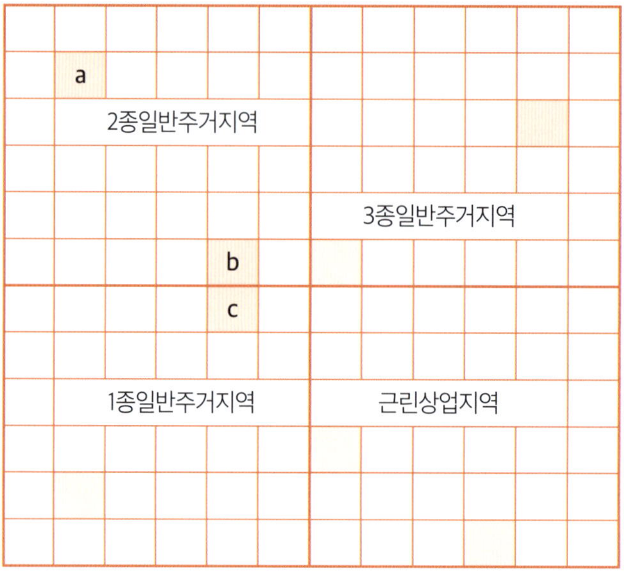

　도시는 일반적으로 시간이 지남에 따라 노후·불량화되고 쇠퇴하게 된다. 그러나 도로, 경사지 등 도시의 물리적 상황이나 소득, 밀도, 인구분포형태 등 인문적 상황의 세부적인 상황에 따라 그 노후와 쇠퇴의 정도가 다르게 된다. 이는 도시주거환경정비기본계획에 따른 정비예정구역지정의 과정을 통해서도 알 수 있다. 동일한 용도지역 내에서도 정비예정구역 지정의 형태는 점적으로 지정되며 다른 인접한 다른 용도지역과 겹쳐서 지정되기도 한다. 그리고 점적으로 정비구역이 지정된 경우에도 용적률에 따른 비례율 등으로 인하여 정비사업의 시행속도가 다르게 나타나기도 한다. 그러나 이렇게 서로 다른 상황에 있는 정비구역은 도시관리계획상 동일한 평면적 규제를 받는다. a와 b의 정비예정구역은 동일한 2종일반주거지역임에도 서로 다른 위치에 지정되어 있으며 b와 c의 경우에는 다른 용도지역임에도 동일한 위치에 지정되어 있다. 위 평면상 지정된 정비예정구역은 그 지정 시기나 동의서 징구 등의 문제로 서로 다른 속도를 가지고 움직이게 될 것이다. 특히, 동일한 정비예정구역도 그 위치로 인한 분양가격 등의 사업 타당성 문제로 인하여 정비사업이 진행되지 못하는 경우도 발생한다. 이에 정부에서는 이러한 정비사업을 공공재개발, 공공재건축 등을 통하여 진행하며 이 경우에 용적률의 상향조정 등의 특례를 적용하고 있다. 또한, 서울특별시도 단지 규모, 세대 밀도 등을 고려한 허용용적률에 보정계수를 적용한 제도를 시행하고 있다. 이는 도시의 정비사업에서는 일률적인 용도의 평면적 규제보다는 각각 점적으로 존재하는 정비구역에 대한 점적인 규제가 진행되고 있다고 할 수 있다.

앞의 확장된 비례율 산식을 통하여 용적률을 포함한 여러 가지의 변수와 비례율의 관계를 알 수 있었다.

- 비례율 $(AGR) = \theta \times F \times \pi (1 - \alpha \times k)$

$$\cdot \theta = \frac{A_s(분양면적)}{A_{sf}(용적률기준 산정 연면적)}$$

$$\cdot F = 용적률$$

$$\cdot \pi = \frac{P_s(분양면적당 분양가격)}{P_{lf}(용적률산정면적기준 대지가격)}$$

$$\cdot \alpha = \frac{A_s(분양면적)}{A_{so}(연면적)}$$

$$\cdot k = \frac{P_c(연면적당 사업비)}{P_s(분양면적당 분양가격)}$$

비례율은 분담금을 의미하므로 이러한 산식을 통하여 정비구역의 상황에 맞는 여러 가지의 변수를 고려한 비례율과 용적률을 산출할 수 있다. 물론 현재에도 기부채납, 공공기여와 같은 다양한 수단을 통하여 규제 등이 완화되고 있기는 하지만, 이러한 변수들을 통하여 예측된 점적인 용적률과 비례율 등을 도시정비를 위한 기본계획수립 과정에 반영한다면 현재의 도시관리계획적 측면에서의 용적률, 건폐율, 건축물의 건축 제한 등의 평면적 규제와 차이가 있을 수 있으나 도시의 정비계획적 측면에서의 "한국적 도시정비의 점적인 규제(Point-Zoning)"로서 그 의미가 있을 수 있을 것이다.

참고문헌(References)

Robert Home, Alternative methods of development land assembly: land readjustment and pooling in the Middle East. Research paper, 2004

Schmitz, A. et al., Multifamily Housing Development Handbook, Washington, D.C.: Urban Land Institute, 2020

강선호 · 유정석, 주택재개발구역 사업성 지표로서의 분담금 비율 적용 가능성 분석, 서울도시연구, 제14권 제3호, 2013

강세광, 비례율 방식에 의한 도시재생사업 개발손익 배분의 적정성 평가 연구, 인하대학교, 2012

곽명신, 주택재개발 제도의 변화와 연속성, 고려대학교, 2020

국가기록원, 일제문서해제(토지개량편)

국토교통부, 근린재생형 활성화계획 수립 가이드라인, 2016. 3

국토교통부, 노후계획도시정비기본방침, 2014. 11

국토교통부, 도시경제기반형 도시재생활성화계 수립 및 사업시행가이드라인, 2016. 3

국토교통부, 제2차국가도시재생기본방침, 2024. 1

권호근, 부동산 경제론, 형설출판사, 2022. 11

김광중외, 서울시 주택개량 재개발 연혁연구(1973-1996), 1996

김나래, 남진, 주택정비형 재개발사업의 추진단계별 리스크에 따른 사업소요기간 분석연구, 국토계획, 제58권 제4호, 2023. 8

김나영, 고토 신페이(後藤新平)의 유기체적 도시 및 도시계획론, 日本硏究, 제37집, 2014. 8

김성훈 · 구자훈, 도시환경정비사업의 토지 등 소유자 찬 · 반 영향요인에 관한 사례분석, 국토계획, 제51권 제1호, 2016. 2

김성희 · 안건혁, 주택재개발사업의 조합원 분양가 결정요인 분석, 국토계획, 제45권 제1호, 2010

김익진, 도시재개발과 구획정리사업 – 입체환지문제, 도시문제, 제18권 제2호, 1983

김정규, 주택재개발(재건축)정비사업에 있어 추전분담금 제도의 적용방법에 따른 개선연구, 도시재생, 제4권 제2호, 2018

김정식 · 김재환 · 이상엽, 주택재개발사업의 조합원 분양가격의 평가인자에 관한 연구, 서울도

시연구, 제15권 제1호, 2014

김정원·이동진·김승진·정광섭·문현석·이민주, 공동주택 리모델링 사업의 비례율 방식 고찰을 통한 분담금 산정방법에 대한 연구, 감정평가학 논집, 제16권 제1호, 2017

김중돈·오세경·임재문, 부산의 주거정비사업추진에미치는영향요인분석, 한국산학기술학회, 제13권 제1호, 2012. 1

김지현·김성욱, 고층아파트 재건축사업의 타당성분석, 부동산학보, 제34권, 2008

김진수, 1930-40년대 경지정리사업의 특징과 사회·경제적 배경, 한국농공학회논문집, 제64권 제2호, 2022

김태선·남진·이도길, 서울시 주택재개발·주택재건축사업 추진결정에 영향을 미치는 요인 분석, 국토계획, 제50권 제5호, 2015

김효훈·권대중, 소규모주택정비사업의 사업성 제고 방안, 부동산융복합연구, 제1권 제3호, 2021

나인수·김승남, 도시환경정비사업에서 토지등소유자의 조합설립 동의여부에영향을미치는요인분석, 대한건축학회논문집, 제31권 제9호, 2015. 9

노춘희·강현철, 새로 쓴 도시학, 형설출판사, 2012

대한국토도시계획학회, 국토와 도시, 보성각, 2019. 7

ㅡㅡㅡㅡㅡㅡ, 도시계획론, 보성각, 2016

築瀬範彦, 保留地の誕生, 土地の話(9)

박경렬, 1960년대 서울시 시민아파트 건립 사업의 원형과 굴절, 서울과 역사, 제111호, 2022. 6

박길동, 합동재개발사업 제도개선 방안연구, 한양대학교, 1999

박진한, 제국 일본과 식민지 조선의 근대도시 형성, 심산출판사, 2013. 8

서울특별시역사박물관, https://museum.seoul.go.kr/

서울특별시, 1973 시정개요

서울특별시기록원, https://archives.seoul.go.kr/

서울특별시행정기록관리시스템, https://news.seoul.go.kr/

서울특별시, 서울도시계획연혁, 2002.

ㅡㅡㅡㅡㅡㅡ, 주태개량재개발사업(합동재개발) 예규 제정. 1987. 11

ㅡㅡㅡㅡㅡㅡ, 휴먼타운2.0 뉴빌리지 지원, 2025. 1

ㅡㅡㅡㅡㅡㅡ, 서울시정비사업정체의 주요 원인과 찬·반 주민 역량에미치는요인분석, 시정연

구논총, 제22권 통권 제49호, 2015. 12

성상준 · 조주현, 재개발 사업구역의 특성이 조합원과 일반분양자의 아파트분양가 차이에 미치는 영향에 관한 연구, 주택연구, 제16권 제1호, 2008

성중탁, 주택재개발사업과 주택재건축사업의 법적쟁점 비교 고찰, 인권과정의, 통권 433호, 2013. 5

손동진 · 이현석, 재개발과 재건축의 소요기간에 대한영향요인비교분석, 부동산 · 도시연구, 제14권 제2호, 2022. 2

송현진 · 유동규, 재개발, 재건축 이론과 실무, 법률출판사, 2010

신나리, 1957-1973년 서울특별시 정착사업 전개과정과 정착지 도시형태, 경기대학교, 2020

양성돈 · 김창석 · 강명구, 정비사업구역 내 세입영업자의 재개발사업추진 찬반에미치는영향요인분석, 국토계획, 제45권 제1호, 2010. 2

염복규, 1930-40년대 인천지역의 행정구역확장과 시가지계획 전개, 인천학연구, 제6호, 2007. 2

----, 서울의 기원 경성의 탄생, 이데아, 2016. 11

우리역사넷, https://contents.history.go.kr/

이경옥 · 김영수 · 송인호, 돈암지구 가구의 형성과 도시한옥의 적응, 건축역사연구, 제30권 5호, 2021. 10

이도길, 서울시 주택재개발사업기간의영향요인분석연구, 서울시립대학교, 2011

이송순, 조선총독부 시가지계획 관련 공문서의 분류와 평가, 기록학연구, 제14호, 2006. 10

이영도 · 성주한, 재건축 아파트사업추진 단계별 가격변동에 관한 연구, 부동산융복합연구, 제3권 제3호, 2023. 9

이용각 · 김준형, 주택정비사업 비례율의 결정요인: 수리적 접근, 국토계획, 제59권 제7호, 2024

이정재, 공공관리제도 도입에 따른정비사업참여자별 의사결정요인에 관한 연구, 한양대학교, 2016. 8

이현우, 도시재개발사업의 합동재개발기법에 관한 연구, 동국대학교, 1986

임영택 · 박홍수, 부동산개발 세무실무, 삼일인포마인, 2024. 3

장재일, 재개발사업의 사업성 지표에 대한 해석, 도시설계, 제14권 제6호, 2013

정대혁, 수도권 1기 신도시공동주택 특성이 재건축사업성에미치는영향분석, 서울시립대학교,

2023. 8

정용식, 부동산개발 계획과실무, 부연사, 2020. 1

정창무, 부동산 개발과 시장 분석, 다산출판사, 2023. 3

조병인·강석구·송봉규, 주택재개발 재건축사업의 탈법운영 실태 및 대책, 한국형사정책연구원, 2008. 12

조성기·윤상복·김정훈·권용일, 현금청산율이 도시재정비촉진사업에미치는영향분석, 한국자료분석학회지, 제12권 제5호, 2010. 10

조재성, 합동재개발의 현황과 과제, tistory.com, 2015

주택도시연구원, 중·저층 고밀형 노후주거지 정비수법에 관한 사례조사 및 모델개발, 2002. 12

진연화·유정석, 퍼지 다기준의사결정법을 이용한 가로주택정비사업의 위험요인 분석, 도시행정학보, 제32집 제2호, 2019. 6

최막중, 재개발·재건축사업의 경제논리와 물리적 개발밀도, 국토계획, 제32권 제2호, 1997

최은진, 1930년대 조선농지령의 제정과정과 시행결과, 한양대학교, 2020

충북대학교 산학협력단·도시건축집단아름, 도시재생법체계 세부운영 전략 활성화 계획수립 지침(안), 2013. 4

하성규, 주택정책론, 박영사, 1996

한국도시계획가협회, 도시계획 이론과 실제, 기문당, 2022

찾아보기